伊藤塾編

第3版

うかる！司法書士

必出
3300選

④
全11科目

憲法・刑法・民訴・民執・
民保・書士・供託法編

日本経済新聞出版

第3版　はしがき

　私がこの本に込めた一番のメッセージは、**基礎の徹底こそが合格への一番の近道である**ということです。問われる知識が膨大な司法書士試験だからこそ大事なのが**基礎の積み重ね**です。単に「知っている」で済まさず、何度も繰り返し基礎を固めることが、実は合格への一番の近道であるということが、約10年の受験指導の経験の中で私が感じているところです。

　そして、この『うかる！司法書士 必出3300選』シリーズは、まさに**基礎の徹底**を具現化した教材となっており、司法書士試験の合格を目指す受験生のみなさんにとって、合格への一番の近道を示しているものと自負しています。

　さて、当シリーズが刊行されてから7年が経ちました。その間、本書の最大の特長であるインプット（知識の習得）とアウトプット（問題演習）の同時学習形式が好評を得、大変多くの受験生にご利用いただきました。また、第2版においては、理解を促すコメントやイメージをつかみやすくするための図を入れるなど、よりわかりやすさを向上させる内容へと改訂を行いました。

　近年は、民法の債権法及び相続法改正のほか、民法の物権法・不動産登記法の改正や、令和元年会社法改正など、社会の変化に伴い、**規模の大きな改正**が絶え間なく行われています。

　また、**司法書士試験の傾向**も初版、第2版が出版されてから少なからず変化がありました。

　そこで、このような最新の法改正及び試験傾向の変化に対応すべく版を改めることとしました。

　今後も、当シリーズを効果的に利用し、合格に向けて効率のよい学習を進めていただければ幸いです。

2022年7月

伊藤塾司法書士試験科講師

髙橋　智宏

目　次

第Ⅰ部　憲　法

第1編　基本的人権

第2編　統治機構

第Ⅱ部　刑　法

第1編　総　論

・本書は 2022 年 7 月 1 日までに成立した法令に準じて作成されています。
・法改正・判例変更等の新情報は、軽微なものを除き、改訂時に対応いたします。
・刊行後の法改正などの新情報は、伊藤塾ホームページ上に掲載しています。
　 https://www.itojuku.co.jp/shiken/shihoshoshi/index.html

本書の特長

最強の情報集約ツール

　司法書士試験は問われる知識量が膨大であるため、いかに細かいことを多く知っているかの勝負であると思われがちですが、実は違います。**重要かつ基礎的な知識（＝Ａランクの知識）を正確に押さえること**が合格の必須条件であり、これこそが合否を分けるポイントになります。

　もちろん最終的には、試験範囲全体を網羅して学習することも必要ですが、網羅することに気をとられてしまい、Ａランクの知識がおろそかになってしまうのが司法書士試験の落とし穴といえるでしょう。そうならないためにも、**Ａランクの知識に絞った学習を行い、盤石な基礎を固めること**が何よりも重要です。

　しかし、ただ重要知識に絞ったテキストを繰り返し読めばよいというわけでもありません。知識は単に吸収（インプット）するだけでは本試験で使えず、どのように本試験で問われるかを、問題演習（アウトプット）を通して同時に把握していく必要があります。

　本書は、司法書士試験の合格に必要なＡランクの知識を効率的に習得するための、**ドリルとテキストが一体となった最強の情報集約ツール**です。

　見開きページで構成し、左側に演習用の問題、右側に知識整理用のまとめ表を配置することで、インプットとアウトプットを同時に行うことができ、知識の吸収力が高まるのはもちろん、テキストと問題集の２冊を持ち歩く必要がないため、利便性にも優れています。また、基礎固め用の教材としても、直前期の知識の総まとめ用の教材としても活用することができるため、初学者から中上級者まで、幅広い層の受験生に適した教材となっています。

時間のない受験生の強い味方

　試験範囲全体を網羅した教材は、ページ数が多いため、時間のない受験生にとって繰り返し取り組むのが難しく、また、通勤時間などのスキマ時間を活用した学習にも扱いにくいことでしょう。

　本書は、**司法書士受験用の教材の中で最もコンパクトにまとまっている**ため、繰り返し取り組みやすく、かつスキマ時間の活用に適した教材となっています。「繰り返し取り組んで知識の定着を図りたい」、「通勤時間を活用して知識の整理を行いたい」といった時間のない受験生の強い味方となる教材です。

　なお、本書は択一式問題に特化した教材であり、法律を学ぶ上において重要な項目に絞っているため、司法書士試験対策に限らず、司法試験予備試験、司法試験、行政書士試験、公務員試験、大学の試験等の択一 (短答) 式試験の対策にも使用することができます。

髙橋智宏講師

本 書 の 使 い 方

　本書は、「本書の特長」にもあるように、司法書士試験合格に必要なＡランクの知識を効率的に習得するために情報を集約したツールですが、使い方の工夫次第で、単に繰り返すよりも何倍にも増して効果を上げることができます。本書の構造と利用法を正しく把握し、学習効果を一層上げていきましょう。

① 本書の構造

■ 体系 MAP

　各編の扉に学習する科目の全体像を地図として示した「体系MAP」を掲載しています。ここで、全体の中のどこを学習するのかを把握した上で学習を進めることで、体系的な理解がしやすくなります。

❷ 見開きページ

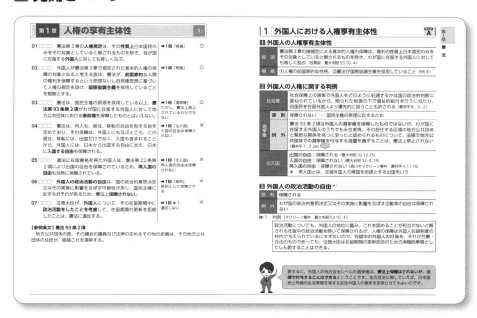

　見開きページの左側は問題と解答、右側は知識を整理したテキストという構成です。

　問題を解く際は、テキストの抽象的な記載を、具体的な問題（事例問題など条文や判例の文言とは異なる表現によるもの）に当てはめる、いわば知識の応用力が必要となります。この知識の応用力を身に付けるためには、左側の問題を解いて正誤を確認して終わりにするのではなく、右側のテキストの記載と結びつけるプロセスをしっかり踏むことが必要です。どのような手順で取り組むかに関しては、次のようなやり方があります。

❹ 左側の問題・解説ページを先に取り組み、答え合わせの際に右側のテキストページを参照する。その後、右側のテキストページを通しで確認する

　一番スタンダードな方法で、知識の確認と整理を同時に行うことができます。講義等を受講した後の整理教材として使用するのであれば、このやり方がお勧めです。

❺ 右側のテキストページを通しで確認した上で、左側の問題・解答ページに取り組み、答え合わせの際に右側のテキストページを再度参照する

　先に知識整理を行うため、問題とのリンクがしやすいという利点があります。❹のやり方を試したが問題が解けない、あるいは、まだ知識のインプットがしっかりできていないという場合にお勧めです。

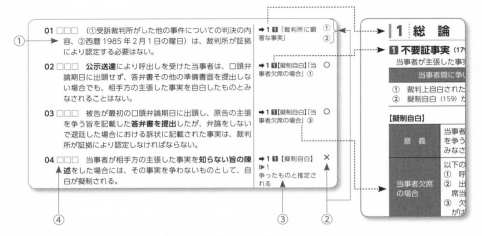

①問題文：問題には、一問一答と一問多答の形式があります。

②解答：一問一答においては、問題文どおり正しいときは○、誤っているときは×と表示して
あります。一問多答においては、一問につき複数の解答を表示しています。

③解説：右ページ（テキスト）のリンク先を➡以降に表示してあります。正解した場合でも、
怠らず確認しましょう。

　　問題で問われている知識が他の知識との関係でどの部分に位置づけられているかも意
識しましょう。また、比較事項や関連事項等の記載があれば、併せて何度も確認しなが
ら学習しましょう。

　　判例や条文の知識が必要な場合は、該当する判例・条文を提示しました。

④チェック欄：3回分用意しました。1回毎にチェックするだけでなく、自分の正誤を○×等
の記号を用いて記録すると、更にメリハリがつき記憶を助けます。

❻ 左側の問題・解答ページを中心に取り組み、解答を間違えた箇所だけ右側のテキストページを参照する

　問題を中心に取り組むため、知識の抜けを点検したいときにお勧めです。これは、直前
期に適した方法です。

　❶から❻までのいずれかにするかは、学習状況や時期によって適宜合ったものを採用す
るとよいでしょう。

　なお、本シリーズの最大の特長である見開きのレイアウトは、解答が見えやすいのが唯
一の難点です。そこで、目隠しとして利用可能なしおりを付けました。伊藤塾講師からみな
さんへのメッセージも入っています。合格までは辛いことも多いですが、しおりにあるメッ
セージのとおり、がんばっていきましょう。

3 講師コメント・図解

　理解しづらいところや必ず押さえてほしいところに講師からのコメント・アドバイスや関係図・イラストを置きました。これを通して、理解を深め、次の項目へ進みましょう。

4 重要度ランク

　学習の優先順位の目安として、各単元にランクを付しました。重要度が高いほうから、ＡＢＣの順に示しています。これによりメリハリが付いた学習が可能となります。

② よくある質問

　各編の最後に「よくある質問Ｑ＆Ａ」と題し、伊藤塾に受験生からよく寄せられる質問をＱ＆Ａ形式でまとめています。これを通して、理解を深めておきましょう。

③ 学習開始にあたり

　本書を徹底的に活用すれば、合格の土台となる盤石な基礎を確立することができます。実際に多くの受験生が本書に何度も繰り返し取り組み、合格を果たしています。迷うことなく本書を活用してください。

　本書を糧として、着実に一歩一歩前へ進み、合格をつかみ取ることを祈っています。

凡 例

1 法令名の表記

　　根拠条文や参照条文を表すカッコ内の法令名は、第Ⅰ部における憲法、第Ⅱ部における刑法等、各部の科目に該当する法令名は省略し、数字のみの記載となっています。ただし、他の法律の後に併記されている場合は、「法」が付いています。また、各部の科目に該当する規則については「規」のみの記載となっております。例えば、民事訴訟法分野において（規1）と記載がある場合、それは民事訴訟規則1条を指します。

　　その他、以下のとおり略記しました。

憲　　法……憲	民事訴訟法……民訴
民　　法……民	民事執行法……民執
刑　　法……刑	民事保全法……民保
内閣法……内閣	司法書士法……司書
国会法……国会	人事訴訟法……人訴
裁判所法……裁判	借地借家法……借地借家
地方自治法……地自	国税徴収法……国徴
会社法……会社	供託事務取扱手続準則……準

2 条文の表記

　　法令名に続くアラビア数字は、条文（番号）を表します。また、必要に応じ、各項に対応してⅠⅡⅢ……（ローマ数字）を、各号に対応して①②③……を付しました。

　　その他、以下のとおり略記しました。

　　括弧書……括、前段・後段……前・後、ただし書……但、柱書……柱、本文……本
　　例えば、「74Ⅰ①前」は、「○法第74条第1項第1号前段」を意味します。また、条文を併記するときは、〈、〉で、準用を表すときは〈・〉で区切ってあります。

3 判例・先例の表記

　　判例については、①最高裁の大法廷を「最大」、その他を「最」、大審院の連合部を「大連」、その他を「大」、②判決を「判」、決定を「決」、③元号及び年月日については、元号の明治・大正・昭和・平成・令和をそれぞれ「明・大・昭・平・令」、年月日を「○.○.○」と略記しました。例えば、「最大判昭49.11.6」は、「昭和49年11月6日最高裁大法廷判決」を意味します。

　　先例については、発出年月日・発出機関・先例番号・先例の種類で表記しました。先例の種類は、回答を「回」、通達及び通知を「通」と略記しました。したがって、「昭34.12.18民甲2842回」は「昭和34年12月18日民事甲第2842号民事局長回答」を意味します。

4 その他の表記

(1) 項　目

本書は、部、編、章に分かれています。さらに、各章の項目として、大きい順に、**1**・**2**……、**❶**・**❷**……、**ⓐ**・**ⓑ**……、ア・イが続きます。

部にはローマ数字を使用し、その他はアラビア数字を使用しています。

(2) 記号の説明

ex. ……	具体例	**cf.** ……	比較しておさえるべき事項
∵ ……	趣旨や理由。理解、記憶する際の補助として活用しましょう		
▶ ……	表中や文中の事項につき、さらに詳しい説明や注意事項を指示		
＊ ……	補足事項	💬 ……	講師からのコメント
💡 ……	受験生が間違いやすい知識、意識して学習してほしいポイントを指摘		

5 参考文献

本書を作成するにあたり、以下の文献・資料を参考にさせていただきました。

● **憲　法**
- ・芦部信喜（高橋和之補訂）「憲法［第 7 版］」（岩波書店・2019）
- ・長谷部恭男＝石川健治＝宍戸常寿編「憲法判例百選Ⅰ・Ⅱ［第 7 版］」（有斐閣・2019）

● **刑　法**
- ・西田典之「刑法各論［第 7 版］」（弘文堂・2018）
- ・前田雅英「刑法総論講義［第 7 版］」（東京大学出版会・2019）

● **民事訴訟法**
- ・伊藤眞「民事訴訟法［第 7 版］」（有斐閣・2020）
- ・藤田広美「講義 民事訴訟［第 3 版］」（東京大学出版会・2013）
- ・筒井健夫＝村松秀樹編著「一問一答 民法（債権関係）改正」（商事法務・2018）

● **民事保全法・民事執行法**
- ・中野貞一郎「民事執行・保全入門［補訂版］」（有斐閣・2013）
- ・藤田広美「民事執行・保全」（羽鳥書店・2010）
- ・和田吉弘「基礎からわかる民事執行法・民事保全法［第 3 版］」（弘文堂・2021）

● **司法書士法**
- ・小林昭彦＝河合芳光＝村松秀樹編著「注釈 司法書士法［第 4 版］」（テイハン・2022）
- ・佐藤均「詳解 司法書士法」（日本加除出版・2004）

● **供託法**
- ・立花宣男監修「供託の知識 167 問」（日本加除出版・2006）
- ・立花宣男編著「全訂 執行供託の理論と実務」（きんざい・2012）
- ・法務省民事局第四課編「供託事務先例解説」（商事法務・1985）
- ・法務省民事局第四課編「供託法・供託規則逐条解説」（テイハン・2004）

一歩進んだ効果的活用法

 確かな最新情報を入手する!

　伊藤塾では、司法書士試験に役立つ情報を、ホームページやSNS（YouTube、Twitter、Facebook）等で定期的にお届けしています。より効率的な学習ができるように最新情報を取得して、合格を目指しましょう。

　試験情報や法改正情報、合格者の学習法、無料イベント司法書士実務家無料講演会など、受験生に有益で正確な最新情報をホームページで発信しています。定期的にチェックして、受験勉強に役立てましょう!

[1]伊藤塾司法書士ホームページから
──Web体験講義・無料公開講座・ガイダンス

最新のガイダンス・無料講義を自分の都合のつく時間に見たい!	講師や伊藤塾合格者スタッフの話を直接聞きたい、相談したい!

Webで

伊藤塾校舎が遠い方やご都合が合わない方は、伊藤塾の無料ストリーミングでガイダンスや体験講義にご参加ください。

伊藤塾 🔍検索

伊藤塾校舎で

入門講座担当講師等が試験の制度から講座の特長、合格の秘訣をお伝えします。日程は伊藤塾ホームページでご確認ください。

ガイダンス内容
- ●司法書士の魅力
- ●カリキュラム・日程 など
- ●司法書士試験合格の秘訣
- ●司法書士試験の概要
- ●受講料に関する相談

伊藤塾 司法書士試験ホームページ
https://www.itojuku.co.jp/shiken/shihoshoshi/index.html

[2] SNSから──YouTube、Twitter、Facebook

伊藤塾チャンネル　　　**伊藤塾 司法書士試験科**　　　**伊藤塾 司法書士試験科**
公式 **YouTube**　　　公式 **Twitter**　　　公式 **Facebook**

伊藤塾講師・伊藤塾出身合格者・司法書士実務家による、学習方法をはじめ、司法書士業務に関する動画を配信しています。

2 無料公開講座を活用する！

　伊藤塾には、合格に役立つ最新情報を提供している無料で受講できる公開講座があります。伊藤塾生でなくても、どなたでもご参加いただけます。これらは無料ストリーミングで配信もしていますので、来校の難しい場合でも、講義を視聴することができます。

　また、既刊講座等の講義内容のイントロダクションになっている無料公開講座もありますので、講座を受講する予定の方、受講を迷われている方、初めて伊藤塾を利用する方も、ぜひご活用ください。

3 無料カウンセリングで学習相談をする！

　伊藤塾では、勉強方法や受講相談など、試験に関連する質問を、講師に直接マンツーマンで相談できる「パーソナルカウンセリング制度」を用意しています。

　「どのように勉強をすればよいのか？」

　「どのように学習スケジュールを組み立てればよいのか？」etc

　学習を進めていくと湧いてくる疑問や悩みに、伊藤塾講師陣が丁寧に対応しますので、ぜひご活用ください。

第Ⅰ部
憲　法

第1編
基本的人権

●体系MAP

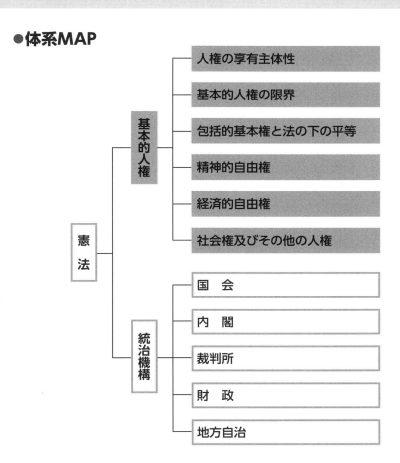

基本的人権

- 人権の享有主体性
- 基本的人権の限界
- 包括的基本権と法の下の平等
- 精神的自由権
- 経済的自由権
- 社会権及びその他の人権

憲法

統治機構

- 国 会
- 内 閣
- 裁判所
- 財 政
- 地方自治

第1章 人権の享有主体性　　第2章 基本的人権の限界

第3章 包括的基本権と法の下の平等　　第4章 精神的自由権

第5章 経済的自由権　　第6章 社会権及びその他の人権

01 □□□　憲法第3章の**人権規定**は、その**性質上**日本国民の みをその対象としていると解されるものを除き、我が国 に在留する**外国人**に対しても等しく及ぶ。

→ 1**1**「結論」　○

02 □□□　外国人が憲法第3章で規定された基本的人権の保 障の対象となると考える説は、憲法が、**前国家的**な人間 の権利を保障するという思想ないし自然権思想に基づい て人権の規定を設け、**国際協調主義**を採用していること を根拠とする。

→ 1**1**「根拠」　○

03 □□□　憲法は、国民主権の原理を採用している以上、**憲 法第93条第2項**がわが国に在留する外国人に対して地 方公共団体における**参政権**を保障したものとはいえない。

→ 1**2**「選挙権」 ただし、憲法上禁止 されているわけでも ない　○

04 □□□　憲法は、何人も、居住、移転の自由を有する旨を 定めており、その保障は、外国人にも及ぶところ、この 居住、移転には、出国だけでなく、入国も含まれること から、外国人には、日本から出国する自由に加え、日本 に**入国する自由**も保障される。

→ 1**2**「出入国」 入国の自由は保障さ れない　×

05 □□□　適法に在留資格を得た外国人は、憲法第22条第 2項により出国の自由を保障されているため、**再入国の 自由**も当然に保障されている。

→ 1**2**「出入国」 再入国の自由は保障 されない　×

06 □□□　**外国人の政治活動の自由**は、国の政治的意思決定 又はその実施に影響を及ぼす可能性があり、国民主権に 反するおそれがあるため、憲法上**保障されない**。

→ 1**3**「原則」 原則として保障され る　×

07 □□□　法務大臣が、**外国人**について、その在留期間中に **政治活動をしたことを考慮**して、在留期間の更新を拒絶 したことは、憲法に違反する。

→ 1**3** ▶1 違反しない　×

|参照条文| 憲法93条2項
　地方公共団体の長、その議会の議員及び法律の定めるその他の吏員は、その地方公共 団体の住民が、直接これを選挙する。

1 外国人における人権享有主体性

1 外国人の人権享有主体性

結　論	憲法第3章の諸規定による基本的人権の保障は、権利の**性質上日本国民のみを**その対象としていると解されるものを除き、わが国に在留する外国人に対しても等しく**及ぶ**（性質説　最大判昭53.10. 4）
根　拠	①人権の前国家的な性格、②憲法が国際協調主義を採用していること（98Ⅱ）

2 外国人の人権に関する判例

社会権		社会保障上の施策で外国人をどのように処遇するかは国の政治的判断に委ねられているから、限られた財源の下で福祉的給付を行うに当たり、自国民を在留外国人より優先的に扱うことも許される（最判平元. 3. 2）
選挙権	原　則	保障されない ∵ 国民主権の原理に反するため
	例　外	憲法93条2項は外国人の選挙権を保障したものではないが、わが国に在留する外国人のうちでも永住者等、その居住する区域の地方公共団体と緊密な関係を持つに至ったと認められるものについて、**法律で地方公共団体での選挙権を付与する措置を講ずることは、憲法上禁止されない**（最判平7. 2.28）
出入国		**出国の自由**：保障される（最大判昭32.12.25） **入国の自由**：保障されない（最大判昭32. 6.19） **再入国の自由**：保障されない（森川キャサリーン事件　最判平4.11.16） ＊　再入国とは、在留外国人の帰国を前提とする出国をいう

3 外国人の政治活動の自由 ▶1

原　則	保障される
例　外	わが国の政治的意思決定又はその実施に影響を及ぼす活動等の自由は保障されない

▶1　判例（マクリーン事件　最大判昭53.10. 4）

> 政治活動についても、外国人の地位に鑑み、これを認めることが相当でないと解される在留中の政治活動を除いて保障されるが、人権の保障は外国人在留制度の枠内で与えられているにすぎないので、**在留中の外国人の行為を、それが合憲・合法のものであっても、法務大臣は在留期間の更新拒否のための消極的事情としてしん酌することはできる。**

> 要するに、外国人の地方自治レベルの選挙権は、**憲法上保障はされないが、法律で付与することはできる**ということです。地方自治に関していえば、日本国民と同様の生活実態を有する定住外国人の意思を反映させてもよいのです。

08 ☐☐☐　会社は、公共の福祉に反しない限り、政治的行為　➡2**2**①　　　×
の自由を有するが、**会社による政治資金の寄附**は、それ
によって政治の動向に影響を与えることがあり、国民の
参政権を侵害しかねず、公共の福祉に反する結果を招来
することとなるから、自然人である国民による政治資金
の寄附と別異に扱うべきである。

09 ☐☐☐　**税理士会**が、政治資金規正法上の**政治団体に金員**　➡2**2**②　　　〇
を寄附するために特別会費を徴収する旨の総会決議を行
うことは、税理士に係る法令の制定改廃に関する政治的
要求を実現するためであっても、許されない。

10 ☐☐☐　**司法書士会**が、他の司法書士会に**復興支援拠出金**　➡2**2**② cf.　　×
を寄附するための特別負担金を会員から徴収する旨の総
会決議を行うことは、大震災で被災した司法書士会の復
興を支援するためであっても、許されない。

11　公共の福祉による基本的人権の制約について、次の二つの見解がある。
　　　Ａ説：すべての基本的人権は、「公共の福祉」によって制約されるものであり、
　　　　　　憲法第 12 条及び第 13 条の「公共の福祉」は、基本的人権を制約する際
　　　　　　の憲法上の根拠となる。
　　　Ｂ説：基本的人権が「公共の福祉」によって制約され得るのは、**憲法第 22 条**
　　　　　　及び第 29 条のように、特に個別の人権規定において「公共の福祉」に
　　　　　　よる制約が認められている場合に限られる。
　　　次のアからウまでの記述に対し、〇又は×で答えよ。

ア ☐☐☐　Ａ説に対しては、「公共の福祉」を**抽象的な最高**　　　　ア-〇
概念としてとらえる考え方と結び付きやすく、基本的人　➡**3**「一元的外在制約
権が安易に制限されるおそれがあるという批判が可能で　説」「結論」①
ある。　　　　　　　　　　　　　　　　　　　　　　　　制約根拠を抽象的概念に求
　　　　　　　　　　　　　　　　　　　　　　　　　　　めると、安易な制約を許し
　　　　　　　　　　　　　　　　　　　　　　　　　　　かねない

イ ☐☐☐　Ａ説に対しては、**憲法第 13 条が訓示規定**であ　　　　イ-×
るとすると、同条を、憲法に列挙されていない、いわゆ　➡**3**「内在・外在二元的
る新しい人権を基礎付ける包括的な人権条項と解釈する　制約説」「批判」
ことができなくなるという問題を指摘することができる。　13 条に法的意味を認めな
　　　　　　　　　　　　　　　　　　　　　　　　　　　いＢ説に対する批判

ウ ☐☐☐　Ｂ説は、**憲法第 13 条**が、基本的人権について　　　ウ-×
「公共の福祉に反しない限り、立法その他の国政の上で、　➡**3**「一元的外在制約
最大の尊重を必要とする」と定め、必要最小限度の規制　説」「結論」①
の原則を宣言していることも、**同条に法的意味を認める**　13 条に法的意味を認める
理由の一つとする。　　　　　　　　　　　　　　　　　　のはＡ説

2 法人における人権享有主体性 [ランク B]

1 法人の人権享有主体性

憲法第3章に定める国民の権利及び義務の各条項は、性質上可能な限り、内国の法人にも適用される（八幡製鉄政治献金事件　最大判昭45.6.24）。

2 法人の人権に関する判例

① **政治資金の寄附の自由は法人に保障される人権に含まれるか**

会社は、自然人たる国民と同様、国や政党の特定の政策を支持、推進し又は反対するなどの政治的行為をする自由を有し、**政治資金の寄附**もその自由の一環であり、政治の動向に影響を与えることがあったとしても、これを自然人たる国民による寄附と別異に扱うべき憲法上の要請があるものではない（八幡製鉄政治献金事件　最大判昭45.6.24）。

② **政治資金の寄附は税理士会の目的の範囲内か**

税理士会は、強制加入団体であることから、会員の思想・良心の自由との関係を配慮することが必要で、政党など規正法上の**政治団体に対して金員の寄附**のために特別会費を徴収する旨の決議をすることは、会の**目的の範囲外の行為**を目的とするものとして無効である（南九州税理士会政治献金事件　最判平8.3.19）。

cf. **群馬司法書士会震災支援寄附事件**（最判平14.4.25）

司法書士会が、**復興支援拠出金を寄附**することとし、そのため会員から特別負担金を徴収する旨の総会決議の無効が争われた事件につき、最高裁は、司法書士会が強制加入団体であることを考慮しても本件負担金の徴収は、会員の政治的又は宗教的立場や思想信条の自由を害するものではなく、**総会決議の効力が会員に及ぶ**と判断した。

3 人権と公共の福祉 [ランク A]

	結　　論	批　　判
一元的外在制約説	① 12条・13条の「公共の福祉」は人権制約の一般的原理である ② 22条1項・29条2項の「公共の福祉」は特別の意味を持たない	「法律の留保」のついた人権保障と同じことになってしまう
内在・外在二元的制約説	「公共の福祉」による制約が認められる人権は、**経済的自由権**（22、29）と社会権（25～28）に限られる → ① 12条・13条は、訓示的規定にとどまり、13条の「公共の福祉」は人権制約の根拠とはなり得ない ② すべての人権は、権利が社会的なものであるという性質上、当然に伴う内在的制約に服する	13条を訓示的規定としてしまうと、それを新しい人権を基礎づける包括的な人権条項と解釈することができなくなる

01 □□□　行政の中立的運営及びこれに対する国民の信頼を確保するために、**公務員**の政治的行為には一定の制約があるとしても、その地位や職務内容のいかんを問わずに、一定の**政治的行為を一律に禁止**することは、憲法上許されない。

➡1**1**ⓐ
許される
×

02 □□□　国家公務員法の**争議行為禁止及び争議行為のあおり行為への刑事制裁**は、公務員の労働基本権を侵害し、違憲である。

➡1**1**ⓑ
合憲
×

03 □□□　「公務員の場合にも、団体行動は、勤務条件の決定に対して影響力を行使する唯一の手段である。」との主張に対しては、「公務員の給与その他の勤務条件は、労使間の自由な交渉に基づく合意によって定められるものではなく、憲法は、原則として、これを**国会の制定した法律、予算によって定める**こととしている。」との批判がある。

➡1**1**ⓑ「根拠」②
○

04 □□□　未決拘禁者に対して刑事施設内での喫煙を禁止することは、**拘禁の目的、制限の必要性や態様などについて考察するまでもなく**、憲法に違反しない。

➡1**2**
「拘禁の目的、制限の必要性や態様などについて考察するまでもなく」の部分が誤り
×

1 特別の法律関係

ランク **B**

1 公務員の人権に関する判例

ⓐ すべての国家公務員の政治活動を一律に禁止している国家公務員法102条の合憲性 (猿払事件　最大判昭49.11.6)

争 点	公務員の政治活動の自由を侵害し、違憲か →　制限は、合理的で必要やむを得ない限度にとどまるものであり、合憲
根 拠	①　行政の中立的運営とこれに対する国民の信頼確保という規制目的は正当 ②　その目的のために政治的行為を禁止することは、禁止目的との間に合理的な関連性がある ③　禁止によって得られる利益は失われる利益に比して更に重要

【関連判例】

国家公務員法110条1項19号、102条1項等が処罰の対象とする「政治的行為」とは、公務員の職務の遂行の政治的中立性を損なうおそれが、観念的なものにとどまらず、現実的に起こり得るものとして実質的に認められる政治的行為をいう（堀越事件　最判平24.12.7）。

ⓑ 国家公務員法の争議行為禁止及び争議行為のあおり行為等への刑事制裁の合憲性 (全農林警職法事件　最大判昭48.4.25)

争 点	公務員の労働基本権を侵害し、違憲か →　必要やむを得ない限度の制限であり、合憲
根 拠	①　公務員争議行為等は、公務員の地位の特殊性と職務の公共性に反する ②　公務員の勤務条件は国会の制定した法律・予算によって定められるため、政府に対する争議行為は的外れである ③　私企業の場合と異なり、公務員の争議行為には市場抑制力がない ④　人事院をはじめ制度上整備された代償措置が講じられている

2 被収容者の人権に関する判例

被収容者の喫煙禁止の合憲性 (最大判昭45.9.16)

喫煙の禁止は、人体に直接障害を与えるものではないことから、**喫煙の自由**は、憲法13条の保障する基本的人権の一つに含まれるとしても、あらゆる時、場において保障されなければならないものではなく、喫煙禁止という程度の自由の制限は、**必要かつ合理的なもの**であり、同条に反しない。

公務員が勤務時間外に選挙用ポスターを掲示・配布したことが国家公務員法に違反するとして争われた事件において、最高裁は、「公務員の政治的中立性を損なうおそれのある**公務員の政治的行為を禁止**することは、それが合理的で必要やむをえない限度にとどまるものである限り、憲法の許容するところである」として、上記の制限は**合理的で必要やむを得ない限度にとどまる**ものとして、違憲ではないとしました。

05 憲法が定める人権規定の私人間における効力について、次の二つの見解がある。
　　　A説：憲法が定める人権規定は、**直接**、私人間にも適用される。
　　　B説：憲法が定める人権規定は、民法第90条の公序良俗規定のような私法の
　　　　　　一般条項を媒介として、**間接的**に私人間に適用される。
　　次のアからエまでの記述に対し、○又は×で答えよ。

ア □□□　A説に対しては、憲法の人権規定は、国家を拘束するものであり、**私人に向けられたものではない**という批判がある。

➡**2**「直接適用説」「批判」②
ア－○

イ □□□　B説によれば、**私的自治の原則が広く害され**、私人間の行為が大幅に憲法によって規律されたり、かえって国家権力の介入を是認する端緒となるという問題が生じる。

➡**2**「直接適用説」「批判」①
A説の問題点である
イ－×

ウ □□□　B説の限界として、**純然たる事実行為による人権侵害**については、真正面から憲法問題として争うことができないということが挙げられる。

➡**2**「間接適用説」「批判」
エ－○

06 □□□　**企業者**が特定の思想、信条を有する者をそれゆえに**雇い入れることを拒んでも**、それが当然に違法となるわけではない。

➡**2**【関連判例】①　○

07 □□□　男子の定年年齢を満60歳とし、女子のそれを満55歳と定めた就業規則は、**男女の定年年齢差**は5歳であり、性別による不合理な差別であるとは言えないため、このような就業規則の有効性に問題は生じない。

➡**2**【関連判例】②　×
不合理な差別であり
公序良俗に反し無効

08 □□□　私立大学においては、学生の政治的活動につきかなり広範な規律を及ぼすこととしても、これをもって直ちに社会通念上学生の自由に対する不合理な制限であるということはできず、**政治的活動に当たる行為を理由として退学処分を行う**ことが、直ちに**学生の学問の自由**を侵害するものではない。

➡**2**【関連判例】③　○

09 □□□　**労働組合**が、地方議会議員の選挙に当たり、いわゆる統一候補を決定し、組合を挙げて選挙運動をしている場合において、統一候補の選にもれた組合員が、**組合の方針に反して立候補**しようとするときに、これを断念するよう勧告又は説得してもなお翻意しないときでも、同組合員を除名処分に付することは許されない。

➡**2**【関連判例】④　○

2 人権の私人間効力

	直接適用説	間接適用説（最大判昭48.12.12）
結　論	私人間にも**直接適用される**	私法の一般条項（民90等）や不法行為に関する諸規定（民709等）を介して、私人間に**間接的に適用される**
理　由	各種の社会的権力が巨大化した現代社会では、憲法の定立する法原則が、社会生活のあらゆる領域において全面的に尊重され、実現されるべきである	人権保障は重要であるが、私的自治の原則は市民社会の基本原則であり、人権保障と私的自治の調和を図るべきである
批　判	①　私的自治の原則が広く害され、私人間の行為が広く憲法によって規律されるおそれがある ②　人権は、本来、主として国家からの自由という対国家的なものである	純然たる事実行為による人権侵害に対しては、それを真正面から憲法問題として争うことができない

【関連判例】

① **労働者の思想・良心の自由と企業の雇用の自由**
　・企業は雇用の自由を有し、**企業者が特定の思想、信条を有する者をその故をもって雇い入れることを拒んでも**、それを当然に違法とすることはできない。
　・企業が、労働者の採否決定にあたり、**労働者の思想・信条を調査**し、これに関連する事項について申告を求めることも違法ではない（三菱樹脂事件　最大判昭48.12.12）。

② **企業における女性の差別**
　会社の就業規則中、**女子の定年年齢を男子より低く定めた部分**は、専ら女子であることのみを理由として差別したことに帰着するものであり、性別のみによる不合理な差別を定めたものとして**民法90条の規定により無効である**（日産自動車事件　最判昭56. 3.24）。

③ **私立大学の自由と学生の人権**
　大学が、学生の政治的活動につきかなり広範な規律を及ぼすこととしても、これをもって直ちに社会通念上、学生の自由に対する不合理な制限であるということはできず、政治的活動を理由として退学処分を行うことが、直ちに**学生の学問の自由及び教育を受ける権利を侵害し公序良俗に違反するものではない**（昭和女子大事件　最判昭49. 7.19）。

④ **労働組合の統制権と組合員の政治活動の自由**
　労働組合が、統一候補以外の組合員で立候補しようとする者に対し、立候補を思いとどまるよう、**勧告又は説得することは許される**が、当該組合員に対し、立候補を取りやめることを要求し、これに**従わないことを理由に除名処分**にすることは、組合の統制権を超え、違法である（三井美唄事件　最大判昭43.12. 4）。

01 □□□　少年法第61条が禁止する報道に当たるかどうか
は、その記事等により、**不特定多数の一般人がその者を
当該事件の本人であると推知することができるかどうか**
を基準にして判断される。
→ 1 **1** 💬　　○

02 □□□　何人も、その承諾なしに、みだりにその**容ぼうを
撮影されない自由**を有しているから、警察官が、正当な
理由もないのに、個人の容ぼうを撮影することは、憲法
第13条の趣旨に反し、許されない。
→ 1 **1**「肖像」　○

03 □□□　憲法第13条は、個人の私生活上の自由の一つと
して、何人もみだりに**指紋の押なつを強制されない自由**
を保障しており、国家機関が正当な理由もなく指紋の押
なつを強制することは同条の趣旨に反し許されない。
→ 1 **1**「指紋」　○

04 □□□　大学が主催する講演会参加申込者の学籍番号、**氏
名、住所及び電話番号**は、単純な情報であって秘匿され
るべき必要性が必ずしも高いとはいえないから、大学が
学生の同意なく、これらの情報を**警察に提供**したとして
も、プライバシーを侵害することにはならない。
→ 1 **1**「氏名等」
プライバシー侵害に
当たり不法行為を構
成する　×

05 □□□　何人も、個人の意思に反してみだりにプライバシー
に属する情報の開示を公権力により強制されることはな
いという利益を有しているから、外国人に対し、**外国人
登録原票に登録した事項の確認の申請を義務付ける制度**
を定めることは、憲法第13条の趣旨に反し、許されない。
→ 1 **1**「氏名等」　×

06 □□□　患者が**信仰上の理由から輸血を伴う治療を受ける
の**を拒むという事例では、手術中に輸血以外には救命手
段がない事態になっても患者が輸血を受けたくないとの
意思を明確に有していれば、その意思は、**人格権の一内
容として尊重**されなければならない。
→ 1 **2**①　○

07 □□□　何人も、自己消費の目的のために酒類を製造する
自由を有しているから、製造目的のいかんを問わず、**酒
類製造を一律に免許の対象**とした上で、免許を受けない
で酒類を製造した者を処罰することは、憲法第13条の
趣旨に反し、許されない。
→ 1 **2**②　×

1 幸福追求権

1 プライバシー権に関する判例 💬

肖像	個人の私生活上の自由の一つとして、何人も、その承諾なしに、**みだりにその容ぼう・姿態を撮影されない自由**を有する。そのため、警察官が、正当な理由もないのに、個人の容ぼう等を撮影することは、憲法 13 条の趣旨に反し、許されない（京都府学連事件　最大判昭 44.12.24）
指紋	個人の私生活上の自由の一つとして、何人もみだりに**指紋の押なつを強制されない自由**を有するものというべきであり、国家機関が正当な理由もなく指紋の押なつを強制することは、13 条の趣旨に反して許されない（指紋押捺制度　最判平7.12.15）
前科	前科等は、人の名誉、信用に直接かかわる事項であり、前科等のある者もこれをみだりに公開されないという法律上の保護に値する利益を有しており、市区町村長が弁護士法 23 条の 2 に基づく照会に漫然と応じ、前科等のすべてを報告することは、公権力の違法な行使に当たる（前科照会事件　最判昭 56. 4.14）
氏名等	**氏名、住所及び電話番号**は、プライバシーに係る情報として法的保護の対象となり、本人に無断で当該**個人情報を警察に開示**する行為は、プライバシーを侵害するものとして不法行為（民 709）を構成する（最判平 15. 9.12）
	行政機関が住民基本台帳ネットワークシステムにより**住民の本人確認情報を管理、利用等する行為**は、個人に関する情報をみだりに第三者に開示又は公表するものということはできず、当該個人がこれに同意していないとしても、**許される**（最判平 20. 3. 6）
	外国人に対して**外国人登録原票に登録した事項の確認**の申請を義務付ける制度は、憲法 13 条に違反せず、**許される**（最判平9.11.17）

2 自己決定権に関する判例

① 　患者が、輸血を受けることは自己の宗教上の信念に反するとして、**輸血を伴う医療行為を拒否**するとの明確な意思を有している場合、このような意思決定をする権利は、人格権の一内容として尊重されなければならない（「エホバの証人」不同意輸血事件　最判平 12. 2.29）。

② 　国の重要な財政収入である酒税の徴収を確保するため、製造目的のいかんを問わず、**酒類製造を一律に免許の対象**としたものであり、これにより自己消費目的の酒類製造の自由が制約されるとしても、そのような規制が立法府の裁量権を逸脱し、著しく不合理であることが明白であるとはいえ、31 条、13 条に違反するものでない（どぶろく裁判　最判平元.12.14）。

少年法 61 条が禁止する報道（**少年事件の推知報道**）に当たるかどうかは、その記事等により、**不特定多数の一般人がその者を当該事件の本人であると推知することができるかどうか**を基準にして判断されます（最判平 15. 3.14）。

08 憲法第 14 条第 1 項の前段と後段の意味について、次の二つの見解がある。

第 1 説：憲法第 14 条第 1 項前段の「法の下に平等」とは、法適用の平等のみを意味し、後段に規定された事項についての差別は、絶対的に禁止される。

第 2 説：憲法第 14 条第 1 項前段の「法の下に平等」とは、法適用の平等のみならず、法内容の平等をも意味し、後段に規定された事項についての差別の合憲性審査には、厳格な基準を適用する。

次の 1 から 4 までの記述に対し、○又は×で答えよ。

1 □□□　第 2 説に立って、憲法第 14 条第 1 項前段の「平等」とは、**絶対的平等ではなく**、相対的平等を意味すると考えると、合理的な区別は、平等原則違反とはならないことになる。

> ➡ 2 **1**
>
> 1 － ○
> 絶対的平等ではなく
> →第 1 説ではない

2 □□□　憲法が**裁判所による法令の合憲性審査（法令審査）を認めている**ことと対応するのは、第 1 説ではなく、第 2 説である。

> 2 － ○
> 法内容の審査を認める
> →法内容の平等も含むとする立場

3 □□□　憲法が人権を**あらゆる国家権力から不可侵**なものとして保障していることと対応するのは、第 2 説ではなく、第 1 説である。

> 3 － ×
> あらゆる国家権力
> →立法権も含む
> →第 2 説の立場

4 □□□　憲法第 14 条第 1 項前段の「法の下に平等」について、**第 1 説は、行政権及び司法権のみを拘束**すると解するが、**第 2 説は、行政権及び司法権のみならず、立法権をも拘束**すると解する。

> 4 － ○
> 行政権・司法権のみを拘束
> →第 1 説
> 立法権をも拘束
> →第 2 説

09 □□□　憲法第 14 条第 1 項の「人種、信条、性別、社会的身分又は門地」は、**限定的に列挙**されたものである。

> ➡ 2 **1 b** 第 2 説　　×

10 □□□　憲法第 14 条第 1 項は、事柄の性質に即応して**合理的と認められる差別的取扱い**をすることを許容している。

> ➡ 2 **1 b** 第 2 説　　○

|参照条文| 憲法 14 条 1 項

　すべて国民は、法の下に平等であつて、人種、信条、性別、社会的身分又は門地により、政治的、経済的又は社会的関係において、差別されない。

|2| 法の下の平等 　ランク B

|1| 設問 08 の検討

ⓐ 14 条 1 項「法の下に平等」の意味

	法適用平等説 （立法者非拘束説）	法内容平等説 （立法者拘束説）
結　論	**法適用の平等のみを意味する** →　法を執行し適用する行政権・司法権が国民を差別してはならない。ただし、14 条 1 項後段列挙事由は立法者をも拘束	法適用の平等のみならず、**法そのものの内容も**平等の原則に従って定立されるべき
理　由	憲法は「法の下に」と規定している	法の内容に不平等な取扱いが定められていれば、それを平等に適用しても平等の保障は実現されない
批　判	法の内容自体に不平等があるときに、それを平等に適用しても意味がない	―

ⓑ 問題分析

【「法の下に平等」の意味】

第 1 説
　法「適用」の平等のみを意味し、後段規定事項についての差別は絶対的に禁止（限定列挙）
　　後段規定事項に関する差別は絶対的に禁止　→　**絶対的平等**
　　法内容の平等は意味しない　→　立法権は拘束されない

第 2 説（判例）
　法「適用」の平等のみならず、法「内容」の平等をも意味し、後段規定事項についての差別の合憲性審査には、厳格な基準を適用（例示列挙）
　　行政権・司法権のみならず、立法権をも拘束
　　後段規定事項の差別も例外的に認められ得る　→　絶対的ではない　→　**相対的平等**

|2| 列挙事由に関する判例

信　条	宗教や信仰にとどまらず、広く思想上・政治上の主義を含む （最判昭 30.11.22）
社会的身分	人が社会において占める継続的な地位をいうから、高齢者であることは、それに当たらない （最大判昭 39. 5.27）

> ざっくりいえば、法適用平等説は、**法が平等に適用されてさえいればいい**という考え方ですが、法内容平等説は、**法の適用だけでなく、その法自体の内容も平等な内容でなければならない**という考え方です。

11 ☐☐☐　女性のみに６か月の**再婚禁止期間**を定める民法の規定のうち、**100日を超えて再婚禁止期間を設ける部分**は、憲法第14条第1項に違反する。
→2**3**①　　○

12 ☐☐☐　非嫡出子の法定相続分を嫡出子の２分の１とする民法の規定は、法律婚の尊重と非嫡出子の保護との調整を図る立法理由に**合理的な根拠があり**、立法府に与えられた合理的な裁量の限界を超えたものといえず、憲法第14条第1項に違反しない。
→2**3**②　　×
14条1項に違反する

13 ☐☐☐　刑罰として、被害者が尊属であることをもって、法律上、刑の加重要件とする規定を設けることは、このような差別的取扱いをもって直ちに**合理的な根拠を欠く**ものと断ずることができる。
→2**3**③　　×
最高裁は、親の尊重という立法目的は正当であるとした

14 ☐☐☐　日本国民である父と日本国民でない母との間に生まれ、出生後に父から認知された子は、父母の婚姻により嫡出子たる身分を取得した場合に限り、**日本国籍を取得**するとの定めは、憲法第14条第1項に**違反しない**。
→2**3**④　　×
法令違憲

15 ☐☐☐　**氏の変更を強制されない自由**は、憲法上の権利として保障されている権利であるが、民法第750条は、「夫婦は、婚姻の際に定めるところに従い、夫又は妻の氏を称する。」と定めており、条文の文言上、性別に基づく差別的扱いを定めているわけではないことから、**民法第750条の規定は、憲法第14条第1項に違反しない**。
→2**3**⑤　　×
判例は、氏の変更を強制されない自由は、憲法上の権利として保障されているとはいえないとする

16 ☐☐☐　租税法の分野における所得の性質の違い等を理由とする取扱いの区別は、その**立法目的が正当**であり、かつ、当該立法において具体的に採用された**区別の態様がその目的との関連で著しく不合理であることが明らかでない限り**、その合理性を否定することができず、これを憲法第14条第1項に違反するということはできない。
→2**3**⑥　　○

17 ☐☐☐　地方公共団体が売春の取締りについて各別に条例を制定する結果、その**取扱いに差異が生じることがあっても**、地域差のゆえをもって憲法第14条第1項に違反するということはできない。
→2**3**⑦　　○

3 法の下の平等に関する判例

① **男性と女性の不平等**
　　旧民法733条1項の規定のうち**100日を超えて再婚禁止期間を設ける部分**は、平成20年当時において、憲法14条1項、24条2項に違反するに至っていた（女子再婚禁止期間事件　最大判平27.12.16）。

② **法定相続分における嫡出子と非嫡出子の不平等**
　　法律婚という制度自体はわが国に定着しているとしても、父母が婚姻関係になかったという、子にとっては自ら選択ないし修正する余地のない事柄を理由としてその子に不利益を及ぼすことは許されず、旧民法900条4号ただし書前段の規定は、立法府の裁量権を考慮しても**合理的根拠が失われて**おり、憲法14条1項に違反する（最大決平25.9.4）。

③ **尊属を殺害した者とそれ以外の者を殺害した者の不平等**
　　尊属に対する尊重報恩という道義を保護するという**立法目的は合理的**であるが、刑罰を死刑又は無期懲役に限定することは、**刑の加重の程度が極端**であって、立法目的達成手段として不合理であり、憲法14条1項に違反する（尊属殺重罰規定違憲判決　最大判昭48.4.4）。

④ **国籍取得における嫡出子と非嫡出子の不平等**
　　旧国籍法3条1項が、日本国民である父と日本国民でない母との間に出生した後に父から認知された子につき、父母の婚姻により嫡出子たる身分を取得した場合に限り日本国籍の取得を認めていることにより**国籍の取得に関する区別**を生じさせていることは、憲法14条1項に**違反する**（国籍法違憲判決　最大判平20.6.4）。

⑤ **夫婦同氏強制における男性と女性の不平等**
　　「夫婦は、婚姻の際に定めるところに従い、夫又は妻の氏を称する」と定める民法750条の規定は、現行法下における氏の性質等に鑑みると、**「氏の変更を強制されない自由」は憲法上の権利として保障されている権利とはいえず**、夫婦いずれの氏を称するかは協議に委ねられており、条文の文言上、**性別に基づく差別的扱いを定めているわけではなく**、憲法14条1項（及び13条、24条）に**違反しない**（最大判平27.12.16、最大決令3.6.23）。

⑥ **給与所得者と事業所得者の不平等**
　　租税法の定立は立法府の政策的・技術的な判断に委ねるほかなく、その立法目的が正当なものであり、かつ、当該立法において具体的に採用された**区別の態様がこの目的との関連で著しく不合理**であることが明らかでない限り、その合理性を否定することができず、憲法14条1項に**違反しない**（サラリーマン税金訴訟　最大判昭60.3.27）。

⑦ **条例による地域的取扱いの差異と平等原則**
　　憲法が各地方公共団体の条例制定権を認める以上、**地域によって差別を生ずることは当然に予期**されており、14条に違反しない（最大判昭33.10.15）。

第4章 精神的自由権 ①

01 □□□ 裁判所が、他人の名誉を毀損した者に対し、事態
の真相を告白し陳謝の意を表明する程度の**謝罪広告を新
聞紙に掲載することを命じた**としても、憲法に違反しな
い。　　　　　　　　　　　　　　　　　　　　➡1　　○

02 □□□ **宗教法人に対する解散命令**の制度は、専ら宗教法
人の世俗的側面を対象とし、かつ、専ら世俗的目的によ
るものであって、宗教団体の信者の精神的・宗教的側面
に容かいする意図ではない。　　　　　　➡2**❶**②　　○

03 □□□ **政教分離規定**の保障の対象となる国家と宗教との
分離には、一定の限界があり、国が宗教団体に対して補
助金を支出することが憲法上許されることがある。
　　　　　　　　　　　　　　　　　➡2**❷**「限界」　　○

04 □□□ 憲法第20条において国及びその機関がすること
を禁じられている「**宗教的活動**」とは、宗教の布教、強化、
宣伝等を目的とする積極的行為に限られず、単なる宗教
上の行為、祝典、儀式又は行事を含む**一切の宗教的行為**
を指す。　　　　　　　　　　　　➡2**❷**「基準」　　×
　　　　　　　　　　　　　　　　　目的・効果で判断

05 □□□ 剣道実技の科目が必修とされている公立の高等専
門学校において、特定の宗教を信仰していることにより
剣道実技に参加することができない学生に対し、**代替措
置**として、他の体育実技の履修やレポートの提出を求め
た上で、その成果に応じた評価をすることは、その目的
において宗教的意義はないものの、その宗教を援助、助
長、促進する効果を有し、他の宗教者又は無宗教者に圧迫、
干渉を加える効果があるから、**政教分離の原則に違反**す
る。　　　　　　　　　　　　　　　➡2**❷** 💬　　×

|参照条文| **憲法20条3項**
　国及びその機関は、宗教教育その他いかなる宗教的活動もしてはならない。

個人の信教の自由を保障するため、一般的に課せられた義務を免除することが
逆にその宗教に対して特権を与えることになり、政教分離の原則に反するので
はないかという問題があります。この点、判例は、公立の高等専門学校におい
て宗教上の信条を理由として**剣道実技の代替措置**をとることは、政教分離の原
則を定める20条3項に**違反しない**とし、代替措置をとらずに原級留置（留年
の扱い）の処分をし、それを理由に退学処分とするのは違憲であるとしていま
す（剣道実技拒否事件　最判平8.3.8）。

1 思想良心の自由

ランク **B**

> **謝罪広告強制事件** (最大判昭 31. 7. 4)
> 　名誉毀損の民事事件において、**謝罪広告を新聞紙等に掲載すべきこと**を加害者に命ずることは、それが単に事態の真相を告白し陳謝の意を表明するに止まる程度のものであれば、これを代替執行によって強制しても**合憲である**。

2 信教の自由

ランク **A**

1 信教の自由に関する判例

> ① **加持祈祷治療事件** (最大判昭 38. 5.15)
> 　一種の宗教行為としてなされたものであったとしても、これにより被害者を死に致したものである以上、信教の自由の保障の限界を逸脱したものであり、**傷害致死罪として処罰したことは、20 条 1 項に反しない**。
> ② **オウム真理教解散命令事件** (最決平 8. 1.30)
> 　宗教法人に対する解散命令は、専ら世俗的目的によるものであって、宗教団体や信者の精神的・宗教的側面に容かいする意図によるものではなく、解散命令によってその信者らが行う宗教上の行為に生ずる支障は、解散命令に伴う間接的で事実上のものであるにすぎず、**20 条 1 項に反しない**。

2 政教分離の限界 （目的効果基準）

限　界	政教分離の原則は、国家と宗教とのかかわり合いを**一切排除する趣旨ではない**
基　準	国及びその機関に禁止されている「宗教的活動」（20 Ⅲ）とは、 ① 　行為の**目的**が宗教的意義を持ち、 ② 　その**効果**が宗教に対する援助、助長、促進又は圧迫、干渉等になるような行為をいう

【関連判例】

> ① 　**市が市有地を無償で神社施設の敷地としての利用に供している行為**は、もともとは小学校敷地の拡張に協力した地元住民に報いるという世俗的、公共的な目的から始まったものであったとしても、**89 条、20 条 1 項後段に違反する**（空知太神社事件　最大判平22. 1.20)。
> ② 　市が管理する公園内に儒教施設の設置を許可し、公園使用料の全額を免除した市長の行為は、観光資源等としての意義や歴史的価値等の事情を考慮し、社会通念に照らして総合的に判断すると、市と宗教のかかわり合いが、**社会的、文化的諸条件に照らし、信教の自由の保障の確保という制度の根本目的との関係で相当とされる限度を超えるものとして、20 条 3 項の禁止する宗教的活動に該当し、政教分離原則に違反する**（最大判令 3. 2.24)。
> * 　上記判例では、目的効果基準を用いず、諸般の事情を考慮し、社会通念に照らして総合的に判断している。

06 ☐☐☐ 報道機関の報道は、民主主義社会において国民が国政に関与するにつき、重要な判断の資料を提供し、国民の「知る権利」に奉仕するものであるから、思想の表明の自由に準じて、事実の**報道の自由**と報道のための**取材の自由**は、憲法第21条の精神に照らし、**十分尊重に値する**。

→3❶ⓐ ×
報道の自由は憲法上保障されている

07 ☐☐☐ 裁判の公開を制度として保障している**憲法第82条第1項**は、裁判の傍聴人が法廷において**メモを取る権利を保障**している。

→3❶ⓐ【関連判例】 ×
①
権利として保障されているわけではない

08 ☐☐☐ **報道機関の取材結果を犯罪捜査の証拠として押収**することは、適正迅速な捜査を遂行する上での必要性と、これにより報道の自由が妨げられる程度及び将来の取材の自由が受ける影響とを比較衡量した上で、なおやむを得ないと認められる場合には、**憲法に違反しない**。

→3❶ⓐ【関連判例】 ○
③

09 ☐☐☐ **報道機関の取材**の手段・方法が、贈賄、脅迫、強要等の一般の刑罰法令には触れなくても、取材対象者の個人としての人格の尊厳を著しくじゅうりんする等法秩序全体の精神に照らして**社会観念上是認することができない**態様のものである場合には、正当な取材行為の範囲を逸脱し違法性を帯びることになる。

→3❶ⓐ【関連判例】 ○
④

10 ☐☐☐ 刑法第230条の2の規定は、個人の名誉の保護と、正当な言論の保障との調和を図ったものとされるが、新聞発行人がその発行する新聞において摘示した事実につき真実であることの証明がない場合は、同人において**真実であると誤信**していたとしても、**名誉毀損罪の刑責を免れる**ことはできない。

→3❶ⓑ① ×
一定の場合には故意を欠き、名誉毀損罪は成立しない

11 ☐☐☐ **私人の私生活上の行状**は、私人の携わる社会的活動の性質及びこれを通じて社会に及ぼす影響力の程度のいかんにかかわらず、刑法第230条の2第1項に規定する「公共の利害に関する事実」には当たらない。

→3❶ⓑ② ×
当たる場合がある

|参照条文| 刑法230条の2第1項

　前条第1項の行為〔名誉毀損〕が公共の利害に関する事実に係り、かつ、その目的が専ら公益を図ることにあったと認める場合には、事実の真否を判断し、真実であることの証明があったときは、これを罰しない。

3 表現の自由　

1 保障とその範囲

ⓐ 報道の自由

報道の自由	21 条 1 項の表現の自由によって**憲法上保障される**（最大決昭 44.11.26）
取材の自由	21 条の精神に照らし、**十分尊重に値する**（最大決昭 44.11.26）

【関連判例】

① **法廷メモ採取事件**（最大判平元. 3. 8）
　　傍聴人が法廷においてメモを取ることは、その見聞する裁判を認識、記憶するためになされるものである限り、尊重に値し、故なく妨げられてはならない。

② **博多駅テレビフィルム提出命令事件**（最大決昭 44.11.26）
　　取材の自由が、公正な裁判の実現という憲法上の要請によって、ある程度の制約を受けるとして、取材フィルムの提出を命令した。

③ **ＴＢＳビデオテープ押収事件**（最決平 2. 7. 9）
　　取材ビデオテープを裁判所ではなく、**捜査機関によって押収すること**が憲法上許されるかどうかの問題について、最高裁は、公正な裁判を実現するために不可欠な適正迅速な捜査の遂行という要請がある場合にも、**取材の自由がある程度制約される場合がある**として、押収を認めた。

④ **外務省秘密電文漏洩事件**（最決昭 53. 5.31）
　　取材が真に報道の目的からでたものであり、その手段・方法が法秩序全体の精神に照らし相当なものとして**社会観念上是認されるものである限り**は、実質的に違法性を欠き正当な業務行為というべきである。

ⓑ 表現の自由と名誉毀損、プライバシー侵害に関する判例

① **表現の自由と名誉毀損罪**（「夕刊和歌山時事」事件　最大判昭 44. 6.25）
　　刑法 230 条の 2 第 1 項にいう事実が真実であることの証明がない場合でも、行為者がその事実を真実であると誤信し、その誤信したことについて、確実な資料、根拠に照らし相当の理由があるときは、犯罪の故意がなく、**名誉毀損の罪は成立しない**。

② **表現の自由と名誉毀損罪**（「月刊ペン」事件　最判昭 56. 4.16）
　　社会的影響力の強い者の私生活については、刑法 230 条の 2 第 1 項にいう「公共の利害に関する事実」に当たる場合がある。

③ **表現の自由と公職選挙候補者の名誉**（「北方ジャーナル」事件　最大判昭 61. 6.11）
　　事前差止めは、原則として許されないが、その表現内容が真実でなく、又はそれが専ら公益を図る目的のものでないことが明白であって、かつ、被害者が重大にして著しく回復困難な損害を被るおそれがあるときは、当該表現行為はその価値が被害者の名誉に劣後することが明らかであるため、例外的に事前差止めが許される。

　　判例によれば、報道の自由は**憲法上保障される**のに対し、その手段である取材の自由は**十分尊重に値する**とされています。この憲法上の保障の有無の区別をしっかりと押さえておきましょう。

12 □□□　憲法第21条第2項前段の「検閲」とは、**行政権**が主体となって、**思想内容**等の表現物を対象とし、その全部又は一部の**発表の禁止**を目的とし、対象とされる一定の表現物につき**網羅的一般的**に、**発表前**にその内容を審査した上、不適当と認めるものの発表を禁止することをその特質として備えるものをいう。

➡3 2 **ⓑ** 〔　〕　○

13 □□□　書籍や図画の輸入手段における**税関検査**は、事前に表現物の発表そのものを禁止するものではなく、関税徴収手続に付随して行われるものであって、思想内容それ自体を網羅的に審査し、規制することを目的とするものでない上、検査の主体となる税関も思想内容の規制をその独自の使命とする機関ではなく、当該表現物に関する税関長の通知につき司法審査の機会が与えられているから、**検閲には当たらない**。

➡3 2 **ⓑ**【関連判例】②　○

14 □□□　**裁判所**が、表現内容が真実でないことが明白な出版物について、その公刊により名誉侵害の被害者が重大かつ著しく回復困難な損害を被るおそれがある場合に、仮処分による**出版物の事前差止め**を行ったとしても、**憲法に違反しない**。

➡3 2 **ⓑ**【関連判例】▶1　○

15 □□□　大学における学問の自由を保障するために、伝統的に大学の自治が認められているが、この自治は、**大学の教授その他の研究者の人事**に関して認められるとともに、**大学の施設と学生の管理**についてもある程度で認められる。

➡4 2 「内容」　○

16 □□□　大学において学生の集会が行われた場合であっても、その集会が、真に学問的な研究又はその結果の発表のためのものでなく、**実社会の政治的社会的活動**であり、かつ、**公開の集会又はこれに準ずるもの**であるときは、その集会への**警察官の立入り**は、大学の学問の自由と自治を侵害するものではない。

➡4 2 「関連判例」　○

判例は、21条2項前段の「検閲」を、「❶**行政権**が主体となって、❷**思想内容**等の表現物を対象とし、❸その全部又は一部の**発表の禁止**を目的として、対象とされる一定の表現物につき**網羅的一般的**に、❹**発表前**にその内容を審査した上、不適当と認めるものの発表を禁止すること」とし、「検閲」の概念を狭く解する代わりに、検閲は**絶対的に禁止**されるとしています（最判昭59.12.12）。

2 表現の自由の限界

ⓐ 事前抑制防止の理論

　事前抑制の禁止は、憲法 21 条 1 項の当然の前提であり、例外が認められる。一方、**検閲**は、同条 2 項前段により**絶対的に禁止**される（最大判昭 59.12.12）。

ⓑ 検閲の定義

	主　体	対　象	時　期	絶対的禁止か
判　例	行政権	思想内容	発表前	絶対的禁止

【関連判例（検閲に当たらないとされたもの）】

① 　裁判所による出版の事前差止め（最大判昭 61. 6.11）▶1 　∵ 主体が司法権だから
② 　**税関検査**（最大判昭 59.12.12）　∵ 国外においては既に発表済みだから
③ 　**教科書検定**（最判平 5. 3.16）　∵ 一般図書としての発行を妨げるものではないから

▶1 　裁判所による出版物の事前差止めは原則として禁止されるが、表現内容が真実でないことが明白な出版物について、その公刊により名誉侵害の被害者が重大かつ著しく回復困難な損害を被るおそれがある場合には、**例外的に出版物の事前差止めが許される**（最大判昭 61. 6.11）。

4 　学問の自由

1 学問の自由の内容

　学問の自由の内容として、**①学問研究の自由**、**②研究発表の自由**、**③教授の自由**に分けられる。

2 大学の自治

意　義	大学における研究教育の自由を保障するために、大学の内部行政に関しては大学の自主的な決定に任せ、大学内の問題への外部勢力による干渉を排除すること
内　容	①学長・教員の人事に関する自治、②施設・学生管理の自治、③予算管理における自治、④研究教育の内容及び方法の自主決定権等がある
主　体	**教授**その他の研究者が主体であり、学生はもっぱら造営物の利用者とする（最大判昭 38. 5.22）
関連判例	大学において学生の集会が行われた場合であっても、その集会が、真に学問的な研究又はその結果の発表のためのものでなく、**実社会の政治的社会的活動**であるときは、その**集会への警察官の立入り**は、大学の学問の自由と自治の原則を侵害するものではない（最大判昭 38. 5.22）

01　「職業の自由の規制を、国民の生命・健康に対する危険を防止するための消極目的規制と、社会公共の便宜を促進し、社会的・経済的弱者を保護するための積極目的規制に区別し、消極目的規制の場合には積極目的規制の場合よりも規制立法の合憲性を厳格に審査すべきである」という目的二分論については、肯定する立場と否定する立場とがある。

次のアからウまでの記述に対し、○又は×で答えよ。

ア □□□　裁判所は政策的判断に基づく**積極目的規制**に立ち入って判断するのは難しいが、**消極目的規制**については、裁判所が規制の必要性と合理性を判断することが容易であるとの考えは、肯定する立場の根拠となる。

アー○
➡1 **1 ⑤**「基準が異なる理由」参照
二分できることを前提に、裁判所の審査能力に着目

イ □□□　規制立法が**消極目的であるか積極目的であるかの区別**は相対的で、二つの目的が混在している場合や、従来は消極目的と考えられたものが積極目的と解されるようになる場合があるし、更に、いずれの目的とも異なる性格の目的の場合もあるとの考えは、否定する立場の根拠となる。

イー○
➡1 **1 ⑤**「基準が異なる理由」参照
そもそも二分できないと考える見解である

ウ □□□　審査基準について、**積極目的規制**は、社会経済の実態についての正確な基礎資料や多様な利害に対する適正な評価を必要とするもので、立法府の裁量的判断が尊重されなければならないが、**消極目的規制**の場合には、警察比例の原則に基づき、規制措置は規制目的を達成するための必要最小限でなくてはならないとの考えは、肯定する立場の根拠となる。

ウー○
➡1 **1 ⑤**「基準が異なる理由」参照
二分できることを前提に、裁判所の審査能力に着目して審査基準を使い分ける

02 □□□　都道府県知事の許可なく**小売市場を開設すること**を禁じた小売商業調整特別措置法の規定は、積極的な社会経済政策を実施するための法的規制措置であるから、立法府がその裁量権を逸脱し、当該法的規制措置が**著しく不合理であることが明白な場合**に限り、違憲となる。

➡1 **1 ⑥①**
○

03 □□□　**薬局の新たな開設**について、主として国民の生命及び健康に対する危険の防止という目的のために、地域的な適正配置基準を満たすことを許可条件としたとしても、**憲法に違反しない**。

➡1 **1 ⑥②**
憲法に反し無効
×

1 職業選択の自由

ランク **A**

1 限 界

ⓐ 規制の類型

消極目的規制	主として国民の生命及び健康に対する危険を防止若しくは除去ないし緩和するために課せられる規制
積極目的規制	福祉国家の理念に基づき、経済の調和のとれた発展の確保、特に社会的・経済的弱者の保護のためになされる規制

ⓑ 規制の合憲性判定基準（規制目的二分論）

	消極目的規制	積極目的規制
基 準	《厳格な合理性の基準》①規制目的の必要性・合理性と、②規制目的との関係で**より制限的でない規制手段**があるかどうかを判断する	《明白性の原則》当該規制措置が著しく不合理であることが明白である場合に限って違憲となる
基準が異なる理由	裁判所が規制の必要性と合理性を判断することが容易である	社会経済の実態についての正確な基礎資料が必要であるなど、裁判所の審査能力に限界がある

ⓒ 関連判例

① **小売市場距離制限事件（積極目的規制）**
　　国が社会経済の調和的発展を企図するという観点から中小企業保護政策の一方策としてとった措置ということができ、その目的において、一応の合理性を認めることができないわけではなく、また、その規制の手段・態様においても、それが著しく不合理であることが明白であるとは認められない（最大判昭 47.11.22）。

② **薬局距離制限違憲事件（消極目的規制）**
　　適正配置規制は、主として国民の生命及び健康に対する危険の防止という消極的、警察的目的のための規制措置であり、競争の激化－経営の不安定－法規違反という因果関係に立つ不良医薬品の供給の危険が相当程度の規模で発生する可能性があるとすることは、確実な根拠に基づく合理的な判断とは認めがたい。したがって、適正配置規制は、不良医薬品の供給の防止等の目的のために必要かつ合理的な規制を定めたものということができないから、**憲法 22 条 1 項に違反し、無効である**（最大判昭 50. 4.30）。

積極目的規制に比べて、消極目的規制の審査基準が厳しくなっているのは、消極目的規制は複雑な政策的判断（お金がらみの問題）を必要としないため、裁判所としてもより審査しやすいからです。

04 □□□　森林の細分化を防止することにより森林経営の安定を図るために、共有森林につき持分価格2分の1以下の**共有者に分割請求を認めないこと**は目的達成手段として必要な限度を超えない規制であるから、当該規制は**憲法に違反しない。**

➡ **2 ❶**
立法目的との間に合理性も必要性も肯定できず違憲
✕

05 □□□　憲法第29条第2項は、「財産権の内容は、公共の福祉に適合するやうに、法律でこれを定める」と規定しているが、法律による個別的委任がなくとも、**条例によって**ため池の破損、決壊の原因となるため池の堤とうの使用を禁止することができる。

➡ **2 ❷**「肯定説」
〇

06 □□□　憲法第29条第3項の「正当な補償」とは、完全な補償を意味するものであって、その当時の経済状態において成立すると考えられる価格に基づき**合理的に算出された相当な額**は「正当な補償」ということはできない。

➡ **2 ❸ⓐ**「相当補償説」
✕

07 □□□　財産権の制限を認める法令が**補償に関する規定**を設けていないときには、当該法令は**違憲である。**

➡ **2 ❸ⓑ** 💬
✕

2 財産権の保障

ランク C

1 財産権の制限に関する違憲判決

（旧）森林法 186 条による共有林分割請求の制限は、同条の立法目的との関係において、合理性と必要性のいずれをも肯定することのできないことが明らかであって、同条は、**憲法 29 条 2 項に違反し、無効である**（森林法違憲事件　最大判昭 62. 4.22）。

2 条例による財産権の制限の可否（奈良県ため池条例事件　最大判昭 38. 6.26）

	理　由
肯定説 （判例）	①　29 条 2 項は行政による財産権の恣意的制限を禁止しようとしたものであるが、**条例**は地方公共団体の議会において民主的な手続によって制定される立法であり、実質的には法律と差異がない（許容性） ②　地方の特殊の事情が存在する場合もある（必要性）
否定説	財産権は全国的な取引の対象となる場合が多いので、統一的に法律で規制すべきである

3 損失補償

ⓐ 財産権の規制に対し与えられる「正当な補償」の意味

	完全補償説	相当補償説（判例）
結　論	当該財産の客観的な市場価格を全額補償すべきである	当該財産に対し、合理的に算出された額でよい

ⓑ 法律に補償規定を欠く場合

29 条 3 項は、私有財産を公共のために用いた場合の救済規定であるし、補償の範囲も明確な具体的権利であると解されることから、同条 3 項を**直接の根拠として補償を請求**することができる（最大判昭 43.11.27）。

このように、29 条 3 項を直接の根拠として補償の請求が認められているのは、29 条 3 項は、私有財産を公共のために用いた場合の救済規定だからです。したがって、**補償規定を欠く法律**があっても、そのことだけで当然に違憲により無効となるわけではありません。

01 生存権を定める憲法第 25 条第 1 項の法的性格について、次の三つの見解がある。

A説：憲法第 25 条第 1 項は、国会に対してそこに規定された理念を実現するための政策的指針ないし政治的責務を定めたにとどまり、およそ法的な権利や裁判規範性を認めるものではない。

B説：憲法第 25 条第 1 項は、これを具体化する法律の存在を前提として、当該法律に基づく訴訟において同条違反を主張することができ、その限りで法的権利を認めるものといえる。

C説：憲法第 25 条 1 項は、それ自体で裁判の基準となるのに十分に具体的な規定であり、その意味で直接国民に対し具体的権利を認めたものである。

次のアからエまでの記述に対し、○又は×で答えよ。

ア □□□ 憲法第 25 条第 1 項が生存権保障の方法や手続を**具体的に定めていない**こと、及び資本主義体制の下では**自助の原則**が妥当するということは、A説の根拠となり得る。

アー○
➡**1a**「プログラム規定説」「理由」②

イ □□□ ある者が、生存権を保障する立法がされないため生存権が侵害されていると考える場合、B説及びC説のいずれの説によっても、憲法第 25 条第 1 項を直接の根拠として**国の不作為の違憲性を裁判で争う**ことができる。

イー×
➡**1a** ▶1「立法不作為の違憲性」
C説のみできる

ウ □□□ **生活保護に関する法律**の下で何らかの給付を受けている者が、当該法律の規定では、自己の生存権の保障として不十分であり、生存権が侵害されていると考える場合、B説及びC説のいずれの説によっても、憲法第 25 条第 1 項を根拠に当該**法律の規定の違憲性を裁判で争う**ことができる。

ウー○
➡**1a** ▶1「具体化する法律の違憲性」

エ □□□ C説の立場に立っても、生存権の保障をする具体的な立法がされない場合に、憲法第 25 条第 1 項を根拠として国に対して**生活扶助費の給付を求めることまではできない**とする結論を導くことが可能である。

エー○
➡**1a** ▶1「給付請求」

|参照条文| 憲法 25 条 1 項

すべて国民は、健康で文化的な最低限度の生活を営む権利を有する。

1 社会権

1 生存権

ⓐ 生存権の法的性格

	プログラム規定説	法的権利説 ▶1	
		抽象的権利説	具体的権利説
結論	25条1項は、国民の生存を確保すべき政治的・道義的義務を国に課したにとどまり、個々の国民に具体的権利を保障したものではない	法規範性を肯定するが、生存権はそれを具体化する立法によってはじめて具体的な権利となる	25条1項を具体化する立法がない場合においても、国の立法不作為の違憲確認訴訟を提起することができる
理由	① 具体的救済には予算が必要であり、それは国の財政政策に委ねられる ② 同条1項は、生存権保障の方法や手続を具体的に定めていない	① 同条1項は生存権を「権利」と規定している ② 「健康で文化的な最低限度の生活」という文言は抽象的であり、生存権の実現のためには、立法府の専門的・政策的判断が必要である	同条1項は、行政権を拘束するほど明確ではないが、憲法上の権利として、立法権や司法権を拘束できるほどには明確である

▶1 25条1項を直接の根拠として裁判で争うこと　　　　○：できる　×：できない

	抽象的権利説	具体的権利説
給付請求	×	×
立法不作為の違憲性	×	○
具体化する法律の違憲性	○	○

ⓑ 関連判例

① 25条の「健康で文化的な最低限度の生活」は、きわめて抽象的・相対的な概念であること、②当該規定を具体化するには、国の財政事情を無視することができないこと、③高度の専門技術的判断を必要とすることから、同条の規定の趣旨の具体化は、立法府・行政府の広い裁量に委ねられており、それが著しく合理性を欠き、明らかに裁量の逸脱・濫用とみられる場合を除き、司法審査の対象とならない（最大判昭42.5.24、最大判昭57.7.7）。

02 □□□　教育を受ける権利を実質化するための義務教育の無償について、その範囲には、**授業料**を徴収しないことだけでなく、**教科書の無償配布も含まれる**。

→ 1 **2 3** 「無償」
教科書は含まない
×

03 □□□　学問の自由は教授の自由を含み、普通教育における教師に対しても一定の範囲における教授の自由が保障されるが、大学教育と異なり普通教育においては、教師に**完全な教授の自由**は認められない。

→ 1 **2 b** 「理由」
○

04 □□□　最高裁判所の判例の趣旨に照らすと、国は、**必要かつ相当と認められる範囲**において、**教育内容を決定する権能を有し**、教育の目的を遂行するに必要な諸条件を整備確立するため、教育内容や方法について遵守すべき規準を設定できる。

→ 1 **2 b** 「結論」
○

05 □□□　憲法第 31 条の保障は、**刑事手続以外の行政手続にも及び**、公権力が国民の権利又は利益を制限する場合には、**常に**、当事者に事前の告知、弁解、防御の機会を与えることが必要である。

→ 2 **1**
要否は総合較量して
決定される
×

06 □□□　密輸に用いられた船舶、物品が**被告人以外の第三者の所有物**である場合、所有者である第三者に告知及び密輸に用いられるとは知らなかったとの**弁解の機会を与えずに**、被告人に対する附加刑としてそれらの物を没収しても、憲法第 31 条に違反しない。

→ 2 **1** ▶ 2
違反する
×

07 □□□　刑罰法規があいまい不明確のため憲法に違反するか否かは、**通常の判断能力を有する一般人の理解において**、具体的場合にある行為がその適用を受けるか否かの判断を可能とする基準が読み取れるかどうかにより決定すべきである。

→ 2 **1** ▶ 3
○

08 □□□　「**交通秩序を維持すること**」という遵守事項に違反する集団行進について刑罰を科す条例を定めたとしても、憲法に違反しない。

→ 2 **1** ▶ 3
○

┃参照条文┃ 憲法 31 条
　何人も、法律の定める手続によらなければ、その生命若しくは自由を奪われ、又はその他の刑罰を科せられない。

2 教育を受ける権利
ⓐ 子どもの学習権等 （26 条）

趣 旨	国民、特に子どもの学習権を保障している （最大判昭 51. 5.21）
責 務	親権者：子どもに教育を受けさせる責務を負っている （26 Ⅱ） 国：教育制度を維持し、教育条件を整備すべき義務を負っている
無 償	義務教育の無償 （26 Ⅱ後）は、教育の対価たる**授業料の無償**を定めたものである

ⓑ 教育権の所在

結 論	教育の本質から教師に一定の範囲で教育の自由が認められると同時に、国の側も**必要かつ相当**と認められる範囲で教育内容について決定する権能を有する （旭川学テ事件　最大判昭 51. 5.21）
理 由	子どもの側に学校・教師を選択する余地が乏しいこと、全国的に一定の水準を確保すべき要請が強いことから、**教師の教育の自由を完全には認めることはできない**

2 その他の人権 （適正手続の保障）

_{ランク} **C**

1 31 条の意義 💬

① 手続が法律で定められていなければならず、その手続も適正でなければならない。▶2
② 実体も法律で定められていなければならず、実体規定も適正でなければならない。▶3

▶2 【関連判例】

密輸にかかる貨物の没収判決を受けたが、当該貨物に被告人以外の第三者の所有物が混ざっていた事案において、最高裁は、**所有物を没収せられる第三者についても、告知、弁護、防禦の機会を与えることが必要**であるとして、その機会を与えないでした没収判決は、31 条に違反するとした （第三者所有物没収事件　最大判昭 37.11.28）。

▶3 **通常の判断能力を有する一般人の理解**において、不明確な刑罰法規は 31 条に違反し、無効である。
→ ex. 徳島市公安条例の「交通秩序を維持すること」という規定は、集団行進等における道路交通の秩序遵守についての基準を読みとることが可能であり、憲法 31 条に違反しない （徳島市公安条例事件　最大判昭 50. 9.10）。

31 条の保障は行政手続にも及ぶかという論点に関しては、次の判例があります。「31 条は、直接には刑事手続に関するものであるが、行政手続が刑事手続ではないとの理由のみで、当然に同条による保障の枠外にあると判断すべきではない。ただし、同条の保障が及ぶと解すべき場合でも、行政手続は、刑事手続と性質が異なるし、多種多様であるから、事前の告知、弁解、防御の機会を与えるかどうかは、制限を受ける権利利益の内容等と、行政処分により達成しようとする公益の内容等を**総合較量して決定**され、常に必ずそのような機会を与えることを必要とするものではない」（成田新法事件　最大判平 4. 7. 1）。

Q p11の人権の私人間効力における間接適用説に対する批判に関して、「純然たる事実行為による人権侵害に対しては、それを真正面から憲法問題として争うことができない」ことの意味がわかりません。

A 間接適用説は、民法等の一般条項を解して人権を守ることになります。そうすると、民法1条・90条・709条等を適用するのが難しいケースについては、救済が困難になります。例えば、「うちの店は○○にはトイレを貸しません」という不当な扱いがあった場合、トイレを貸すという契約が存在しているわけではないので、信義則違反とは言い難いですし、トイレを貸さないことが公序良俗違反ともいえません。また、不法行為ともいえません。しかし、○○にだけトイレを貸さないというのは差別のような気もします。このように、何らかの一般条項を使うのが難しい場合に不都合ではないか、というのが表記の記載の意味です。

Q p25の「規制の合憲性判定基準（規制目的二分論）」の考え方がよくわかりません。

A 職業選択の自由に対する規制は、社会公共の安全を確保するために課せられる規制（**消極目的規制**）と、福祉国家の理念に基づいて社会・経済政策の一環としてとられる規制（**積極目的規制**）に分けられます。
経済的自由に対する規制の中でも、それが消極目的規制の場合には、**厳格な合理性の基準**が妥当します。これは、「規制目的の必要性・合理性と規制目的との関係で、より制限的でない規制手段があるかどうか」を判断する基準です。一方、経済的自由に対する規制の中でも、それが積極目的規制の場合には、**明白性の原則**が妥当します。これは、「その規制措置が著しく不合理であることが明白である場合に限って違憲となる」という基準です。

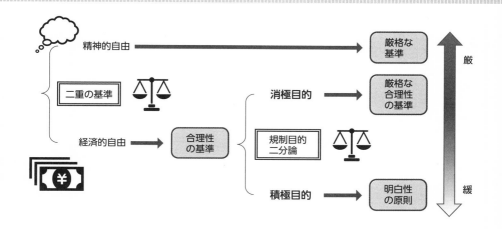

Q p29の「生存権の法的性格」をもう少し説明してください。

A **プログラム規定説**では、生存権をあくまで国家の政治的義務を宣言したものにすぎず、裁判規範性を認めるものではないと考えるため、憲法25条違反を主張して訴訟をすることができません。

抽象的権利説では、生存権を抽象的な権利として認めるため、25条1項を具体化する法律の存在を前提として、その法律に基づく訴訟において、25条1項の違反を主張できます。すなわち、具体的な法律がなければ訴訟することができません。

具体的権利説では、生存権を具体的な権利として認めるため、具体的な法律がなくても、国会がそのような法律を作らないこと(立法不作為)につき、25条1項を直接の根拠として国の立法不作為の違憲確認訴訟を提起することができます。

第2編
統治機構

●体系MAP

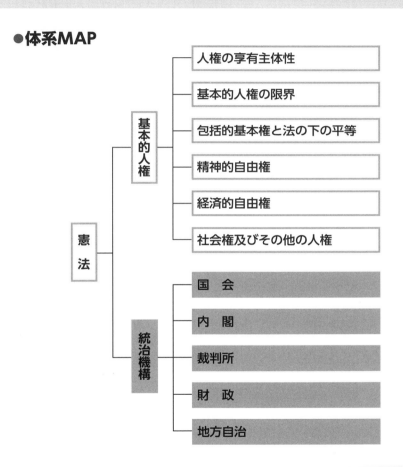

01 □□□ 憲法第41条の国会が国の「唯一」の立法機関であるというのは、次の二つの意味がある。

国会中心立法の原則：国会による立法以外の実質的意味の立法は、憲法の特別の定めがある場合を除き許されない。

国会単独立法の原則：国会による立法は、国会以外の機関の参与を必要としないで成立する。

下記の①から⑥までの記述のうち、国会単独立法の原則と関連するものはどれか。

① 法律がその所管事項を、命令等の他の国法形式に委任すること　➡1**2**、▶2

② 地方公共団体の条例制定権

③ 内閣の法律案提出権

④ 両議院の規則制定権

⑤ 最高裁判所の規則制定権

⑥ 地方自治特別法の住民投票

③
⑥

02 □□□ 参議院が、衆議院の可決した法律案を受け取った後、国会休会中の期間を除いて**60日以内に議決しないとき**は、衆議院は、参議院がその**法律案を否決したものとみなす**ことができる。　59条4項　〇

03 内閣の法律案提出権については、内閣法第5条においてこれを認める規定があるものの、これを合憲と解する立場と違憲と解する立場がある。以下の記述のうち合憲と解する立場の論拠となるものには〇を、違憲と解する立場の論拠となるものには×をつけよ。

1 □□□ 憲法は、議院内閣制を採用し、国会と内閣との協働を認めている。　➡1**2** ▶2 【論点02】

2 □□□ 憲法上、国会は、法律案を自由に修正し否決することができる。

3 □□□ 憲法上、内閣総理大臣及び過半数の国務大臣は、国会議員の中から選ばれることになる。

1－〇
2－〇
3－〇

|参照条文| 憲法41条

国会は、国権の最高機関であつて、国の唯一の立法機関である。

1 国会の地位

ランク B

1 「国民の代表機関 (43条1項)」の内容

① 国会議員は、選挙区及び後援団体など特定の選挙母体の代表者ではなく、**全国民の代表であること**
② 選挙区民の個々の具体的指示には拘束されず（**命令委任の禁止**）、議員は、自らの信念に基づいて自由に意見を表明し表決を行う権利を有すること（**自由委任の原則**）

2 唯一の立法機関 (41条)

「立法」の意味		特定の内容の法規範の定立を意味する（実質的意味の立法説）▶1
「唯一」の意味 ▶2	国会中心立法の原則	意義：国会による立法以外の実質的意味の立法は、憲法の特別の定めがある場合を除いて許されないこと 例外：①両議院の議院規則制定権（58Ⅱ）、②最高裁判所の規則制定権（77Ⅰ）、③地方公共団体の条例制定権（94）
	国会単独立法の原則	意義：国会による立法は、国会以外の機関の参与を必要としないこと 例外：地方自治特別法の住民投票（95）

▶1 【実質的意味の立法の内容】

一般的・抽象的法規範説：一般的・抽象的法規範をいう。
狭義の法規説：国民の権利を直接に制限し、又は義務を課する法規範をいう。

▶2 解釈上の例外
【論点01：法律の委任が国会中心立法の原則に反しない理由】

① 73条6号ただし書は法律の委任を間接的に容認
② 現代の行政国家の下では、専門的・技術的な処理、迅速処理を必要とする行政活動が増大しており、法律の委任が不可避

【論点02：内閣の法律案の提出権 (内閣5) が国会単独立法の原則に反しない理由】

① 国会は、内閣の提出した法律案を自由に修正・否決できる。
② 議院内閣制の下では、国会と内閣の協働が要請されている。
③ 国務大臣の過半数は国会議員である（憲68Ⅰ但）。

国会単独立法の原則とは、国会による立法は、国会以外の機関の参与を必要としないで成立することを意味します。すなわち、国会だけで立法が成立するのが国会単独立法の原則ということです。
国会中心立法の原則とは、憲法に特別の定めがある場合を除いて、国会による立法以外の実質的意味の立法は許さないことを意味します。すなわち、**国会以外の立法を禁じる**のが国会中心立法の原則ということです。

04 □□□　（①緊急集会の期間中の参議院議員、②国会の会期外の国会議員）には、**不逮捕特権**及び**免責特権**が認められる。　→**2❶**「意義」、**❷**「主体」　①
②は免責特権のみ

05 □□□　**国務大臣**を、その在任中、内閣総理大臣の同意なしに**起訴**することは許されないが、**国会議員**を、国会の会期中、議院の同意なしに**起訴**することは可能である。　→**2❶**「意義」＊　○

06 □□□　国会議員は、国会の会期中は、**院外における現行犯**の場合であっても、その所属する議院の許諾がない限り逮捕されない。　→**2❶**「例外」①　×

07 □□□　国会議員の所属政党が当該議員の院内活動を理由としてその**政党から除名**することは、国会議員の免責特権を定めた憲法第51条の規定に違反する。　→**2❷**「免責の範囲」　×
参照

08 □□□　（①国務大臣である国会議員が院内で**国務大臣として行った発言**、②議員が**院外**で議院の活動として行った行為）にも、国会議員の免責特権の保障が及ぶ。　→**2❷ ▶**3　②

09 □□□　両議院の議員は、院内で行った演説、討論又は表決について院外で責任を問われないため、議員が行ったこれらの行為につき、**国が賠償責任**を負うことはない。　→**2❷ ▶**4　×

2 国会議員の地位

1 不逮捕特権

意 義	両議院の議員は、**国会の会期中**逮捕されず、会期前に逮捕された議員は、その議院の要求があれば、会期中これを釈放しなければならない (50) * 訴追されない特権ではない（cf. 内閣総理大臣の**国務大臣**の訴追に対する同意権〔75〕）
例 外	① 院外における現行犯罪の場合 ② その院の許諾がある場合 (国会33)

2 免責特権

主 体	国会議員 ▶3 * 地方議会議員は含まない（最大判昭42.5.24）
免責行為	厳格な意味での「演説、討論又は表決」に限られず、広く議員の意見表明とみられる行為やそれに付随する行為が含まれる * 私語や野次、暴力行為などは保障外である
免責の範囲	① 一般国民ならば負うべき民事・刑事上の法的責任 ② 国会議員が公務員や弁護士を兼職している場合の懲戒責任等 ▶4 * 政治的・倫理的責任は含まれず、院内の秩序をみだした場合、議院は、議員を懲罰することができる（憲58Ⅱ本）

▶3 国務大臣が同時に国会議員である場合において、**議員としての発言**は免責されるが、国務大臣として行った発言については免責されない。

▶4 【関連判例】

> 国会議員が国会で行った質疑等において、個別の国民の名誉や信用を低下させる発言が違法な行為であるとしても、**議員個人は、責任を負わない**。
> * 特別の事情のある場合には、**国が国家賠償責任を負う**（最判平9.9.9）。

現行犯罪の場合は不当逮捕のおそれがないので、不逮捕特権の例外とされています。院内における現行犯罪が除かれているのは、警察権力が議員に無条件に及ぶことを回避するためです。

10　国会の事後の承認が得られなかった条約の国際法上の効力について、次の三つの見解がある。

　　　A説：国会の承認が得られなかった条約も、国際法上は有効である。

　　　B説：国会の承認が得られなかった条約は、国際法上も無効である。

　　　C説：国会の承認が得られなかった条約は、一定の場合に限り国際法上も無効である。

　　下記の1から4までの記述に対し、○又は×で答えよ。

　1 □□□　A説は、現在、多くの国が条約を締結する場合には**国会の承認を必要とする制度を採用**していることを根拠とする。

➡3❶❻ ▶5「無効説」「理由」①参照
1 − ✕

　2 □□□　B説は、**国会の条約承認権の意義を重視**すべきことを根拠とする。

➡3❶❻ ▶5「無効説」「理由」②
2 − ○

　3 □□□　A説は、当事国が相互に**相手国の憲法をその責任において判断する義務はない**ことを根拠とする。

➡3❶❻ ▶5「有効説」「理由」参照
3 − ○

　4 □□□　C説は、国会の条約承認権の意義を重視しつつ、**国内法と国際法のバランスを図るべき**であることを根拠とする。

➡3❶❻ ▶5「条件付無効説」「理由」
4 − ○

11 □□□　国会議員は、所属議院が行う**資格争訟の裁判**により議席を失うことがあるが、この裁判で資格なしと判断された議員は、**裁判所に不服を申し立てる**ことができない。

➡3❷ ▶6
○

12　議院規則と国会法の関係について、次の二つの見解がある。

　　　A説：国会法の効力が議院規則に優位する。

　　　B説：議院規則の効力が国会法に優位する。

　　下記の1から3までの記述に対し、○又は×で答えよ。

　1 □□□　**議院規則は一院の議決のみで成立する**という手続の違いを重視すると、B説を導きやすい。

➡3❷ ▶7「法律優位説」参照
1 − ✕

　2 □□□　A説に対しては、**内閣が法律案提出権を通じて**各議院の自律に委ねるべき事項について影響力を与えることになりかねず、適切ではないとの批判が可能である。

➡3❷ ▶7「法律優位説」参照
2 − ○

　3 □□□　A説に対しては、国会法の改廃について両議院の意思が異なる場合には**衆議院の意思が優越することがある**から、参議院の自主性を損なうおそれがあるとの批判が可能である。

➡3❷ ▶7「規則優位説」参照
3 − ○

3 国会と議院の権能

1 国会の権能

ⓐ 法律制定権

原　則	両議院で可決したときに法律となる（59Ⅰ）
例　外	①参議院の緊急集会(54Ⅱ、Ⅲ)、②衆議院の再議決(59Ⅱ)、③地方自治特別法(95)

ⓑ 条約承認権

条約を締結するには、事前又は事後に、国会の承認が必要（73③但）。

* 事前承認が得られなかった場合：条約は成立しない。

事後承認が得られなかった場合：条約の国内法的効力は認められない。▶5

▶5 【論点：事後に国会の承認が得られなかった条約の国際法的な効力の有無】

有効説	結論：有　効 理由：条約の国際法的効力は国際法により決すべきである
無効説	結論：無　効 理由：①　相手国も国会の承認が必要なことは承知しているはずなので、相手国の信頼が害されるとはいえない ②　国会の承認による民主的コントロールを尊重すべきである
条件付無効説	結論：国会の承認権の規定の具体的な意味が諸外国にも周知の要件と解されているような場合には、無効 理由：条約承認権の意義を重視しつつ、国内法と国際法とのバランスを図る

2 議院の権能

【議院の自律権（50条、55条、58条）】

組織自律権：①役員選任権、②議員の逮捕許諾権・釈放要求権、③議員の資格争訟裁判権▶6

運営自律権：①議院規則制定権▶7、②議員懲罰権

▶6　資格争訟の裁判は、76条1項の例外として議院に認められた権能であり、各議院での裁判が終審であるから、その結論を、通常裁判所で争うことはできない。

▶7 【論点：国会法と規則が競合した場合の効力関係】

	理　由
法律優位説 （通説）	国会法の成立には両議院の議決を必要とするのに対して、議院規則の制定の場合には一院の議決で足りる
規則優位説	議院（特に参議院）の自律権を重視すべきであり、国会法で制定された事項については、両議院の紳士協定以上の意味を有するものではない

◀1 二院制の組織及び活動

任　期	**衆議院**：4年（ただし、解散の場合には任期満了前に終了〔45〕） **参議院**：6年（3年ごとに参議院議員の半数を改選する〔46〕）	
同時活動 の原則	意　義：両議院の召集・開会及び閉会が同時に行われること 例　外：参議院の緊急集会（54Ⅱ但）	
独立活動 の原則	意　義：両議院はそれぞれ独立して議事を行い、議決すること 例　外：両院協議会	
衆議院の優越	**権限事項での優越**：①予算先議権（60Ⅰ）、②内閣不信任決議権（69） **議決での優越**：法律・予算・条約の承認・内閣総理大臣の指名 ▶1	

▶1 【法律・予算・条約の承認・内閣総理大臣の指名】

	参議院が議決し ない日数の要件	参議院が議決し ない場合の効果	再議決の要件	両院協議会
法律案（59）	60日	否決とみなすこ とができる	衆議院の出席 議員の3分の 2以上	任意的
予算案（60Ⅱ）	30日	衆議院の議決を 国会の議決とす る	不　要	必要的
条　約（61）	30日			
内閣総理大臣の 指名（67）	10日			

衆議院と参議院の二院を対等にすると、意見が対立した場合に、いつまでも法律などを作ることができなくなってしまいます。そこで、**衆議院の優越**が認められているのです。

② 国会の活動

会期の種類及び召集時期	常　会：毎年１回 (52) 臨時会：①内閣が必要とするとき (53)、②いずれかの議院の総議員の４分の１以上の要求があるとき (53)、③衆議院議員の任期満了による総選挙又は参議院議員の通常選挙が行われたとき（国会2の3） 特別会：衆議院の解散があった場合に、衆議院議員の総選挙の日から30日以内 (憲54 I)	
会議の方法	定足数	各々その総議員の３分の１ (56 I)
	表決数	**原　則**　出席議員の過半数で決し、可否同数のときは議長が決する (56 II)
		例　外　《出席議員の３分の２以上》 ①　議員の資格争訟裁判において議員の議席を失わせる場合 (55) ②　秘密会の開催 (57 I但) ③　懲罰による議員の除名 (58 II但) ④　法律案の衆議院での再議決 (59 II) 《総議員の３分の２以上》 憲法改正の発議 (96 I)
会議の公開	原　則：公開される (57 I本) 例　外：出席議員の３分の２以上の議決により、秘密会を開くことができる (57 I但)	

③ 参議院の緊急集会

意　義	衆議院の解散中において、国会の開会を要する緊急の事態が生じたときに、参議院が国会を代行する制度 ▶2
要　件 (54 II)	①　**衆議院の解散中であること**　＊　任期満了の場合は、開くことができない ②　**国に緊急の必要があること** ③　**内閣の求めによること**
権　能	内閣が集会請求に示した案件につき、原則として国会に認められたすべての権限を行使することができる
効　果	緊急集会において採られた措置は、次の国会開会後**10日以内**に、衆議院の同意がない場合には、**将来に向かって失効する** (54 III)

▶2　緊急集会の期間中は、参議院議員は、会期中の国会議員と同様に、**不逮捕特権** (50)、**免責特権** (51) を有する。

01 独立行政委員会が憲法第 65 条に違反しないと考える根拠として、次の二つの見解がある。

A説：独立行政委員会は、何らかの形で内閣の下にあるから、憲法第 65 条に違反しない。

B説：憲法第 65 条は、内閣がすべての行政について指揮監督権を持つことまでは要求していないから、独立行政委員会を設けることは同条に違反しない。

下記の 1 から 4 までの記述に対し、○又は×で答えよ。

1 □□□ 憲法第 79 条第 1 項が**内閣に最高裁判所の裁判官の任命権を与えている**ことは、A説の根拠となる。

1 − ×
➡ 1【論点】▶ 1

2 □□□ B説は、憲法第 65 条が**「すべて行政権は」**という文言にはなっていないことを根拠とする。

2 − ○
➡ 1【論点】「B説」①

3 □□□ A説に対しては、国会に対する**内閣の責任を不明確にする**という批判がある。

3 − ×
➡ 1【論点】「B説」②参照
A説は内閣の下にあるとしているため、内閣の責任を問い得る

4 □□□ B説は、憲法第 65 条は、議院内閣制の下で国会に対する内閣の責任を確保する趣旨であるため、独立行政委員会が**直接国会のコントロールを受ける**のであれば、同条に反しないことを根拠とする。

4 − ○
➡ 1【論点】「B説」②

02 □□□ **内閣総理大臣**は、（①衆議院議員、②国会議員）でなければならず、国会は、他のすべての案件に先立って内閣総理大臣の指名について決議する。

➡ 2 ❶「資格要件」 ②
67 条 1 項

03 □□□ **国務大臣**を**任命**又は**罷免**する場合、（①閣議の決定、②天皇の認証）を必要とする。

➡ 2 ❶「選任手続」 ②
「認証」

04 □□□ 内閣は、**衆議院を解散した場合**に行われる総選挙後、国会が初めて召集されたときに総辞職をしなければならない。

➡ 2 ❶ ▶ 2③
○

|参照条文| **憲法 65 条**
行政権は、内閣に属する。

1 独立行政委員会

【論点：独立行政委員会と 65 条との関係】

A説 ▶1	内閣は、委員会の人事権・予算権を有しているため、独立行政委員会は、内閣のコントロール下にあるため、**65 条の例外ではない**
B説	① 65 条は、76 条 1 項と異なり、「すべて行政権は」とはしておらず、**一定の例外を認めている** ② 独立行政委員会を**国会が直接コントロールできる体制**になっていれば、内閣の責任を問い得ないとしても問題にする必要はない

▶1 　この説に対しては、人事権と予算権だけで内閣のコントロール下にあるといえるなら、裁判所も内閣の下にあることになるとの批判がある。

2 内閣の組織と権能

1 内閣の組織

		内閣総理大臣	国務大臣
資格要件		① 「文民」であること（66 Ⅱ） ② 国会議員であること（67 Ⅰ）▶2	① 「文民」であること（66 Ⅱ） ② 過半数は国会議員であること（68 Ⅰ但）
選任手続	指 名	国会（67 Ⅰ前）	—
	任 命	天皇（6 Ⅰ）	内閣総理大臣（68 Ⅰ本）
	認 証	—	**天皇**（7 ⑤）＊罷免の場合も認証必要

▶2 　**【内閣が総辞職しなければならない場面の整理】**

> ① 衆議院で不信任の決議案が可決され、又は信任の決議案を否決されて、**10日以内**に内閣が衆議院を解散しない場合（69）
> ② 内閣総理大臣が欠けた場合（70 前）
> 　＊ 死亡、辞職、国会議員資格の喪失など
> ③ **衆議院議員総選挙後**、初めて国会が召集されたとき（70 後）

💡 総辞職した内閣は、新たに内閣総理大臣が任命されるまで引き続き職務を行う（71）。

65 条でいう行政権とは、すべての国家作用から、立法作用と司法作用を除いた残りの作用であると解されています（**控除説**）。すなわち、司法権と立法権以外の国家作用はすべて行政権になると考えるわけです。このように行政権について消極的に定義づけることで、様々な行政活動を包括的に捉えることができます。

05 □□□　**国務大臣**は、その在任中、**内閣総理大臣の同意**がなければ、訴追されない。

→ 2 **2** ②　　〇

06 □□□　法律及び政令には、すべて主任の**国務大臣が署名**し、**内閣総理大臣が連署**することを必要とする。

→ 2 **2**【関連知識】①　　〇

07 □□□　国会議員でない国務大臣は、国会議員から答弁又は説明のため**出席を求められた場合に限り**、議院に出席して発言することができる。

→ 2 **2**【関連知識】②　　×

08 □□□　内閣総理大臣及び国務大臣は、憲法を尊重し擁護する義務を負っているため、国会の制定した法律が違憲であると判断したときは、これを理由に**当該法律の執行を拒否**することができる。

73条1号
法律を誠実に執行する義務がある　　×

09 □□□　国会は、内閣を構成する**個別の国務大臣**の政治責任を不信任決議によって追及することができ、不信任の決議がされた当該国務大臣は、辞職しなければならない。

→ 2 **3**「注意点」②③
辞職等の法的効力はない　　×

10　議院内閣制の本質的要素について、次の二つの見解がある。
　　　第1説：内閣の議会に対する政治的責任が本質的要素であり、議会の不信任決議に対抗する内閣の議会解散権は本質的要素ではない。
　　　第2説：議会の内閣不信任決議に対抗する内閣の議会解散権が本質的要素である。
　　下記の1と2の記述に対し、〇又は×で答えよ。

1 □□□　日本国憲法が議院内閣制を採用していることを根拠として、**憲法第69条以外の場合にも内閣に解散権があること**を主張する見解は、第2説を前提としているといえる。

1 － 〇
→ 3 **1**「本質」「均衡本質説」

2 □□□　第2説は、内閣と議会との間の抑制・均衡の関係よりも、**内閣に対する議会のコントロールを重視する**考え方といえる。

2 － ×
→ 3 **1**「本質」「責任本質説」
第1説に当てはまる

アメリカ型の大統領制では、議会と政府が共に民主的基盤を有し、両者の完全な分離という議会と政府の抑制均衡を重視した制度が採用されています。これに対して、**日本の採る議院内閣制**では、政府の成立及び存続の基盤が議会の信任（民主的コントロール）を基礎としており、議会と政府が一応は分離しつつも、議会と政府の協働関係を重視した制度が採用されているといえます。

❷ 内閣総理大臣の地位及び権限 （代表的なもの）

内閣総理大臣は、**内閣の首長**として、**内閣を統率**し、**行政各部を統轄調整**する地位にある。

→ ① 閣議にかけることなく、国務大臣を任意に**任命・罷免**することができる（68）。
　　② **国務大臣の訴追に対する同意権**を有する（75）。
　　③ 内閣総理大臣は、閣議にかけて決定した方針に基づいて行政各部を指揮監督するのが原則だが（内閣6）、閣議にかけて決定した方針が存在しない場合でも、内閣の明示の意思に反しない限り、行政各部に対し、随時、指導・助言等の指示を与える権限を有する（最大判平7.2.22）。

【関連知識】
```
① 法律及び政令には、すべて主任の国務大臣が署名し、内閣総理大臣が連署すること
　 を必要とする（憲74）。
② 内閣総理大臣その他の国務大臣は、議院の議席を有するか否かにかかわらず、いつ
　 でも議案について発言するため議院に出席することができる（63前）。
```

❸ 内閣の責任

条　文	内閣は、行政権の行使について、国会に対し連帯して責任を負う（66Ⅲ）
注意点	① 「国会に」：両議院が、それぞれ別個に内閣の責任を問うこともできる ② 「責任」：**政治責任**を意味する ③ 「連帯して」：各国務大臣の個々の責任を追及することもできる

❸ 議院内閣制

ランク **B**

❶ 議院内閣制

意　義		議会と内閣（政府）の分離を前提に、内閣の存立を議会の信任に依存させ、内閣が議会に対して連帯責任を負う体制をいう
本　質	均衡本質説	**内閣と議会との抑制・均衡の関係を重視**し、議会の内閣不信任決議権とそれに対抗する内閣の議会解散権が存在する点にある → 内閣の自由な解散権は、本質的なものである
	責任本質説	**内閣に対する議会の民主的コントロールを重視**し、内閣が議会に対して連帯して政治責任を負うという点にある → 内閣の自由な解散権は、本質的なものではない
憲法上の発現		① 内閣の国会に対する連帯責任（66Ⅲ） ② 内閣総理大臣が国会議員の中から国会の議決で指名されること（67Ⅰ） ③ 国務大臣の過半数が国会議員であること（68Ⅰ但） ④ 衆議院の内閣不信任決議権と内閣の衆議院解散権（69） ⑤ 衆議院議員総選挙後の内閣総辞職（70後） ⑥ 内閣総理大臣その他の国務大臣の議院出席・発言権及び義務（63）

11 □□□　衆議院が解散された場合であっても、衆議院議員 | ➡3② 「意義」 | ✕
は、次の国会が召集されるまで、**議員としての身分**を失
わない。

12 □□□　衆議院が解散されたときは、**解散の日から**（① 30 | ➡3② 「効果」 | ②
日、② 40 日）以内に衆議院議員の総選挙を行わなけれ | | ③
ばならず、**総選挙の日から**（③ 30 日、④ 40 日）以内に、 | | ⑥
国会の（⑤臨時会、⑥特別会）を**召集**しなければならない。

13　「衆議院の解散は、憲法第 69 条に規定する内閣不信任決議案が可決され、又は内
閣信任決議案が否決された場合のほか、憲法第 7 条の規定により、解散によって
国民の意思を問うべき正当な理由がある場合には、行うことができる」とする見
解の根拠となるものには○、ならないものには✕をつけよ。

　1 □□□　天皇の国事行為は、形式的かつ儀礼的なもので | 1 － ○
あって、その**実質的決定権は、助言と承認を与える内閣** | ➡3② ▷3 「7 条説」
にあり、天皇は、その助言と承認に拘束される。

　2 □□□　衆議院の解散は、**憲法上明文をもって解散を行** | 2 － ✕
うことができる場合として規定されているときのみ行う | ➡3② ▷3 「69 条限定
ことができると解すべきである。 | 説」

　3 □□□　衆議院の解散は、**総選挙によって国民の意思を** | 3 － ○
問い、それを衆議院に反映させようという制度である。 | ➡3② ▷3 🗨

2 衆議院の解散 ▶3

意　義	任期満了前に衆議院議員全員の**身分を失わせる**行為をいう（45 但） ＊　衆議院の自律的解散は許されない（通説）
効　果	衆議院解散の日から **40 日以内**に総選挙を実施し、総選挙の日から **30 日以内**に国会（**特別会**）を召集しなければならない（54） →　特別国会が召集されると、内閣は総辞職し（70）、新しい内閣総理大臣が指名される（67 Ⅰ）

▶3 【論点：内閣に存する衆議院の実質的解散権の根拠】

根　拠	理　由
69 条 限定説	69 条（内閣が不信任されたとき）以外に内閣による解散権を規定した**明文がない**　＊　解散権を行使できるのは、69 条のときのみ
7 条説	政治性の強い解散行為を、国政に関する権能を有しない天皇（4）が行うことができるのは、**内閣が助言と承認を行う際に解散の実質的決定**を行うことにより、天皇による解散行為が形式的・儀礼的なものとなるからである
議院内 閣制説	議院内閣制の本質的要素として、議会の内閣不信任決議権に対抗するために、権力分立の見地から、内閣による解散権が認められている

＊　69 条限定説以外の説によれば、解散権は内閣の裁量に任されることになる。

現在の慣行においては、7 条説に基づいて、内閣は衆議院による内閣不信任決議があった場合に限らず、衆議院を解散することができるとされています。その結果、解散につながる衆議院による無条件の内閣不信任権と、内閣による無条件の解散権が存在することになり、議会と政府の双方が、互いに他方の権限行使を抑止するために、常に**民意に近づこうと行動することになる**と解することができます。

01 □□□　行政機関の処分に不服があるとして提起された訴訟において、**行政機関が認定した事実が無条件に裁判所を拘束**するような制度は、違憲である。

→ 1 ■ 「範囲」　○
事実認定は司法権の中核であるため、当該制度は、76条1項、2項に違反する

02 □□□　労働事件のみを管轄する労働裁判所を設置することは、**通常裁判所への上訴を認めたとしても**、憲法第76条第2項の「特別裁判所」に当たり、許されない。

→ 1 ■ ▶ 1　参照　×
裁判所の系列から独立していなければ可

03 □□□　裁判所は、**具体的な争訟事件が提起されないのに**将来を予想して憲法及びその他の法律の解釈に対し存在する疑義論争に関し抽象的な判断を下すような権限を行い得るものではない。これは、「法律上の争訟」（裁判所法第3条第1項）の要件を欠くからである。

→ 1 ■ 「概念」　○

04 □□□　**国家試験における合格又は不合格**の判定は、学問上の知識、能力、意見等の優劣、当否の判断を内容とする行為であるから、試験実施機関の最終判断に委ねられるべきものであって、司法審査の対象とならない。

→ 1 ② 「判例」②❶　○

05 □□□　ある訴訟が、直接宗教上の教義の解釈を求めるものではなく、具体的な権利義務ないし法律関係に関する紛争についてのものであり、前記**教義にかかわる判断が請求の当否を決するための前提**となるにすぎないときは、司法審査の対象となる。

→ 1 ② 「判例」②❷　×

06 □□□　（①議院の議員資格の争訟の裁判、②裁判官に対する弾劾裁判）が重要な手続規定に違反していることが明白である場合であっても、その裁判に関して**通常裁判所に訴訟を提起**することはできない。

→ 1 ❸❸ 「限界」「憲法上」　①
②

07 □□□　国会における法案審議において議場が混乱したまま可決された法律についても、両院において議決を経たものとされ適法な手続によって公布されている以上、裁判所は両院の自主性を尊重すべく同法制定の**議事手続に関する事実を審理**してその有効無効を判断すべきでない。

→ 1 ❸❸ 「限界」「権力分立」①

議場混乱のまま可決された警察法改正の国会の議決の無効が争われた事件において、最高裁は、「警察法は、両院において議決を経たものとされ、適法な手続によって公布されている以上、裁判所は、両院の自主性を尊重すべく、同法制定の**議事手続に関する事実**を審理してその有効無効を判断できない。」としました（警察法改正無効事件　最大判昭37.3.7）。

1 司法権の意味と範囲

1 司法権の概念及び範囲

概　念	「司法権」とは、**具体的な争訟**について、法を適用し、宣言することによって、これを裁定する国家作用をいう
範　囲	民事・刑事・行政事件のすべての裁判 《**憲法上の根拠**》 ① **特別裁判所の設置の禁止**（76Ⅱ前）▶1 ② 行政機関による**終審としての行政事件の裁判の禁止**（76Ⅱ後）

▶1　「特別裁判所」とは、特定の地域・身分・事件等に関して、**通常の裁判所の系列から独立した権限を持つ**裁判所をいう。

2 法律上の争訟（＝具体的な争訟）

意　義		① 当事者間の具体的な権利義務・法律関係の存否に関する紛争であること ② それが法律の適用によって終局的解決ができること（最判昭56.4.7）
判 例	①	**抽象的に法令の解釈又は効力について争うことはできない**（警察予備隊事件　最大判昭27.10.8）
	②	❶ **国家試験の合否の判定**は、学問又は技術上の知識、能力、意見等の優劣、当否の判断を内容とする行為であり、試験実施機関の最終判断に委せられる性質のものであるから、**司法審査の対象とならない**（最判昭41.2.8） ❷ 訴訟は、形式的には具体的な権利義務ないし法律関係に関する紛争であるが、その前提として**信仰の対象の価値又は宗教上の教義に関する判断**を行わなければならず、結局、訴訟は、その実質において法令の適用による終局的な解決の不可能なものであって、**法律上の争訟に当たらない**（板まんだら事件　最判昭56.4.7）

3 司法権の限界

ⓐ 総　論

	意　義	法律上の争訟であるにもかかわらず、何らかの理由により、裁判所が処理できない例外的紛争の存在をいう
限 界	憲法上	**議院の議員資格争訟の裁判**（55）、**弾劾裁判所による裁判官の弾劾裁判**（64）
	権力分立	① 各部門の自律にかかわる行為　⬜ 　ex. 各議院の議員の懲罰（58Ⅱ）、定数や議決の有無等の議事手続（56等）、内閣総理大臣による国務大臣の任免（68） ② 立法部・行政部の裁量行為 ③ 高度の政治性のある国家行為（統治行為）
	事柄の性質上	自律的法規範を持つ社会・団体内部の紛争（部分社会の法理）

08 ☐☐☐　**衆議院の解散**は、極めて政治性の高い国家統治の基本に関する行為であるから、それが無効であるかについては裁判所の審査権の外にあり、その判断は主権者たる国民に対して政治的責任を負うところの政府、国会等の政治部門の判断に任され、最終的には国民の政治判断に委ねられている。これは、**「法律上の争訟」（裁判所法第3条第1項）の要件を欠く**からである。

➡ 1 **3 ⓑ**「意義」、▶ 2 ①
「法律上の争訟」だが司法審査の対象とならない ✕

09 ☐☐☐　大学における**単位授与行為**は、それが一般市民法秩序と直接の関係を有するものであることを肯認するに足りる特段の事情のない限り、純然たる大学内部の問題として大学の自主的、自律的な判断に委ねられるべきものであって、裁判所の司法審査の対象にはならない。

➡ 1 **3 ⓒ**「大学」 〇

10 ☐☐☐　大学は、一般市民社会とは異なる特殊な部分社会を形成しているため、大学の**専攻科の修了を認定**しないことが、学生が一般市民として公の施設を利用する権利を侵害するものであっても、当該認定に関する争いは司法審査の対象とならない。

➡ 1 **3 ⓒ**「大学」cf. ✕

11 ☐☐☐　ある**政党**が党員に対してなした**除名等の処分**については、一般市民法秩序と直接の関係を有しない限り、裁判所の審査権は及ばず、当該処分が一般市民としての権利利益を侵害する場合でも、裁判所の審理は、当該政党の規範の妥当性には及ばず、**適正な手続に則ってなされたか**という点に限られる。

➡ 1 **3 ⓒ**「政党」 〇

12 ☐☐☐　**最高裁判所の長たる裁判官**は、**内閣**によって任命される。

➡ 2 **1**「最高裁判所長官」
内閣が指名し、天皇が任命する ✕

13 ☐☐☐　**下級裁判所の裁判官**は、**最高裁判所**によって任命される。

➡ 2 **1**「下級裁判所の裁判官」
最高裁判所が指名し、内閣が任命する ✕

政党は議会制民主主義を支える上において極めて重要な存在であることから、高度の自主性と自律性を与えて、自主的に組織運営を行うことができる自由を保障しなければならないとされています。そのため、一般市民としての権利利益を侵害する場合であっても、**適正な手続に則ってされたか否か**によって決すべきであり、その審査もこれらの点に限られるのです。

ⓑ 統治行為 ▶2

意 義	直接国家統治の基本に関する**高度の政治性のある国家行為**で、法律上の争訟として**裁判所による法律的な判断が可能**であるのに、事柄の性質上、**司法審査の対象から除外**される行為
根 拠	①国民主権原理（裁判所は民主的基盤に欠ける）や権力分立による司法権の内在的な限界、②裁判所が政治に巻き込まれることによる混乱の回避という裁判所の政策的配慮等

▶2 【関連判例】
① **衆議院の解散**は、極めて政治性の高い国家統治の基本に関する行為であって、その法律上の有効無効を審査することは司法裁判所の権限の外にある（苫米地事件　最大判昭 35.6.8）。
② 高度の政治性を有する条約は、**一見極めて明白に違憲無効であると認められない限りは**、司法審査の対象とならない（砂川事件　最大判昭 34.12.16）。
＊ 砂川事件判決は、純粋の統治行為論を採用したものではない。

ⓒ 部分社会の法理

自律的法規範を持つ社会又は団体内部の紛争に関しては、**その内部規律の問題にとどまる限り**、その自律的措置に任せ、それについては**司法審査が及ばない**という考え方をいう。

【関連判例】

地方議会	地方議会議員の**出席停止**には、司法審査が及ぶ（最大判令 2.11.25） cf. **除名**は、議員の身分の喪失に関する重大事項で、単なる内部規律の問題にとどまらないため、司法審査が及ぶ（最大判昭 35.10.19）
大 学	大学の**単位認定行為**には、司法審査は及ばない cf. 要件を充足したにもかかわらず、**専攻科修了の認定**をしないときは、一般市民として公の施設（大学）を利用する権利が侵害されることになるので、司法審査が及ぶ（富山大学事件　最判昭 52.3.15）
政 党	① 政党の党員に対する処分が一般市民法秩序と直接の関係を有しない内部的な問題にとどまる限り、司法審査は及ばない ② 一般市民としての権利利益を侵害する場合でも、**手続に関する審理に限られる**（共産党袴田事件　最判昭 63.12.20）

2 裁判所の組織と権能　ランク B

❶ 裁判所の構成

	最高裁判所長官	他の最高裁判所裁判官	下級裁判所の裁判官
指 名	内閣（6Ⅱ）	―	最高裁判所（80Ⅰ）
任 命	**天皇**（6Ⅱ）	内閣（79Ⅰ）	**内閣**（80Ⅰ）
認 証	―	天皇（7⑤）	天皇（高裁長官のみ）（7⑤）
任 期	なし	なし	10年（80Ⅰ） ＊ 再任可

14 □□□　司法権の独立の一内容として、司法権が立法権及び行政権から独立して活動することがあるが、これを担保するものとして、例えば、憲法第 77 条の**最高裁判所の規則制定権**や、憲法第 80 条の**最高裁判所による下級裁判所裁判官の指名権**が定められている。

→ 2 **2** ③④　　　○

15 □□□　最高裁判所の規則は、訴訟に関する手続についての定めをすることができるが、**裁判官の懲戒手続についての定め**をすることはできない。

→ 2 **2** ③＊　　　×
懲戒手続の定めもできる

16　次の見解は、最高裁判所の規則制定権の範囲内の事項について、法律と規則が競合的に制定され、両者が矛盾する場合の効力関係に関するものである。
　　　A説：法律の形式的効力が規則の形式的効力より強い。
　　　B説：規則の形式的効力が法律の形式的効力より強い。
下記の 1 と 2 の記述に対し、○又は×で答えよ。

　1 □□□　A説は、法律が国権の最高機関であり国の唯一の立法機関である**国会により制定されていること**を根拠とする。

→ 2 **2** ▶3 「理由」
　　　1－○

　2 □□□　B説は、法律と規則とが競合した場合、当該事項についての**知識・経験の豊富な機関**が制定したものに委ねることが望ましいことを根拠とする。

　　　2－○
裁判所が作った規則に委ねるべきという考え方

17 □□□　裁判所は、裁判官の全員の一致で、**判決**を公開法廷で行わない場合がある。

→ 2 **4** 「判決」　　×
判決は常に公開

18 □□□　**政治犯罪、出版に関する犯罪又は憲法第 3 章で保障する国民の権利が問題となっている事件**の対審及び判決は、**常に公開**しなければならない。

→ 2 **4** 「対審」再例外　○

19 □□□　**遺産分割審判**は、相続権、相続財産等の存在を前提としてされるものであるから、公開法廷で行わなくても憲法に違反しないが、この前提事項に関する判断を審判手続において行うことは、憲法に違反する。

→ 2 **4** ▶4①　　　×

20 □□□　**裁判官に対する分限事件の裁判**は、裁判官に対する懲戒処分が適正に行われることを保障するため、公開でこれを行わなければならない。

→ 2 **4** ▶4①　　　×

2 最高裁判所の権限

① 上告及び訴訟法において特に定める抗告についての裁判権（裁判7）
② 終審としての違憲審査権（憲81）
③ **規則制定権**（77 Ⅰ）▶3　＊　裁判官の懲戒手続についての定めも可
④ **下級裁判所裁判官の指名権**
⑤ 司法行政権（裁判80①）　＊　下級裁判所及び裁判所の職員を監督する権限をいう

▶3【論点：裁判所規則と法律の効力関係】

	法律優位説（通説）	規則優位説
理　由	国民主権原理の下では、国民代表機関である**国会の制定した法律が**最も強い形式的効力を持つ	**司法の自主性を確保する**憲法77条1項の趣旨を重視すべきである

3 最高裁判所裁判官の国民審査制 （79条2項〜4項）

法的性質	解職制度である（最大判昭 27.2.20）
根　拠	1回目：任命後初めて行われる衆議院議員総選挙の際 2回目：その後10年を経過した後初めて行われる衆議院議員総選挙の際 3回目以降：2回目と同じ

4 裁判の公開 ▶4

対　審	**原　則**：公開しなければならない（82 Ⅰ） **例　外**：裁判官の**全員一致**で、公の秩序又は善良の風俗を害するおそれがあると決したときは、公開しないでこれを行うことができる（82 Ⅱ本） **再例外**：政治犯罪、出版に関する犯罪、憲法第3章で保障する国民の権利が問題となっている事件は、常に公開しなければならない（82 Ⅱ但）
判　決	常に公開しなければならない（82 Ⅰ）

▶4【関連判例】

① 非訟事件の裁判（ex. 家事審判事件）や裁判官の懲戒の裁判（78後）等の裁判は、公開して行われなくても、裁判の公開（82 Ⅰ）に反しない（最大決平 10.12.1 参照）。
② 裁判の公開（82）は、国民に対し、刑事確定記録の閲覧を具体的権利として保障しているわけではなく、刑事確定記録の閲覧を認めないからといって、裁判の公開に違反するわけではない（最決平 2.2.16）。

裁判を非公開でできるのは**対審のみ**であり、**判決**は常に公開しなければならないことに注意しましょう。

21 □□□　最高裁判所は、裁判について、**下級裁判所を指揮監督**することができない。

→ 3 **2**「独立の宣言」　○

22 □□□　憲法第 78 条は、**行政機関**による裁判官の懲戒処分を禁止しているが、同条は**立法機関**による懲戒処分を否定するものではない。

→ 3 **2**「身分保障」「懲戒」
立法機関も不可　×

23 □□□　裁判官が一定の期間にわたり病気で欠席した場合でも、その期間中の**報酬を減額**することはできない。

→ 3 **2**「身分保障」「報酬」
cf. 国会議員の歳費は減額も可能　○

24 □□□　憲法は、裁判官はその良心に従い職務を行うと定めているが、これは、裁判官が**個人としての**主観的な価値観や人生観に従って職務を行うことを意味する。

→ 3 **2** ▶5
裁判官としての良心　×

25 □□□　すべて国民は、裁判官の罷免の訴追を求めることができるが、裁判官が行った**裁判が不当であることを理由**として、罷免の訴追を求めることはできない。

→ 3 **2** ▶6参照
罷免事由は限定　○

26 □□□　憲法は、裁判官の身分を保障し、裁判官の職権の独立を実効性のあるものにするために、裁判官の罷免事由を、弾劾裁判、分限裁判、最高裁判官の国民審査及び**懲戒**による罷免に限定している。

→ 3 **2**「身分保障」「罷免」＊
懲戒による罷免はできない　×

3 司法権の独立

ランク **A**

第Ⅰ部 憲法

1 広義の司法権の独立

① 下級裁判所裁判官の指名（80Ⅰ）
② 規則制定権（77）
③ 司法行政監督権（77及び第6章全体の趣旨）

2 裁判官の職権の独立

独立の宣言		すべて裁判官は、その良心に従い**独立してその職権を行い**、この憲法及び法律にのみ拘束される（76Ⅲ）▶5
身分保障	罷 免	① 裁判所による分限裁判（78前）▶6 ② 国会による弾劾裁判（78前、64）▶6 ③ 最高裁判所裁判官の国民審査（79Ⅱ〜Ⅳ） ＊ **懲戒による罷免**はできない点に注意
	懲 戒	**行政機関、国会は懲戒権を行使することができない**（78後参照） cf. 最高裁判所が制定する規則では、裁判官の懲戒手続の定めも可
	報 酬	裁判官は、すべて定期に相当額の報酬を受け、在任中**減額されない**（79Ⅵ、80Ⅱ）

▶5 76条3項の「良心」とは、**裁判官としての客観的良心ないし職務的良心**をいう（通説）。
▶6 【罷免事由の比較】

分限裁判	弾劾裁判（参考）
心身の故障のために職務を執ることができないと決定された場合	① 職務上の義務に著しく違反し、又は職務を甚だしく怠ったとき ② 職務の内外を問わず、裁判官としての威信を著しく失うべき非行があったとき

非政治的権力である司法権は、政治性の強い立法権・行政権から侵害される危険性が大きいことから、日本国憲法においては、司法権の独立が図られています。司法権の独立の内容としては、①司法権が立法権・行政権から独立していること（**広義の司法権の独立**）、②裁判官が裁判をするにあたって独立して職権を行使すること（**裁判官の職権の独立**）の2点が挙げられます。

27 □□□　**違憲審査権**を行使できるのは、**最高裁判所に限られず**、家庭裁判所や簡易裁判所も違憲審査権を行使することができる。　→ 4 **1**「主体」　○

28 □□□　最高裁判所は、終審裁判所として違憲審査権を有しているが、下級裁判所が訴訟事件についてした**裁判**は、**違憲審査の対象**とはならない。　→ 4 **1**「対象」②　✕

29　条約が憲法に適合するか否かを裁判所が審査することができるかという問題について、肯定説と否定説とがある。
次の 1 と 2 に対し、○又は✕で答えよ。

　1 □□□　憲法第 98 条第 2 項が、日本国が締結した**条約を誠実に遵守すべき旨を定めていること**は、否定説の根拠とはならない。　1 － ✕
条約を誠実に遵守すべきなら審査できないという結論を導きやすい

　2 □□□　憲法第 81 条が、裁判所の違憲審査の対象として**条約を挙げていないこと**を重視すると、否定説を導きやすい。　2 － ○
→ 4 **2**【論点】「否定説」①

│参照条文│ 憲法 81 条
　最高裁判所は、一切の法律、命令、規則又は処分が憲法に適合するかしないかを決定する権限を有する終審裁判所である。

4 違憲審査制

1 主体及び対象

主 体	最高裁判所（81）及び**下級裁判所**（最大判昭 25.2.1）
対 象	① 「法律、命令、規則」：条例も含む ▶7 ② 「処分」：一般的・抽象的法規範の個別・具体的な事案への適用行為 　＊ 行政行為に限定されず、立法機関・司法機関の法適用行為も含まれる 　　→ 裁判所の**判決**もこれに当たる（最大判昭 23.7.8）

▶7【論点：条約と憲法との優位性】

	憲法優位説（通説）	条約優位説
理 由	条約が憲法に優位すると解すると、憲法に反する内容の条約が締結されたときに、条約によって憲法が改正されることになり、国民主権ないし硬性憲法の建前に反する	① 憲法は、国際協調主義を建前とし、すべての国家機関が**条約を誠実に遵守**しなければならないとしている（98Ⅱ） ② 98条1項、81条は、**条約を除いている**

2 条約と違憲審査制

【論点：憲法優位説に立った場合、条約は違憲審査の対象となるか】

	肯定説（通説）	否定説
理 由	① 条約は、81条の「法律」又は「規則又は処分」に含めて理解できる ② 81条は、憲法より下位の法規範全てについて違憲審査の対象としており、条約も当然その対象になる	① 81条は、条約を除いている ② 条約は国家間の合意であり、一国だけでその効力を失わせることはできず、しかも極めて政治的な内容を持つものが多い

＊ 条約が憲法に優位すると考えれば、条約は違憲審査の対象とはならない。

30 憲法第 81 条の定める違憲審査制について、次の二つの見解がある。

A説：具体的な訴訟事件を前提として、その手続の中で裁判所の違憲審査権が行使されるべきである。

B説：具体的な訴訟事件と関係なく、抽象的に違憲審査権を行使することもできる。

下記の1と2に対し、○又は×で答えよ。

1 □□□　A説は、司法権とは、**具体的紛争に法を適用・宣言する**ことにより、これを解決する国家作用をいうところ、憲法第 81 条は、第 6 章「司法」に規定されていることを根拠とする。

> 1－○
> ➡ 4 3 「付随的違憲審査制説」参照
> 違憲審査も具体的事件を前提として行われることになる

2 □□□　B説に対しては、その**違憲判決の効力は一般的効力を有し**、違憲とした法律を無効にさせることになるが、そうすると、裁判所が消極的立法作用を営むことになるという批判がある。

> 2－○
> ➡ 4 3 「抽象的違憲審査制説」参照
> B説に立てば違憲判決の効力は一般的に無効となり、本肢のような批判がある

31 訴訟において、ある法律が違憲であると判断された場合、当該法律の効力について、次の二つの見解がある。

A説：違憲であるとの判決がされた場合には、当該法律は、当該判決によって当然に効力を失う。

B説：違憲であるとの判決がされた場合には、当該法律は、その事件に関する限り裁判所によって適用されないだけで、依然として法律としての効力を有する。

下記の1から3までに対し、○又は×で答えよ。

1 □□□　B説に対しては、**法的安定性**又は予見可能性を害し、また、不公平を生み、**平等原則にも反する**という批判がある。

> 1－○
> ➡ 4 4 【論点】「一般的効力説」「理由」

2 □□□　B説は、違憲審査権が**具体的事件の裁判に付随して**その解決に必要な範囲においてのみ行使されることを根拠とする。

> 2－○
> ➡ 4 4 【論点】「個別的効力説」「理由」①

3 □□□　A説に対しては、裁判所による一種の**消極的立法**を認めることになり、国会は国の唯一の立法機関であると規定する憲法第 41 条に反するという批判がある。

> 3－○
> ➡ 4 4 【論点】「個別的効力説」「理由」
> ②は、他説への批判でもある

3 日本国憲法上の違憲審査制

	付随的違憲審査制説（判例）	抽象的違憲審査制説
結論	**具体的な事件を処理するのに必要な限度で裁判所が違憲審査を行うことができる**	具体的な事件と関係なく、裁判所が抽象的に違憲審査を行う
理由	① 日本国憲法の違憲審査制は、付随的違憲審査制を採るアメリカの制度にならったものである ② 抽象的違憲審査権を認めることは消極的立法権を認めることであり、そのような権能を認めるのであれば、提訴権者・出訴要件などの規定が憲法に置かれているはずである	裁判所が司法作用を行う以上、具体的事件の解決の前提として適用法令の憲法適合性を審査し得ることは76条1項から当然であり、81条が違憲審査権を特に明記したことは、司法審査権以上の意味を付与したものと解すべきである

4 違憲判決の効力 💬

【論点：最高裁判所がある法令を違憲であると判断した場合の、その法令の効力】

	結論	理由
一般的効力説	一般的に無効となる	① **法的安定性**を重視し、予見可能性を担保すべきである ② **平等原則**に合致する ③ 98条1項は、「その効力を有しない」と規定する 《批判》 　一般的遡及効を認めれば、法的安定性がかえって害される
個別的効力説（判例）	当該事件に限って**無効**となり、その適用が排除される	① **付随的違憲審査制**においては、違憲判決の効力も当該事件に限って及ぶと考えるのが自然である ② 一般的に無効とすると、一種の**消極的立法作用**となり、41条に反する

> **4**「一般的効力説」の「理由」①と②は、個別的効力説への批判でもあります。すなわち、個別的効力説に対しては、問題である法律が、ある事件では違憲無効だが、他の事件では異なる判断が出される可能性があり、法的安定性や国民の予測可能性を害し、法適用の不平等を生んで平等原則に反するおそれがあるという批判があるのです。

01 □□□　決算は、**会計検査院が検査**して、内閣が国会に提出するものであって、**国会における審査の結果**は、既にされた**支出行為の効力**に影響しない。　→**1** 💬① ○

02 □□□　内閣は、予見し難い予算の不足に充てるため、国会の議決に基づいて**予備費**を設けることができるが、その支出については、**事後に国会の承諾**を得なければならない。　→**1** 💬② ○

03　予算の法的性質について、次の三つの見解がある。
　　　A説：予算は、国会が政府に対して1年間の財政計画を承認する意思表示であって、法的性格を有しない。
　　　B説：予算に法的性格は認めるが、法律とは異なった国法の一形式である。
　　　C説：予算は、いわば予算法ともいうべき法律それ自体である。
　　下記の1から4までに対し、○又は×で答えよ。

1 □□□　A説に対しては、**財政民主主義の原則や財政国会中心主義の原則と矛盾する**という批判が可能である。　1-○ →**2**「補足」

2 □□□　C説によれば、国会は、内閣が提出する予算の減額修正権は有するが、**増額修正権は有しない**と解することになる。　2-✕ →**2**「予算の増額修正」

3 □□□　B説によれば、法律が制定されてもその**執行に要する予算が成立していない場合**には、予備費の支出等、別途の予算措置を講じることによる支出を除き、支出をすることはできないと解することになる。　3-○ →**2**「予算と法律の不一致」

4 □□□　B説及びC説のいずれによっても、予算は成立したが当該**予算の執行を内容とする法律が不成立**となった場合には、支出をすることはできないと解することになる。　4-✕ →**2**「予算と法律の不一致」 B説：支出できない C説：予算法という法律を執行するため、支出をすることができる

財政に関しては、次の知識も押さえておきましょう。
①決算は、**会計検査院が検査**して、内閣は次の年度に国会に提出しなければならないが（90Ⅰ）、国会による審査の結果は、内閣の政治的責任を問うためにすぎず、既にされた支出行為の効力に影響するものではない。
②予見し難い予算の不足に充てるため、国会の議決に基づいて**予備費**を設け、内閣の責任でこれを支出することができる（87Ⅰ）。また、すべて予備費の支出については、内閣は、**事後に国会の承諾**を得なければならない(87Ⅱ)。

1 財政の基本原則 💬 _{ランク}B

財政民主主義	憲法は、財政を国民の代表機関である**国会の統制下**に置いている (83)
租税法律主義	課税要件（納税義務者、課税物件、課税標準、税率等）及び賦課・徴収の手続が、法律で定められていなければならない (84、最判昭 30. 3 .23) → 「法律」には**条例**や**条約**も含まれる

2 予　算 (86条) _{ランク}B

	法規範性否定	法規範性肯定	
	承認説	予算国法形式説	予算法律説
内　容	国会が政府に対して1年間の財政計画を承認する意思表示	法律と異なる特殊の法形式	法律それ自体
補　足	【批判】 予算に対する国会の民主的コントロールを弱めることになり、財政民主主義の観点から妥当でない	【理由】 財政民主主義から法形式と考えるべきだが、 ① 予算が政府を拘束するのみで一般国民を直接拘束しない ② 予算の効力は一会計年度に限られている等の点で法律と異なる	【帰結】 予算を法律と考えるので、署名 (74) と公布 (7①) が必要となる
予算の増額修正 ▶1	できない ∵ 内閣の予算提出権を侵害するため	できる ∵ 憲法は国会を財政処理の最高決議機関としているため	できる ∵ 法律であるため
予算と法律の不一致	生じる ▶2 →予算を執行できない	生じる ▶2 →予算を執行できない	生じない

▶1　国会は予算を全面的に否決することもできるため、**減額修正権に制限はない**。
▶2　①予算は成立しているが、その予算の執行を命ずる法律がない場合と、②法律は制定されたが、その執行に必要な予算がない場合がある。
　　【論点：①②の場合における内閣の対処法】

①の場合	内閣は支出を実行することはできず、法律案を提出し国会の議決を求めるしかないが、国会に法律制定の義務はない ∵ 国会には立法裁量権があるため、過去に予算を成立させたからといって、憲法上、これに縛られることを認めるのは妥当ではない
②の場合	内閣は補正予算、予備費支出 (財政 29、35) 等の方法で対処すべき ∵ 内閣は法律を誠実に執行する義務を負うため (憲73①)

01 □□□　**地方公共団体の組織及び運営に関する事項**は、地方自治の本旨に基いて、(①法律、②条例) でこれを定める。

→ 92条　　①

02 □□□　憲法第 92 条の「**地方自治の本旨**」とは、一般に、地方の政治は、その地方の住民の意思に基づいて行われるべきであるとする**住民自治の原則**と、地方の政治は、国から独立した団体に委ねられ、その団体の意思と責任において行われるべきであるとする**団体自治の原則**を意味するものと解されている。

→ **2**❸「住民自治」「団体自治」　○

03 □□□　現在は、地方公共団体の長及び議会の議員を住民の直接選挙により決定しているが、**地方公共団体の長**については、これを当該**地方公共団体の議会の議員による間接選挙**とすることは、法律の改正により可能である。

→ **2**❸「住民自治」直接選挙は憲法の要請である　×

04 □□□　憲法第 93 条は、地方公共団体に議事機関として議会を設置すること及び地方公共団体の議会の議員を住民の直接選挙で選ぶことを定めているので、法律で、「町村は、条例で、**議会を置かず、選挙権を有する住民の総会を設ける**ことができる」と定めることは違憲である。

→ **3**「町村総会」　×

05 □□□　特定の**地方公共団体にのみ適用される法律**の制定にあたっては、単に国会の議決のみでは成立せず、その地方公共団体の住民投票によって、その**過半数の同意**を得なければならない。

→ **3**「住民」②　○

06 □□□　特定の地方公共団体の地域の住民にのみ不利益を及ぼすような法律であっても、国の事務や組織について規定し、**地方公共団体の組織、運営、権能に関係ないもの**は、憲法第 95 条にいう「一の地方公共団体のみに適用される特別法」に該当しない。

→ **3** ▶ 1 ①参照　○

|参照条文| 憲法 95 条

一の地方公共団体のみに適用される特別法は、法律の定めるところにより、その地方公共団体の住民の投票においてその過半数の同意を得なければ、国会は、これを制定することができない。

1 地方自治制度の保障の法的性質　B

固有権説	個人の人権と同様に、地方公共団体も**自然権的・固有権的な基本権**を持つ
制度的保障説	地方自治という歴史的・伝統的な**制度の保障**（通説）

2 地方自治の本旨　B

　地方自治の総則的規定である 92 条は、①地方自治を担う団体として地方公共団体が置かれること、②地方自治は、「地方自治の本旨」に基づいて行わなければならないことを規定する。

ⓐ「地方自治の本旨」の要素

住民自治	地方政治が住民の意思に基づいて行われなければならない原則 ex. 地方公共団体の長、議会の議員の**住民による直接選挙**（93 Ⅱ）
団体自治	地方自治が国から独立した団体に委ねられ、団体自らの意思と責任で行われる原則　ex. 財産の管理、行政の執行、**条例の制定**（94）

ⓑ 憲法上の「地方公共団体」（最大判昭 38. 3 .27）

> 事実上住民が経済的文化的に密接な共同生活を営み、共同体意識を持っているという社会的基盤が存在し、沿革的にみても、また、現実の行政の上においても、相当程度の自主立法権、自主行政権、自主財政権等、地方自治の基本的権能を附与された地域団体をいう　→　特別区（ex. 東京都の 23 区）は、憲法上の地方公共団体には**当たらない**

3 地方公共団体の機関等　B

住　　民	①　地方公共団体の長及び議会の議員を**直接選挙**により選任する（93 Ⅱ） ②　地方自治特別法は、その地方公共団体の住民投票においてその**過半数の同意**を得なければ、国会は、これを制定することができない（95▶1）
町村総会	**町村**については、議員によって組織される議会を置かず、選挙権を有する者の総会（町村総会）を設けることができる（地自 94）

▶1　地方自治特別法とは、①その**地方公共団体の組織・運営**にかかわる法律であり、かつ、②既存の法律に対しその地方公共団体に不利益・不平等な特例を**設ける**ものをいう。

07 □□□　地方公共団体が住民の**財産権に制約を課す内容の条例**は、定めることができる。

→ 4 【論点 01】①　　○

08 □□□　**条例で罰則を定める場合**、罪刑法定主義を定めた憲法第 31 条との関係でも問題となるが、憲法第 31 条は、必ずしも刑罰がすべて法律そのもので定められなければならないとするものではなく、法律の授権によって、それ以下の法令によって定めることもできると解すべきである上、法律の授権については、**包括的な委任**があれば足りると解される。

→ 4 【論点 01】③　　×
「限定的法律授権説」

09　次のA説からC説は、条例にその違反に対する制裁として罰則を設けることができるかに関する見解である。

　　A説：当然に可能であり、法律による条例への委任は不要である。
　　B説：法律の授権が必要であるが、一般的・包括的委任でよい。
　　C説：法律による個別的委任が必要となる。ただし、相当程度に個別的具体的であればよい。

　下記の 1 から 4 までに対して、○又は×で答えよ。

1 □□□　A説は、**条例制定権の実効性を担保**することの必要性を重視する。

1 － ○
→ 4 【論点 01】③
「憲法直接授権説」理由①

2 □□□　C説は、罰則制定権は、本来は国家の権限であり、**地方自治権の範囲に属しない**と考える。

2 － ○
→ 4 【論点 01】③
そのため、個別的・具体的な法律の授権が必要であるとする

3 □□□　B説及びC説は、条例が住民の選挙する議員により構成される**地方議会の制定するもの**であることを根拠とする。

3 － ○
→ 4 【論点 01】③
「一般的・包括的法律授権説」②、「限定的法律授権説」②

4 □□□　B説及びC説は、条例で罰則を制定する場合には、法律の委任なしに政令に罰則を設けることを禁止する**憲法第 73 条第 6 号は問題にならない**とする。

4 － ×
→ 4 【論点 01】③
「一般的・包括的法律授権説」①、「限定的法律授権説」①

10 □□□　憲法は、地方公共団体が法律の範囲内で条例を制定することができる旨を定めているが、**法律の範囲内**といえるかどうかの判断基準について、地方公共団体は、国が法令で明示又は黙示に規定を設けている事項については、法律の明示的な委任がない限り、条例を制定することができない。

→ 4 【論点 02】　　×

4 条 例

　条例は、地方自治の本旨に基づき、直接憲法 94 条により①自治事務に関するものにつき、②「法律の範囲内」において制定する権能を認められた自治立法である（最大判昭 37. 5 .30）。

【論点 01：憲法上法律に留保されている事項について、条例により規制することの可否】

① 　財産権の制限（29 Ⅱ）：許される（奈良県ため池条例事件　最大判昭 38. 6 .26）

② 　課　税（84）：許される（通説）

③ 　罰則制定（31、73 ⑥）：下記表参照

憲法直接授権説：94 条の条例制定権には罰則制定権が当然含まれており、法律の授権は不要	
理由	①　条例制定権の実効性担保のため必要である ②　条例は、住民の代表機関である議会の議決によって成立する民主的立法であり、実質的には法律に準じる
一般的・包括的法律授権説：法律の授権が必要であるが、一般的・包括的な委任でよい	
理由	①　刑罰権の制定も法律の授権によってそれ以下の法令によって定めることもできると解すべきで、このことは 73 条 6 号但書によっても明らかである ②　条例は行政府の命令と異なり、民主的立法であり実質的に法律に準じるため、命令への委任が個別的・具体的委任を要するのと異なり、一般的・包括的委任でよい
限定的法律授権説：法律の授権が必要であるが、相当程度に具体的・限定的であればよい（最大判昭 37. 5 .30）	
理由	①　刑罰権の制定も法律の授権によってそれ以下の法令によって定めることもできると解すべきで、このことは 73 条 6 号但書によっても明らかである ②　条例は民主的立法であり実質的に法律に準じるため、法律の授権が相当な程度に具体的であり、限定されていれば足りる

【論点 02：「法律の範囲内」の判断基準】（徳島市公安条例事件　最大判昭 50. 9 .10）

単に法律と条例の対象事項や規定文言を対比するのみではなく、それぞれの**趣旨**、**目的**、**内容及び効果**を比較し、両者の間に矛盾抵触があるかによって判断すべきである。

|参照条文| 憲法 73 条

　内閣は、他の一般行政事務の外、左の事務を行ふ。

（中略）

　　⑥　この憲法及び法律の規定を実施するために、政令を制定すること。但し、政令には、特にその法律の委任がある場合を除いては、罰則を設けることができない。

Q p49の「衆議院の解散」に関する論点がよくわかりません。

A 憲法には、内閣の解散権を明示した規定がないことから、解散権の根拠をめぐって学説が対立しています。解散とは、任期満了前に衆議院議員全員の身分を失わせる行為をいい（45但）、解散に続く総選挙によって主権者である国民の審判を求める制度です。

したがって、このような解散の趣旨・機能にかんがみれば、解散権を行使することのできる場面を「①衆議院で不信任の決議案が可決されたとき、又は②信任の決議案が否決されたとき」のみに限定する**69条限定説**に対しては、解散の有する民主主義的意義を没却してしまうという批判が可能です。

そして、69条限定説以外の説を採用すると内閣に無条件の解散権を認めることになりますが、その結果、①解散につながる衆議院による無条件の内閣不信任権（69）と、②内閣による無条件の解散権が存在することになり、議会と政府の双方が、互いに他方の権限行使を抑止するために、常に民意に近づこうと行動することになると考えることができます。民意から離れれば、解散に続く総選挙により自己の存続を図ることができなくなるからです。

なお、現在は、**7条説**によって運用するという慣行が成立していますが、これに対しては、69条限定説の立場から、民主的基盤が希薄で、議会による民主的コントロールを受けるべき立場にある政府が、反対に、議会に対して無条件の解散権を背景にした強大な支配力を及ぼすことになり妥当ではないとの批判が可能です。

Q 憲法の統治の条文知識を問う問題にはどのように対応すればよいですか？

A 本書は主な条文知識も盛り込んでいますので、まずは本書の内容をしっかり押さえましょう。その上で対策として有効なのは、**統治の条文の読み込み**を繰り返し行うことです。

条文の読み込みは、スキマ時間などを活用して、**普段の学習の負担にならないよう**に、かつ、**何度も読み込む**のがポイントです。

六法で条文を読む習慣がないならば、統治の条文を自分の好みのフォントなどで印刷したものを読み込むのがオススメです。「条文＝六法」と思いがちですが、無理に条文を六法でチェックする必要はありません。

刑　法

第Ⅱ部　刑　法

第1編

総　論

●体系MAP

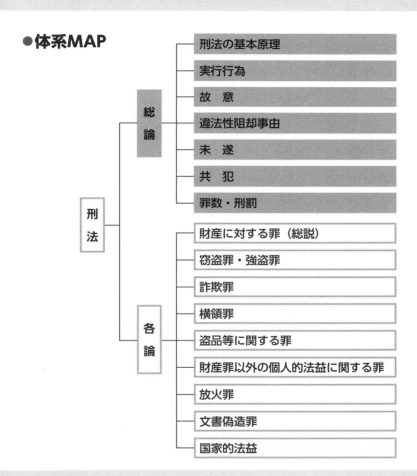

第1章	刑法の基本原理	第2章	実行行為
第3章	故　意	第4章	違法性阻却事由
第5章	未　遂	第6章	共　犯
第7章	罪数・刑罰		

01 ☐☐☐　罪刑法定主義は、一般に、「**法律なければ犯罪なし、法律なければ刑罰なし**」という言葉で表現され、国家による恣意的な刑罰権の行使から国民の権利を護ることをその目的としている。　　➡1**1**「趣旨」②　○

02 ☐☐☐　事後法の禁止からは、刑罰法規の不遡及が導き出され、**行為が行われた後に制定した法律**で当該行為を処罰することはできない。　　➡1**1**「趣旨」②　○

03 ☐☐☐　**慣習・条理**を（①刑法の法源とすること、②構成要件の内容や違法性、責任の判断の根拠などにおいて考慮すること）は、許されない。　　➡1**2**①　①

04 ☐☐☐　**前に無罪となった行為について更に処罰することはできない**とすることは、罪刑法定主義の要請によるものである。　　➡1**2**③💡　✕

05 ☐☐☐　「犯罪後の法律によって刑の変更があったときは、その軽いものによる。」と規定する**刑法第6条**は、罪刑法定主義の要請によるものではない。　　➡1**2**③参照　政策的例外　○

06 ☐☐☐　被告人の**有利・不利**を問わず、**類推解釈**は許されないが、**拡張解釈**は許される。　　➡1**2**④　類推解釈は被告人に有利になる場合は許される　✕

07 ☐☐☐　「懲役5年以上8年以下に処する。」という**不定期刑の宣告**は、法律の定めがあったとしても、許されない。　　➡1**2**⑤　相対的不定期刑は可　✕

1 罪刑法定主義

1 意 義

定 義	いかなる行為が犯罪となり、それに対していかなる刑罰が科されるかについて、あらかじめ成文の法律をもって規定しなければ、人を処罰することができないという原則
趣 旨	① いかなる行為が犯罪となり、それに対していかなる刑罰が科せられるかについて、国民自身が代表者を通じて決定しなければならないこと（**法律主義 民主主義的要請**）（憲 31、73 ⑥但） ② 国民の権利・行動の自由を護るためには、あらかじめ成文の法律をもって規定すること（**事後法の禁止 自由主義的要請**）（憲 39 前）

2 5つの派生原理と出題のポイント

○：可 ×：不可

派生原理	出題のポイント
① 慣習刑法の排除	・慣習・条理を刑法の**法源**とすること → × ・構成要件の内容や違法性、責任の**判断の根拠**などにおいて慣習・条理を考慮すること → ○
② 刑罰法規適正の原則	**明確性の原則**と刑罰法規の**内容の適正**（犯罪と刑罰の均衡）
③ 刑罰法規不遡及の原則	刑罰法規はその施行の時以後の犯罪についてのみ適用される 💡一事不再理（憲 39 後）や刑法 6 条は、**罪刑法定主義の要請ではない**
④ 類推解釈の禁止	・被告人に**有利な類推解釈** → ○ ・拡張解釈・縮小解釈 → ○
⑤ 絶対的不定期刑の禁止	・絶対的不定期刑（刑種と刑量を法定しない、又は刑種だけを法定する） → × 🗨 ・相対的不定期刑 ▶1 → ○

▶1 刑種、刑量を相対的に法定するもので、「懲役 5 年以上 8 年以下に処する」等をいう。

例えば、刑罰の種類（ex. 懲役・罰金）を定めずに単に「……した者には刑罰を科する」と規定したり、刑罰の種類は定めるものの、刑期の上限・下限を定めずに「……した者は懲役に処する」と規定したりすることは、絶対的不定期刑として許されません。

08 □□□　日本国外から毒薬を国内に郵送し、**国内で服用**した者が**国外で死亡**した場合には、日本の刑法が適用される。　→ 2 **1**「判断基準」　○

09 □□□　**共犯者の犯罪地**については、（①実行正犯の行為地、②教唆行為又は幇助行為が行われた地）が、すべての共犯者の犯罪地になる。　→ 2 **1** ▶3　①②

10 □□□　**外国人**が**日本国外**において、行使の目的をもって（①日本の通貨、②有価証券）を偽造した場合は、日本の刑法が適用される。　→ 2 **2**①　①②

11 □□□　**日本人**が**日本国外**において、（①外国人を傷害、②外国人を欺いて金銭を交付させた、③日本国の公務員に対して、その職務に関しての賄賂の供与を行った、④私文書偽造罪を犯した）場合は、日本の刑法が適用される。　→ 2 **2**②、▶5　贈賄罪にも適用される　①②③④

12 □□□　日本国外において日本人に対する殺人の罪を犯した場合には、犯人が日本人である場合にのみ、日本の刑法が適用される。　→ 2 **2**②、③　外国人の場合も含む　×

13 □□□　日本国外において、虚偽公文書作成罪を犯した日本国の公務員には、日本の刑法が適用される。　→ 2 **2**④　○

14 □□□　刑法には、我が国が加入している**条約**が国外犯の処罰を求めている刑法上の罪を犯した者に対して我が国の刑法が適用される場合が規定されている。　→ 2 **2** ▶4　○

15 □□□　国民の国外犯に刑法が適用される罪について、日本国民が行為地の**外国の裁判所で**確定裁判を受けていれば、その者を**重ねて処罰**することはできない。　→ 2 **3**　重ねて処罰が可能　×

2の規定について、それぞれ具体例で説明していきます。
① アメリカにおいて、アメリカ国民であるAが日本の通貨を偽造した場合、Aには日本の刑法が適用され、通貨偽造罪が成立する。
② 日本国民であるAがアメリカで殺人を犯した場合、Aには日本の刑法が適用され、殺人罪が成立する。
③ 日本国民であるAがアメリカ国民であるBに、アメリカで殺された場合、Bには日本の刑法が適用され、殺人罪が成立する。
④ 日本国の公務員であるAがアメリカで賄賂を受け取った場合、Aには日本の刑法が適用され、収賄罪が成立する。

2 刑法の場所的適用範囲

1 国内犯

意　義	日本国内（日本の**領土・領海・領空内**）で犯された犯罪については、何人に対しても日本の刑法の適用がある（1 Ⅰ　属地主義） ▶2
判断基準	**犯罪を構成する事実の全部又は一部**が「日本国内」で生じたかどうかを基準にして判断する ▶3

▶2　「日本国内」には、日本にある外国の大使・公使館の敷地内（大判大7.12.16）、日本の領海内における外国船舶内、国外にある日本船舶又は日本航空機内も含まれる（1 Ⅱ）。

▶3　**【教唆犯（61）・幇助犯（62）の犯罪地】**

　　　共犯者自身の犯罪地と共に、**正犯者の犯罪地**も犯罪地となる（最決平6.12.9）。

2 国外犯 ▶4

		犯罪者の要件	対象となる犯罪
①	2条	日本人・外国人	日本の国益を害する罪（ex. **通貨偽造罪**〔148〕、**有価証券偽造罪**〔162〕）
②	3条	**日本国民**	一定の重い罪（ex. **傷害**、殺人、強制わいせつ、強制性交等、強盗、窃盗、**詐欺**、業務上横領、盗品等有償譲受け、**私文書偽造**、建造物等放火等）
③	3条の2	**日本国民以外の者**	日本国民に対する3条の2に掲げる罪（ex. 傷害、**殺人**、強制わいせつ、傷害、略取及び誘拐、強盗等）
④	4条 ▶5	日本国の公務員	所定の罪（ex. **虚偽公文書作成罪**〔156〕、職権濫用罪〔193〕、収賄罪〔197～〕）

▶4　2条から4条までの規定では国外犯を処罰できない場合において、**条約の要請する範囲**でこれを処罰することができる（4の2）。

▶5　公務員の国外犯に加功した日本人については、加功行為が日本国外で行われた場合には日本の刑法の適用はない。

　　＊　贈賄罪は3条（日本国民の国外犯）により処罰

3 外国判決の効力

　外国で確定裁判を受けた者であっても、同一の行為について、**更に処罰することを妨げられない**（5本）。ただし、犯人が既に外国において言い渡された刑の全部又は一部の執行を受けたときは、刑の執行を減軽し、又は免除する（5但）。

01 □□□　近所の子どもが喧嘩しているのを目撃し、そのままにしておくと**一方が怪我をすると思いながら**、それを**制止せず**に立ち去ったため子どもが負傷した場合、傷害罪が成立する。

➡️**1** ▶️1①
作為義務なし　　✕

02 □□□　真冬の深夜、泥酔してベンチで寝ている**浮浪者**を見かけ、そのままにしておけば凍死すると思いつつも放置したところ、翌日同人が死亡した場合、保護責任者遺棄致死罪が成立する。

➡️**1** ▶️1②
作為義務なし　　✕

03 □□□　**母親**が、死んでも構わないと思い、幼児に授乳せずに餓死させた場合、殺人罪が成立する。

➡️**1** ▶️2「法令」
作為義務あり　　〇

04 □□□　**空地でたき火**をして、後始末をしなければ近くの民家に燃え移ると思いつつも、後始末をせずに立ち去ったため、近くの民家が全焼した場合、現住建造物等放火罪が成立する。

➡️**1** ▶️2「慣習・条理」
作為義務あり　　〇

05 □□□　Aは、**是非弁識能力はあるもの**の13歳である息子Bに対し、通行人を刃物で脅して現金を奪って小遣いにすればいいと促し、Bは、**小遣い欲しさから**、深夜、道を歩いていた女性Cにナイフを突きつけて現金2万円を奪った。この場合、Aには、強盗罪の間接正犯は成立しない。

➡️**2**「意義」
Bは道具として利用されているとはいえず、Aには共同正犯（又は教唆犯）が成立する　　〇

06 □□□　Aが、12歳の児童Bに指示をして他人の財物を盗み出させたときは、Bに対し、暴行や脅迫等その**意思を抑圧する手段を用いたと否とを問わず**、Aには間接正犯による窃盗罪が成立する。

➡️**2**「具体例」①参照
意思が抑圧されていなければ間接正犯は成立しない　　✕

07 □□□　医師が**看護師に指示して**患者に毒薬を投与させ、その患者を殺害した場合、**看護師が毒薬であることを知らなくても**、医師については殺人罪の教唆犯が成立する。

➡️**2**「具体例」②
被利用者に故意がないため、間接正犯が成立　　✕

1 不真正不作為犯

ランク B

意　義	構成要件が作為の形式で定められている犯罪を不作為によって実現する場合をいう
問題の所在	不作為をもって、犯罪を実行したと評価し得るのはどのような場合か
実行行為が認められる要件	① 作為義務の存在 ▶1、2 ② 作為の可能性及び容易性 ③ 作為との構成要件的同価値性

▶1　道徳上のものは含まれない。
　→　①他人の子同士の喧嘩を抑止すべき法的作為義務及び②厳寒のため凍死するおそれのある浮浪者に対して生存に必要な措置や保護をする法的作為義務はない。

▶2　【作為義務の発生根拠】

発生根拠	具　体　例
法　令	・夫婦の扶助義務（民752） ・親権者の子に対する監護義務（民820）
契　約・ 事務管理	・契約によって幼児の養育を引き受けた場合 ・事務管理によって病人を自宅に引き取った場合
慣習・条理	・病人を看護するなど保護者的地位にある場合 ・交通事故等の先行行為による救助義務など、自己の行為により結果発生の危険を生じさせた場合

2 間接正犯

ランク B

意　義	他人をあたかも道具として支配・利用し、自己の犯罪を実現する形態をいう 　→　間接正犯は、利用者（間接正犯）が被利用者を利用する行為に、直接正犯と同視し得る実行行為性を認めることができるので、「正犯として」処罰される
具体例	① 被利用者が意思を抑圧されている場合 　養父に日ごろから暴力をふるわれ、その言動に畏怖し意思が抑圧されている12歳の養女に対し、養父が窃盗を指示・命令して行わせた場合には、養父に窃盗罪の間接正犯が成立する（最決昭58.9.21） ② 被利用者が故意を欠く場合 　医師が事情を知らない看護師（被利用者）に栄養剤だと偽って、被害者に対し毒薬を注射させて殺害した場合、医師には殺人罪の間接正犯が成立する

例えていうならば、2「具体例」②の事例は、ピストルの発射により弾が飛んでいって被害者に当たり人を死なせてしまうのと、看護師に毒入り注射を渡して被害者に対して注射をさせて死なせてしまうのを同視しているわけです。

01 □□□ AがBを殺す意図で、Bに対して発砲したところ、弾丸がそれてBの近くにいたCに当たり、Cが死亡した場合、Aには、Bに対する殺人未遂罪とCに対する殺人既遂罪が成立する。

➡3 事 例① ① ○

02 □□□ AがBを殺す意図で、Bに対して発砲したところ、弾丸がBを貫通して近くにいたCにも当たり、B、C両名が死亡した場合、Aには、Bに対する殺人既遂罪とCに対する（重）過失致死罪が成立する。

➡3 事 例① ② ✕
対B・C：殺人既遂

03 □□□ AがBを殺す意図で、Bに対して発砲したところ、弾丸がBを貫通して近くにいたCにも当たり、Bが死亡し、Cが重傷を負った場合、Aには、Bに対する殺人既遂罪とCに対する（重）過失致傷罪が成立する。

➡3 事 例① ③ ✕
対B：殺人既遂
対C：殺人未遂

04 □□□ AがBを殺す意図で、Bに対して発砲したところ、弾丸がBを貫通して近くにいたCにも当たり、B、C両名が重傷を負った場合、Aには、Bに対する殺人未遂罪とCに対する（重）過失致傷罪が成立する。

➡3 事 例① ⑤ ✕
対B・C：殺人未遂

05 □□□ AがBを殺す意図で、Bに対して発砲したところ、弾丸がそれてBの近くにあった花瓶に当たり、花瓶が損壊した場合、Aには、Bに対する殺人未遂罪と花瓶につき器物損壊罪が成立する。

➡3 事 例② ① ✕
対B：殺人未遂
対花瓶：不可罰

06 □□□ Aは、Bを殺害する意思で、Bの首を絞めたところ、動かなくなったので、Bが死んだものと思い、砂浜に運んで放置した。砂浜に運んだ時点では、Bは気絶していただけであったが、砂浜で砂を吸引して窒息死した。この場合、Aには、殺人（既遂）罪が成立する。

大判大 12. 4.30
第1行為と第2行為を併せて1つの実行行為として考えて因果関係を認める ○

端的にいえば、法定的符合説とは構成要件の重なり合う限度で故意を認める考え方です。この考え方に基づいて当てはめをすれば事実の錯誤に関する問題はほぼ解けますので、しっかり覚えておきましょう。

1 故 意 ランク B

意 義	構成要件に該当する事実を**認識**し、かつ**認容**していること ▶1
過失との関係	① 犯罪事実の認識自体を欠いている場合（**認識なき過失**） ② 犯罪事実の認識自体はあるが、認容を欠いている場合（**認識ある過失**）

▶1　ex. 通行人をはねる可能性があるが（**認識あり**）、けがをさせても構わないと考え（**認容あり**）自動車を高速度で運転した場合、傷害罪（刑204）の故意あり。

2 事実の錯誤 ランク A

意 義	行為者が行為当時、認識・認容していた犯罪事実と、現実に発生した犯罪事実とが一致しない場合をいう
問題の所在	認識・認容していた犯罪事実と、発生した犯罪事実との間にどの程度の一致があれば、発生した犯罪事実について**故意の成立**を認めることができるか
類 型	**具体的事実の錯誤** 認識していた犯罪事実と発生した犯罪事実が、同一構成要件内で食い違うこと
	抽象的事実の錯誤 認識していた犯罪事実と発生した犯罪事実が、異なる構成要件にまたがって食い違うこと

3 判例の基準（法定的符合説）による事案の処理 💬 ランク A

事 例①　Aは、Bを射殺しようと考え、Bに向かって発砲したところ、Bの近くにいたCにも結果が生じた（具体的事実の錯誤）。

	B	C	Aの罪責
①	無 傷	死 亡	対B：**殺人未遂**、対C：**殺人既遂**（過失致死×）
②	死 亡	死 亡	対B：**殺人既遂**、対C：**殺人既遂**（過失致死×）
③	死 亡	傷 害	対B：**殺人既遂**、対C：殺人未遂（過失致傷×）
④	傷 害	死 亡	対B：殺人未遂（過失致傷×）、対C：殺人既遂（過失致死×）
⑤	傷 害	傷 害	対B：殺人未遂（過失致傷×）、対C：殺人未遂（過失致傷×）

事 例②　Aは、Bを射殺しようと考え、Bに向かって発砲したところ、Bの近くに置いてあった高価な人形に（も）命中した（抽象的事実の錯誤）▶2。

	B	人 形	Aの罪責
①	無 傷	損 壊	対B：**殺人未遂**（不可罰×）、対人形：**不可罰**（器物損壊×）
②	傷 害	損 壊	対B：殺人未遂（傷害×）、対人形：不可罰（器物損壊×）
③	死 亡	損 壊	対B：殺人既遂、対人形：不可罰（器物損壊×）

▶2　過失による器物損壊については不可罰である。

01 □□□　正当防衛は急迫の侵害に対して成立するものであるから、**反撃行為を行った者が侵害を予期していた場合**には、正当防衛は成立しない。

→1 **1** ▶1　　×

02 □□□　暴走族のメンバーであるＡは、当該暴走族の集会に際して対立関係にある暴走族のメンバーであるＢらが**襲撃してくるのではないかと予想**し、**返り討ちにしてやろうと考えて**角材を用意して待ち構えていたところ、Ｂがバットを手にして向かってきたため、用意していた角材で殴り掛かり、Ｂに全治１週間程度のけがを負わせた。この場合において、ＡがＢを角材で殴った行為について、正当防衛は成立しない。

→1 **1** ▶1
予期＋積極的加害意思　　○

03 □□□　Ａが道路を歩いていたところ、（①Ｂがその飼犬をＡにけしかけた、②飼主の不注意で鎖から離れた犬が襲ってきた）ので、Ａはこれを避けるためその**犬を蹴飛ばしてけがをさせた**場合、Ａには正当防衛が成立する。

→1 **1** ▶3　　①
②

04 □□□　Ａは、知人のＢと飲酒していたが、酒癖の悪いＢは、Ａに絡み出し、Ａの顔面をこぶしで数回殴りつけ、更に殴りかかってきた。Ａは、**自分の身を守ろうと考える**とともに、Ｂの態度に憤激し、この際、**Ｂを痛い目にあわせてやろうと考え**、Ｂの頭髪を両手でつかんでＢを床に引き倒した。この場合、ＡのＢに対する積極的加害意思が認められるので、ＡがＢの頭髪を両手でつかんでＢを床に引き倒した行為には、正当防衛は成立しない。

→1 **1** ▶4　　×

05 □□□　（①正当防衛、②緊急避難）が成立するためには、その行為が侵害（危難）を排除するための**唯一の方法**であることを要する。

→1 **1** ▶5　　②

06 □□□　（①正当防衛、②緊急避難）は、その行為から生じた損害が防衛しようとした権利（又は避けようとした危難）の**程度を超えない**ことが成立要件である。

→1 **1** ⑤
正当防衛：法益権衡は不要　　②

07 □□□　突然**ＢがＡに殴りかかってきた**ので、これに反撃するためＡが近くにあった**Ｃ所有のカップ**を投げつけたところ、カップは壁に当たって壊れた。この場合、カップを壊した点について、Ａには、正当防衛が成立する。

→1 **1** ▶6
緊急避難が成立し得る　　×

1 正当防衛・緊急避難

ランク **A**

1 正当防衛・緊急避難の成立要件 💬

	正当防衛	緊急避難	異同	問題点
①	急 迫	現 在	同	《急迫性の有無》▶1、2 ・当然・確実に侵害を予期：急迫性あり ・過去や将来の侵害：急迫性なし
②	不正の侵害	危 難	異	不正の侵害：違法な実害・危険 ▶3 危難：広く法益に対する実害・危険の状態全般
③	**防衛の意思**	避難の意思	同	内容的には同じ 《防衛の意思の有無》▶4 ・憤激・逆上して反撃：○ ・防衛の意思と攻撃の意思とが併存：○
④	やむを得ずにした	やむを得ずにした	異	正当防衛：必要性・**相当性** 緊急避難：**補充性**▶5
⑤	—	**法益権衡**	異	生じた害 ≦ 避けようとした害
⑥	防衛行為	避難行為	異	防衛行為 → 正対不正（対第三者×）▶6 避難行為 → 正対正（対第三者○）

▶1 単に侵害を予期していただけでは急迫性は失われないが、**予期**された侵害の機会を利用して、積極的に相手方に対して加害行為をする意思（**積極的加害意思**）で侵害に臨んだときは、急迫性が認められず、正当防衛は成立しない（最決昭 52. 7.21）。

▶2 ただし、防犯のため高圧電線を設備する等、将来の侵害を予想してあらかじめ行われた防衛行為の効果が、将来、侵害が現実化した時に初めて生ずるときは、急迫の侵害に対するものといえる。

▶3 不正とは違法であることをいい、過失行為や責任無能力者の行為も、違法性が認められるので、不正の侵害となり得る。動物による侵害は**その侵害が飼い主等の故意又は過失に基づく場合**には、飼い主等の不正の侵害として正当防衛が成立する。

▶4 **憤激**又は逆上して反撃を加えた場合（最判昭 46.11.16）や、防衛の意思と**攻撃の意思とが併存**している場合（最判昭 50.11.28）でも、直ちに防衛の意思を欠くものではない。

▶5 補充性とは、その危難を避けるための**唯一の方法**であることをいう（最大判昭 24. 5.18）。

▶6 適法な侵害に対する正当防衛や**侵害者以外の第三者に対する正当防衛は認められない**が、それらに対する緊急避難は認められ得る。

正当防衛では不正な侵害者に対する行動（**不正対正**）ですが、緊急避難では第三者に対する行動（**正対正**）かの違いがあります。ここから、緊急避難の成立要件の厳格化を導くことができます。

08 □□□ AとBとが口論中、AはBがポケットに手を入れたのを見て、隠し持っている**ナイフを取り出すものと勘違いし**、Bの顔面をこぶしで殴りつけた。この場合、AがBの顔面をこぶしで殴りつけた行為には、正当防衛は成立しない。 → **1 2**「効果」 ○

09 □□□ **4歳のB**の母親であるAは、Bと一緒に心中しようとして、Bに対し、「おかあさんと一緒に死のう。」と言って、**Bの同意を得て**Bを殺害した。この場合、Aには、（① 同意殺人罪、②殺人罪）が成立する。 → **2 1**「要件を充足しない例」❶ ②

10 □□□ Aは、**強盗をする意図で**B宅に立ち入るに際し、「こんばんは」と挨拶し、これに対してBが「お入り」と応答したのに応じてB宅に立ち入った。この場合、Aには、住居侵入罪が成立する。 → **2 1**「要件を充足しない例」❷ ○

11 □□□ Aは、B宅において**現金を盗み、B宅を出たところでBと出会い**、Bに説諭されて盗んだ現金をBに返そうとしたが、Aを哀れんだBから「その金はやる」と言われ、そのまま現金を持って立ち去った。この場合、Aには、窃盗罪が成立しない。 → **2 1**「要件を充足しない例」❸ ×

12 □□□ **Aは、Bとともに保険金詐欺を企て**、Bの同意を得て、Bに対し、故意にAの運転する自動車を衝突させて傷害を負わせた。この場合、Aには、傷害罪は成立しない。 → **2 1** ▶7 ×

13 □□□ 犯罪の被害者でない者が**虚偽の被害事実を内容として告訴をした場合**、被告訴人がその事実により告訴されることを承諾していたとしても、虚偽告訴罪が成立する。 → **2 2**「国家的・社会的法益」 ○

14 □□□ Aは、Bが一人で所有し、かつ居住する、**住宅密集地にある家**に、Bの承諾を得て**放火して全焼させた**。この場合、Aに放火罪は成立しない。 → **2 2**「国家的・社会的法益」108条でなく109条2項の放火罪が成立 ×

> わかりやすくいえば、被害者の承諾に基づいてなされる行為がモラル違反であれば、**被害者の承諾は無効**となるわけです。

2 誤想防衛

意義	客観的には正当防衛の要件を具備していないにもかかわらず、主観的には正当防衛と誤信して行為に及んだ場合をいう
効果	・正当防衛は不成立。ただし、正当防衛であると思って行為に及んでいる以上、故意責任を問うことができないので、故意犯は成立しない（大判昭8.6.29等） ・刑の必要的減軽の規定はない　cf. 過剰防衛は刑の任意的減免事由（36Ⅱ）

2 被害者の承諾

1 「被害者の承諾」の意義等

意義	法益の主体である被害者が、自己の法益を放棄し、その侵害に承諾又は同意すること
承諾が違法性阻却事由となる要件	① 承諾が被害者自ら処分し得る個人的法益に関するものであること ② 承諾が判断能力のある被害者の真意に出たものであること ③ 承諾が行為の前に存在すること ④ 承諾が外部的に表示され、かつ行為者が被害者の承諾のあることを認識して侵害行為を行ったこと ⑤ 承諾に基づいて行われる行為態様自体が、社会生活上是認できる相当なものであること ▶7
要件を充足しない例	❶ 幼児の承諾　→　上記要件②を欠く ❷ 錯誤に基づく承諾（強盗の目的で住居に立ち入る際に「こんばんは」と挨拶した者に対し、「お入り」と応答した場合等）　→　上記要件②を欠く ❸ 事後の承諾（窃盗を見つかり盗んだ現金を返そうとした者に対し、哀れに思って「その金はやる」と言った場合等）　→　上記要件③を欠く

▶7 【傷害罪において被害者の承諾があった場合】

> 単に承諾が存在するという事実だけでなく、承諾を得た**動機・目的**、**身体傷害の手段・方法**、**損傷の部位・程度**等、諸般の事情を照らし合わせて違法性の有無を判断すべきである（社会的相当性説　最決昭55.11.13）。
> → 保険金を騙取する目的で、被害者の承諾を得てその者に故意に自己の運転する自動車を衝突させて傷を負わせた場合には、傷害行為の違法性阻却は否定される。

2 承諾の効果

国家的・社会的法益	影響を及ぼさない	虚偽告訴罪
	適用される構成要件の変化	放火罪
個人的法益	影響を及ぼさない	13歳未満の者に対する強制わいせつ罪
	構成要件該当性の否定	秘密漏示罪、住居侵入罪、財産犯
	適用される構成要件の変化	殺人罪　　　　→　同意殺人罪 不同意堕胎罪　→　同意堕胎罪

01 □□□　すり犯が、人ごみの中において、すりをする相手方を物色するために、他人のポケットに手を触れ、金品の存在を確かめるいわゆる**当たり行為**をした場合、それだけでは窃盗罪の実行の着手は認められない。

→**1 2**「具体例」「窃盗」⑤　○

02 □□□　電車内で、他の乗客のズボンのポケットから**財布をすり取ろうと考え**、そのポケットに手を伸ばして**ポケットの外側に手を触れた**ものの、別の乗客に発見されて取り押さえられたため、財布に触れることができなかった場合でも、窃盗罪の実行の着手がある。

→**1 2**「具体例」「窃盗」⑥　○

03 □□□　**保険金をだまし取る目的で、家屋に放火**した場合、まだ保険会社に保険金の支払請求をしていなければ、詐欺罪の実行に着手したとはいえない。

→**1 2**「具体例」「詐欺」①　○

04 □□□　不実な請求によるいわゆる訴訟詐欺を目的として、裁判所に訴えを提起したとき、すなわち**訴状を裁判所に提出**したときには、詐欺罪の実行の着手が認められる。

→**1 2**「具体例」「詐欺」③　○

05 □□□　Aは、Bから金銭をだまし取るつもりで、Bに対して返済する意思もないのに「明日返すから金を貸してくれ」と嘘を言ったところ、**Bはこれを嘘だと見破った**が、Aに同情して金を渡した。この場合、詐欺未遂罪が成立する。

→**1 2**「具体例」「詐欺」②、▶**1**参照　○
相手方が錯誤に陥らずに財物を交付しているため、詐欺罪は未遂

06 □□□　Aは、Bの住居を焼損する目的で、**これに接続する犬小屋に火をつけた**が、通行人に消し止められて、犬小屋を焼いただけにとどまった。この場合は、現住建造物等放火罪の実行に着手したとはいえない。

→**1 2**「具体例」「放火」③　×

07 □□□　Aは、知人Bを毒殺しようと考え、毒入りの菓子を小包郵便でB宅宛に郵送したものの、Bがたまたま既に転居していたため、**転居先不明により返送**されてきた。この場合、殺人罪の実行の着手が認められ、Aには、殺人の未遂罪が成立する。

→**1 2** 🗨　×

1 障害未遂

1 意義及び効果

意 義	犯罪の**実行**に**着手**し、これを遂げなかった場合
効 果	刑の任意的減軽（43本）

2 実行の着手

〇：着手あり　×：なし

意 義		犯罪実現の**現実的危険性**を含んだ行為の開始をいう	
具体例	窃盗	①　他人の家の玄関の鍵を壊して屋内に侵入した行為	×
		②　土蔵や倉庫に侵入した行為（名古屋高判昭 25.11.14）	〇
		③　家屋侵入後に物色のためタンス・金庫等に近づく行為（大判昭 9.10.19）	〇
		④　現金を引き出すために銀行のＡＴＭ機に窃取したキャッシュカードを挿入する行為（名古屋高判平 13. 3.20）	〇
		⑤　すりの**当たり**行為 ＊　相手方**物色**のため、ポケットに手を触れ金品の存在を**確かめる**行為	×
		⑥　**すり目的**で、他人のポケットに手を触れる行為	〇
	詐欺 ▶1	①　保険金詐欺の目的で家屋に放火した行為	×
		②　財物を騙取する意思で相手の処分を導くような行為を開始したとき	〇
		③　訴訟詐欺を目的として、訴状を裁判所に提出したとき	〇
	放火	①　放火の目的で他人の住居に侵入した行為	×
		②　家屋にガソリンを散布した行為（横浜地判昭 58. 7.20）	〇
		③　媒介物に放火する行為	〇

▶1　相手方が実際に錯誤に陥ったかどうかを問わない（大判大 3.11. 2）。

間接正犯における実行の着手時期については、判例は**被利用者の行為時**であるとの立場（被利用者行為説）を採っています。そのため、殺害目的で毒物混入の砂糖を郵送した場合、**被害者がこれを受領した時点**で毒殺行為の着手が認められます（大判大 7.11.16）。

08 □□□　Aは、郵便局で**強盗**を行う計画を立て、その**準備行為をした**が、途中で**翻意**し、強盗の実行に**着手することを思いとどまった**。この場合、Aには、強盗予備罪の中止未遂が成立する。

→2 ▷2
予備罪には中止犯の
規定は準用されない

✕

09 □□□　Aは、Bを殺害するため、その腹部を包丁で1回突き刺したものの、致命傷を与えるには至らず、Bが血を流してもがき苦しんでいるのを見て、**驚くと同時に怖くなって**その後の殺害行為を行わなかった。この場合、Aには、殺人罪の中止未遂が認められる。

→2「要件」③❶

✕

10 □□□　Aは、就寝中のBを殺害するため、バットでその頭部を数回殴打したが、Bが血を流しているのを見て、驚くと同時に悪いことをしたと思い、**119番通報をして救助を依頼した**ため、Bは救急隊員の救命措置により一命を取り留めた。この場合、Aには、殺人罪の中止未遂は認められない。

→2「要件」④
真摯な努力といえる

✕

11 □□□　C宅に放火したAが、急に後悔して第三者Bに「放火したのでよろしく頼む」と言って逃走した後、**Bが、C宅が焼損するに至る前に火を消し止めた場合**でも、Aには、現住建造物等放火罪の中止未遂は成立しない。

→2 ▷3
真摯な努力が不存在

○

12 □□□　殺人の目的で炊飯釜の中に青酸カリを入れた結果、炊いた米飯が黄色を呈し臭気を放って人が**食べるおそれが少ない**場合、殺人の未遂にならない。

→3「否定」③
不能犯とはいえず殺
人未遂罪が成立

✕

13 □□□　電気配線を直結する方法によってエンジンを始動させ、他人の自動車を窃取しようとしたが、**たまたまその自動車の電池が切れていた**ためにエンジンを始動させることができなかった場合、窃盗の未遂になる。

→3「肯定」参照
一般人から見て法益
侵害の危険があるの
で、不能犯ではない

○

不能犯の成否について、判例は、犯罪行為の性質上、結果発生の危険を絶対に不能とするものかどうかを基準に判断しています。すなわち、**必ずしも不能とはいえない**というツッコミが入らないなら、不能犯が成立します。このツッコミが入るなら、結果が発生しなくても、実行の着手が認められれば未遂犯となります。

2 中止未遂

	意 義		中止未遂とは、未遂犯のうち、行為者が自己の意思により犯罪を中止したことをいう
要件	①	実行の着手	未遂一般の成立要件（障害未遂と共通）▶2
	②	結果不発生	①に同じ
	③	任意性	《判例が任意性を否定したケース》 ❶ 流血による恐怖心からの中止（大判昭12.3.6） ❷ 犯行の発覚を恐れた消火（大判昭12.9.21）
	④	中止行為	着手未遂：実行を放棄するという不作為で足りる 実行未遂：結果防止のための**真摯な努力**（作為）が必要 ▶3
	⑤	中止行為と結果不発生との間の因果関係	因果関係を要求する判例もある（大判昭4.9.17）が、多数説は、因果関係を不要とする
	効 果		刑の**必要的減免**（43但）

▶2 実行の着手に至っていない**予備罪**に中止未遂の成立する余地はない（最大判昭29.1.20）。

▶3 ex. 放火犯人が第三者に「放火したのでよろしく頼む」と言って逃走した後、第三者が火を消し止めても、真摯な努力があったとはいえない（大判昭12.6.25）。

3 不能犯

意 義		外形的には実行の着手に当たる行為が行われたが、当該行為の危険性がないため、未遂として処罰するに値しない場合をいう
判例	肯定	硫黄の粉末を服用させて毒殺しようとした事案につき、その方法では殺害の結果を惹起することは絶対に不能とするもの（大判大6.9.10）
	否定	① 致死量に足らない空気注射をしても、被害者の身体的条件その他の事情のいかんによっては、死の結果発生の危険が絶対にないとはいえないとして、殺人未遂を認めるもの（最判昭37.3.23） ② 実弾を込められていないけん銃を警官から奪取し、同警官をねらって引き金を引いて殺害しようとした事案につき、勤務中の制服警察官の着装するけん銃には、常時実弾が装てんされているべきものであることは、一般社会に認められていることであるから、本件の行為は殺害結果を発生する可能性があるとして殺人未遂を認めるもの（福岡高判昭28.11.10） ③ 炊飯釜の中に青酸カリを入れたが、炊いた米飯が黄色を呈し臭気を放っているからといって、何人もこれも食べることは絶対ないと断定することはできないとして殺人未遂を認めるもの（最判昭24.1.20）

01 □□□ Aは金品を強取する意思で、Cを縄で縛り上げたが、人の足音が近づいて来るのが聞こえたため、Cをその場に放置して何も取らずに逃走した。**そこへ偶然通りかかったBが**、Cが縄で縛られているのを見て、その懐中から金品を奪い取った場合、Bには強盗罪の共同正犯が成立する。

➡1**1**「成立要件」
成立要件①を欠く ✕

02 □□□ Aは、Cの名誉を毀損する事実を文章にしてY新聞社に投稿した。Y新聞社の編集人Bが、Aの投稿文がC**の名誉を毀損することになることを認識しながら**、日刊Y新聞紙上に掲載した場合、Bには名誉毀損罪の共同正犯が成立する。

➡1**1**「成立要件」
共同実行の意思も事実もあるといえる 〇

03 □□□ A及びBは、「ABの2人で宝石店に赴き、Bがその店の前で見張りをしている間に、Aが拳銃で店員を脅して宝石を強取する。」という**計画を立てた**。Aは、宝石店に入り、宝石を強取する目的で拳銃で店員を脅し始めたが、**Bは、Aが店員に拳銃を向けた時点では、いまだ宝石店の前に到着しておらず、見張りもしていなかった。**この場合、Aが店員に拳銃を向けた時点では、Bは、強盗未遂の共犯の罪責を負わない。

➡1**1** ▶1 「意義」
共謀共同正犯が成立
強盗未遂の共犯が成立 ✕

04 □□□ 共謀共同正犯の成立要件としての**共謀**は、必ずしも同一場所に集まってなされる必要はなく、**数人が順次に連絡し合うことによって**共通した犯罪意思を形成する態様でもよい。

➡1**1** ▶1 「共謀の態様」 〇

05 □□□ A及びBは、Cに対して**暴行**を加えることを事前に**共謀**し、両名でCの部屋に赴き、かねて謀議の通り、Cが逃走できないようにAが部屋の出入口をふさぎ、BがCの顔面を殴打したところ、Cは脳内出血を起こして死亡した。この場合、Aには（①暴行罪、②傷害致死罪）が成立する。

➡1**2**①
結果的加重犯である傷害致死罪の共同正犯が成立 ②

1 | 共同正犯

ランク
A

1 意 義

意　義	共同正犯とは、2人以上が共同して犯罪を実行すること（60）
成立要件	①共同実行の意思（主観的要件）、及び②共同実行の事実（客観的要件）▶1
取扱い	すべて正犯とされる（一部実行全部責任の原則）▶2
根　拠	共犯者が相互に他人の行為を利用・補充し合って犯罪を実現した点（相互利用補充関係）

▶1 【共謀共同正犯】

意　義	2人以上の者が一定の罪を犯すことを共謀した上、その中の一部の者が実行に出れば、**直接には実行行為を行わなかった者を含めて**、共謀者全員に共同正犯が成立する場合をいう（大判大13.4.29）
共謀の態様	・**数人が順次に連絡し合うことによって共通した犯罪意思を形成する態様でも**、共謀共同正犯が成立する（最大判昭33.5.28） ・黙示的に意思の連絡があった場合にも、共謀共同正犯が成立し得る

▶2 【法定刑の比較】

共同正犯	教唆犯	従　犯
正犯と同じ	正犯と同じ	正犯の刑を減軽

2 判例知識

① 結果的加重犯の共同正犯も成立する（最判昭26.3.27）。
　　ex. ABが共同してCに暴行を加えたところ、Aの暴行によってCが死亡した場合、Aに傷害致死罪が成立し、Bにも傷害致死罪の共同正犯が成立する。
② 予備罪の共同正犯も認められる（最決昭37.11.8）。

共同正犯が認められる根拠は共犯者間の相互利用補充関係にあるところ、これは実行行為以外の行為である共謀でも認められるため、共謀者全員に共同正犯の成立を認めるとしているのです。

第Ⅱ部

刑

法

06 □□□　犯意のない他人を教唆して殺人の決意をさせた場合には、**被教唆者がその実行に着手していなくても**、殺人教唆罪が成立する。　→2「成立要件」　×

07 □□□　賭博の親分が賭博場を開張した際に、これを知った子分が客を誘って賭博をさせた場合でも、**親分がそのことを知らなかった**ときは、子分については賭博開張図利罪の幇助罪は成立しない。　→2「片面形態」　×

08 □□□　教唆者を教唆することを間接教唆といい、間接教唆者を教唆することを再間接教唆又は順次教唆という。（①間接教唆、②再間接教唆）も、処罰される。　→2「間接形態」　①②

09 □□□　**既に特定の犯罪を実行することを決意している者**に対し、これを知らずに、当該犯罪を実行するよう働きかけた場合でも、教唆犯は成立する。　→2 ▶3　×　既に決意している場合には教唆は不成立

10 □□□　**公務員の身分を有しない者**については、収賄罪の共同正犯は成立しない。　→3❶「真正身分犯」①　×

11 □□□　**賭博の非常習者**が賭博常習者の賭博行為を幇助した場合、単純賭博罪の従犯になる。　→3❶「不真正身分犯」❶　○

12 □□□　A・Bは、共謀して、**Bのみが業務上占有する**金員を両名で着服し消費した。この場合、Aには（①通常の横領罪、②業務上横領罪）の**共同正犯が成立**する。　→3❶ ▶5　②

13 □□□　設問12において、Aには、（①通常の横領罪、②業務上横領罪）の**刑が科される**。　→3❶ ▶5　①

2 教唆犯、幇助犯

ランク **A**

○：成立　×：不成立

	教唆犯	幇助犯
成立要件	① 教唆行為 ▶3 ② それに基づく被教唆者の**実行行為** ▶4 ③ 教唆の故意	① 幇助行為 ② 正犯が犯罪を実行すること ▶4 ③ ①と②との間の因果関係 ④ 幇助の故意
法定刑	正犯の刑（61 Ⅰ）	正犯の刑を減軽（63）
片面形態	片面的教唆：○	片面的精神的幇助：× 片面的物理的幇助：○
間接形態	間接教唆：○（61 Ⅱ） 再間接教唆：○（大判大 11.3.1）	間接幇助：○（最決昭 44.7.17）
結果的 加重犯	教唆（幇助）犯：傷害教唆（幇助）、正犯：傷害致死罪 →　**傷害致死罪の教唆（幇助）犯**	

▶3　人に**特定**の犯罪を実行する決意を生じさせることをいう。
▶4　被教唆者（幇助者）の行為が構成要件に該当し、違法であることを要する。

3 共犯の諸問題

ランク **A**

1 共犯と身分（非身分者が身分者に加功する場合）

真正身分犯 ▶5	不真正身分犯
① 民間人が公務員の収賄に加功 →　**収賄罪の共同正犯**	❶ 賭博非常習者が賭博常習者の賭博行為を幇助 →　**単純賭博罪**の幇助犯 ❷ 非保護責任者が保護責任者に要保護者を遺棄するよう教唆 →　単純遺棄罪の教唆犯

▶5　【二重の身分犯】

> 業務上の占有者と非占有者が共謀の上、金員を横領
> →　非占有者に対し、**業務上横領罪**の共同正犯が成立し、**単純横領罪**の刑を科
> す（最判昭 32.11.19）。

> すなわち、**成立**に関しては業務上横領罪を適用し、**科刑**に関しては単純横領罪
> を適用するのです。業務上横領の事案は例外的な処理であるため、理屈に深入
> りするよりも、結論をそのまま押さえてしまったほうが得策といえます。

14 □□□　AとBは、Cに対する傷害を共謀し、実行に着手したところ、**BがAの予想に反して故意をもってCを殺害した**場合、Aには殺人罪が成立する。

→**3 2**「処理」
傷害致死罪が成立　　✕

15 □□□　AがBに対して甲宅に侵入して**絵画を盗んでくるよう教唆**したところ、Bは、甲宅に侵入したが、絵画を見つけることができなかったため、**現金を盗んだ**。Aには、住居侵入・窃盗罪の教唆犯が成立する。

→**3 2**「処理」　　　　〇

16 □□□　AがBに対して甲宅に侵入して金品を**盗んでくるよう教唆**したところ、Bは、甲宅に侵入して金品を物色したが、その最中に甲に発見されたので、甲に刃物を突き付けて甲から**金品を強取した**。Aには、住居侵入・強盗罪の教唆犯が成立する。

→**3 2**「処理」
住居侵入・窃盗罪の
教唆犯が成立　　　　✕

17 □□□　**Aは強盗を企て**、拳銃を用意してBと共に宝石店に向かおうとしたが、出発直前にBが「やっぱりやめたい」と言った。**Aがこれを了承した**ため、Bはその場から立ち去ったが、Aは1人でそのまま強盗を実行した。この場合、Bに強盗罪の共同正犯は成立しない。

→**3 3 ⑤**「着手前の
離脱」　　　　　　　〇

18 □□□　設問17と同様の事例で、**Aが「やめたい」と言い、Bの了承を得て**その場を去った。**Bは、Aの用意した拳銃を用いて強盗を実行した**。この場合、Aに強盗罪の共同正犯は成立しない。

→**3 3 ⑤** ▶6　　　✕

19 □□□　Aは、Bとの間で、Cを脅して現金を強奪する計画を立て、その計画どおりBと一緒にCをピストルで脅したところ、Cがおびえているのを哀れに思い、現金を奪うことを思いとどまり、**その場にいたBに何も言わずに立ち去った**が、Bは、引き続き現金を奪い取った。この場合、Aには強盗（既遂）罪の共同正犯は成立しない。

→**3 3 ⑤**「着手後の
離脱」
要件①〜③を満たし
ていない　　　　　　✕

2 共犯の錯誤（同一の共犯形式間）

類　型	単独正犯の錯誤の場合と同様に、①同一構成要件内の錯誤（具体的事実の錯誤）、②異なる構成要件間の錯誤（抽象的事実の錯誤）がある
処　理	単独正犯の錯誤と同様に、構成要件の重なり合う範囲で故意を認める**法定的符合説**によって処理

3 共犯関係からの離脱

ⓐ 意　義

　共犯関係からの離脱とは、共犯関係が成立してから犯罪が完成するまでの間に、共犯関係にある一部の者が共犯関係を断ち切ってその共犯関係から離れたが、他の共犯者が共犯関係に基づく実行行為を行い、**結果を実現**した場合をいう。

ⓑ 着手前の離脱と着手後の離脱

	着手前の離脱	着手後の離脱
要　件	①　離脱の意思を表明し ②　他の共犯者の**了承を得たこと** ▶6	①　離脱の意思を表明し ②　他の共犯者の了承を得たこと及び ③　**積極的な結果防止行為**によって、他の共犯者の実行行為を阻止し、当初の共謀に基づく実行行為が行われることがないようにしたこと
効　果	離脱後の他の共謀者による犯罪の結果については責任を負わない	未遂罪の罪責を負うにとどまり、更に中止犯の成否が問題となる

▶6　ただし、離脱しようとする共犯者が、共謀した時に情報や道具を提供していたような場合には、単に他の共謀者から離脱の了承を得ただけでは、相互利用補充関係が解消されたとはいえず、離脱が認められない。

> 住居に侵入して強盗に及ぶことを共謀した共犯者の一部が住居に侵入した後、強盗に着手する前に、見張り役の共犯者が住居内に侵入していた共犯者に電話で「犯行をやめたほうがよい、先に帰る」などと**一方的に伝えただけ**で、格別それ以後の犯行を防止する措置を講ずることなく、待機していた現場から見張り役らと共に離脱した事例において、着手前の強盗につき、**共謀関係が解消したとはいえない**とする判例があります（最判平21. 6.30）。

01 □□□　Aが警ら中の警察官Bに暴行を加えて傷害を負わせた場合、**傷害罪は公務執行妨害罪に吸収**され、Aには、**公務執行妨害罪一罪が成立**する。　→1**2**「意義」参照　**×**
観念的競合

02 □□□　Aが駅構内で1個の時限爆弾を爆発させ、駅員B、乗客C、店員Dを死亡させた場合、AのB、C及びDに対する**殺人罪は観念的競合**となる。　→1**2** ▶1　**〇**

03 □□□　Aが信号無視をしてBを車ではね、Bに傷害を負わせた場合、Aの**自動車運転過失致傷罪**と道路交通法上の**信号無視の罪**とは**観念的競合**となる。　→1**2**「事例分析」②　**〇**

04 □□□　AがB宅に侵入し、Bの反抗を抑圧して金品を強取した場合、Aの**住居侵入罪と強盗罪**とは**牽連犯**となる。　→1**3**「事例分析」①　**〇**

05 □□□　Aが公文書を偽造し、その偽造公文書を真正の文書として使用した場合、Aの**公文書偽造罪と偽造公文書行使罪**とは**牽連犯**となる。　→1**3**「事例分析」②　**〇**

06 □□□　AがB宅でBを殺害して金品を奪い、その犯跡を隠ぺいするためにB宅に放火して焼損させた場合、Aの**強盗殺人罪と放火罪**とは**牽連犯**となる。　→1**3**「事例分析」❶　**×**

07 □□□　Aが保険金騙取目的で自宅に放火し、保険会社から保険金を騙し取った場合、Aの**放火罪と詐欺罪**とは**牽連犯**となる。　→1**3**「事例分析」❸　**×**

08 □□□　AがBから金品を脅し取る目的でBを監禁した場合、Aの**恐喝罪と監禁罪**とは**牽連犯**となる。　→1**3**「事例分析」❻　**×**

牽連犯に当たるか否かは、犯罪の性質上、**類型的に手段と目的の関係にあるかどうか**により判断されます。したがって、具体的な個々の事件において、複数の犯罪の間にたまたまその関係が認められても、牽連犯とはなりません。

1 罪　数

1 犯罪の競合とその基本的処理

犯罪の競合		一人の行為者に数罪が成立している場合をいう
処理の仕方	原　則	併合罪（45）として処理される
	例　外	観念的競合（54Ⅰ前）・牽連犯（54Ⅰ後）として処理される

2 観念的競合

意　義		1個の行為が2個以上の罪名に触れる場合をいう ▶1
事例分析	観念的競合とされたもの	① 無免許で、かつ酒に酔った状態で自動車を運転した場合、道路交通法上の無免許運転罪と酒酔い運転罪とは、観念的競合となる（最大判昭49.5.29） ② 車を運転し信号無視をして人身事故を発生させ、人に傷害を与えた場合、**自動車運転過失致傷罪**と道路交通法上の**信号無視の罪**とは、観念的競合となる（最決昭49.10.14）
	併合罪とされたもの	酒酔い運転をして人身事故を発生させ、人を死亡させた場合、自動車運転過失致死罪と道路交通法上の酒酔い運転罪とは、併合罪となる（最大判昭49.5.29）

▶1 「2個以上の罪名」は、異なる罪名か同じ罪名かを問わない。
　　ex. 1個の行為により数人に傷害を負わせた場合。

3 牽連犯 🗨

意　義		犯罪の手段若しくは結果である行為が他の罪名に触れる場合をいう
事例分析	牽連犯とされたもの	① **住居侵入罪**と、放火罪・殺人罪・傷害罪・窃盗罪・**強盗罪**の各罪 ② **文書偽造罪**・有価証券偽造罪とその**行使罪** ③ 偽造文書行使罪・偽造有価証券行使罪と詐欺罪
	併合罪とされたもの	❶ **強盗殺人罪**と犯跡隠ぺいのための**放火罪**（神戸地判平14.10.22） ❷ 窃盗教唆罪と盗品等有償譲受け罪（大判明42.3.16） ❸ 保険金騙取目的で建物を放火し、保険金を騙取した場合は、**放火罪と詐欺罪との併合罪**（大判昭5.12.12） ❹ 人を殺した後、その死体を遺棄した場合、殺人罪と死体遺棄罪との併合罪（大判明43.11.1） ❺ 手形を横領して、偽造した場合は、横領罪と有価証券偽造罪の併合罪（東京高判昭38.7.25） ❻ **監禁罪**と**恐喝罪**（最判平17.4.14）

09 ☐☐☐　**罰金 50 万円**の刑の執行を終わった日から 5 年以内に懲役 3 年の刑に処する場合、その刑の全部の執行を猶予することができる。

→2️⃣2️⃣「要件」「対象者」①、▶2　○
罰金は禁錮より軽い

10 ☐☐☐　懲役刑の執行を猶予されて保護観察に付された者が、その**保護観察期間中**に犯した詐欺罪について、再び執行猶予にすることはできない。

→2️⃣2️⃣「要件」「対象者」*　○

11 ☐☐☐　懲役 2 年の刑の全部の執行猶予の期間中に再び犯罪を犯した者を、**禁錮 1 年 6 月**の刑に処する場合、さらにその執行を猶予することはできない。

→2️⃣2️⃣「要件」「宣告刑」　○
再度の執行猶予は 1 年以下の懲役・禁錮のときに可能

12 ☐☐☐　禁錮刑の全部の執行猶予期間中に新たな罪を犯した者に対し、執行猶予期間が経過しない時点で、その新たな罪につき、**保護観察に付さない執行猶予付き懲役刑**を言い渡すことができる。

→2️⃣2️⃣「保護観察」　✕
必要的保護観察

13 ☐☐☐　懲役刑の全部の執行猶予期間中に新たな罪を犯した者に対し、**執行猶予期間経過後に**、その新たな罪につき、**保護観察に付さない執行猶予付き懲役刑**を言い渡すことは可能である。

→2️⃣2️⃣「保護観察」、▶4　○
期間経過後→初度の執行猶予→保護観察は任意的

14 ☐☐☐　懲役 1 年の刑の全部の**執行猶予の期間中に再び犯罪を犯した者**を、禁錮 3 月の実刑に処する場合には、その執行猶予の言渡しを**取り消さなければならない**。

→2️⃣3️⃣「必要的取消し」①　○

15 ☐☐☐　懲役 1 年の刑の全部の執行猶予の期間中に、その言渡し前に、他の犯罪で**懲役 3 年の刑に処せられ、その刑の全部の執行を猶予されたことが発覚した場合**には、その懲役 1 年の刑の執行猶予の言渡しを**取り消さなければならない**。

→2️⃣3️⃣「裁量的取消し」③　✕

ここでは全部の執行猶予について記載していますが、刑を一定期間受刑させた後、残りの刑期の執行を猶予する**一部の執行猶予**の制度もあります（27 の 2）。この判決の例としては、「被告人を懲役 2 年に処する。その刑の一部である懲役 4 月の執行を 2 年間猶予し、その猶予の期間中被告人を保護観察に付する。」というものが挙げられます。

2 執行猶予 💬 ランク B

1 意 義

　刑を言い渡した場合において、情状によって一定期間内その執行を猶予し、その期間を無事経過したときは**刑の言渡しはその効力を失い**、刑罰権が消滅するという制度をいう（25以下）。

2 刑の全部の執行猶予の要件、猶予期間及び保護観察

		初度の執行猶予（25 I）	再度の執行猶予（25 II）
要件	対象者	① 前に**禁錮以上の刑に処せられた**ことがない者 ▶2、3、4 ② 前に禁錮以上の刑に処せられたことがあっても、その執行を終わった日又はその執行の免除を得た日から5年以内に禁錮以上の刑に処せられたことがない者	前に禁錮以上の刑に処せられたことがあってもその刑の全部の執行を猶予された者 ＊ **保護観察中**の執行猶予者に対しては、再度の執行猶予は許されない（25 II但）
	宣告刑	3年以下の懲役・禁錮、又は50万円以下の罰金の言渡しを受けたこと	**1年以下**の懲役・禁錮の言渡しを受けたこと
	情 状	「情状により」（→ 執行猶予を認めるべき情状があること）	「情状に特に酌量すべきものがあるとき」
保護観察		**裁量的**（25の2 I前）	**必要的**（25の2 I後）

▶2　主刑の軽重：死刑 ＞ 懲役 ＞ 禁錮 ＞ 罰金 ＞ 拘留 ＞ 科料
▶3　「処せられた」には、刑の執行を受けた場合だけでなく、**刑の執行が猶予されたときが含まれる**（最判昭24.3.31）。
▶4　刑の言渡しの効力が失われたとき（34の2）、**執行猶予の期間が経過して言渡しの効力を失ったとき**（27）は、「処せられた」ことがないことになる。

3 刑の全部の執行猶予の取消しの要件

必要的取消し （26）	① 執行猶予の期間内に更に罪を犯して**禁錮以上の刑に処せられ**、その刑の全部につき執行猶予の言渡しがないとき ② 執行猶予の言渡し前に犯した他の罪につき禁錮以上の刑に処せられ、その刑の全部につき執行猶予の言渡しがないとき ③ 執行猶予の言渡し前に他の罪につき禁錮以上の刑に処せられたことが発覚したとき
裁量的取消し （26の2）	① 執行猶予の期間内に更に罪を犯し罰金に処せられたとき ② 保護観察に付された者が遵守事項を遵守せず、その情状が重いとき ③ 執行猶予の言渡し前、他の罪につき禁錮以上の刑に処せられその刑の全部の執行を猶予されたことが発覚したとき

Q p80の問02と問04では、どちらの事例も加害意思があるのに結論が異なるのはなぜでしょうか？

A 判例は、問02は侵害行為**前**の話であるため、**侵害の急迫性**の問題として捉えているのに対して、問04は侵害行為**後**の話であるため、**防衛の意思**の問題として捉えています。そして、後者において、攻撃の意思が併存している場合でも正当防衛の成立を肯定しているのは、他人から不正な侵害を受けて憤激の情を持つのは、むしろ人間の自然な感情である点を考慮したものと考えられます。

Q 共犯の用語で出てくる真正身分犯と不真正身分犯の違いがよくわかりません。

A **真正身分犯**とは、行為者が一定の身分を有することによって初めて成立する犯罪をいいます（ex.収賄罪〔197〕）。これに対し、**不真正身分犯**とは、行為者が一定の身分を有する場合に、通常より重い法定刑が規定されている犯罪をいいます（ex.常習賭博罪〔186 I〕、業務上横領罪〔253〕）。

Q 罪数で出てくる用語（観念的競合、牽連犯）がよくわかりません。

A 複数の犯罪（数罪）が成立する場合においては、併合罪として併せて処罰されるのが原則ですが（45）、刑を科す上では一罪として取り扱われることがあります（科刑上一罪）。この科刑上一罪には、観念的競合と牽連犯があります。
観念的競合とは、1個の行為が2個以上の罪名に触れる場合をいいます（54 I 前）。例えば、職務執行中の警察官に暴行を加えて傷害を与えた場合には、公務執行妨害罪と傷害罪との観念的競合となります。
これに対し、**牽連犯**とは、数個の犯罪が、それぞれ手段と目的の関係にある場合をいいます（54 I 後）。例えば、「住居侵入罪（手段）と窃盗罪（目的）」や、「公文書偽造罪（手段）と偽造公文書行使罪（目的）」がこれに当たります。

第2編

各　論

●体系MAP

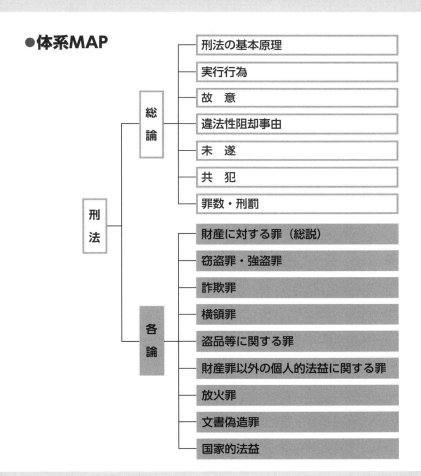

01 □□□　法律上所持の禁止されている**麻薬を窃取した**行為は、窃盗罪を構成する。　　➡**2**「財物性」「肯定」　○

02 □□□　上司が保有している会社の企業秘密を競争相手の会社に売るため、上司の業務用パソコンから、会社備付けの**プリンタ、用紙を用いて、企業秘密を印字**し、これを持ち出して競争相手会社の社員に渡した場合でも、企業秘密は情報にすぎず、財物ではないから、窃盗罪にならない。　　➡**2**「財物性」「肯定」　×

03 □□□　①Aは、**一時使用の目的ですぐに返還する意思**で、Bの自転車を無断で使用した。②小学校の教員Aは、**校長Bを失脚させるため**、学校に保管してあった重要書類を持ち出して教室の屋根裏に隠匿した。①と②のいずれの場合も、Aには、窃盗罪の主観的要件としての不法領得の意思は認められない。　　➡**3ⓐ**①、**ⓑ**②　○

04 □□□　一時使用の目的で他人の自転車を持ち去った場合、使用する時間が短くても、**乗り捨てるつもり**であったときは、不法領得の意思が認められるので、窃盗罪が成立する。　　➡**3ⓐ**①　○

05 □□□　一時使用の目的で他人の**自動車**を乗り去った場合、**相当長時間乗り回すつもり**であっても、返還する意思があったときは、不法領得の意思は認められないので、窃盗罪は成立しない。　　➡**3ⓐ**②　×

06 □□□　**コピーをとってその内容を他に漏らす目的**で秘密資料を持ち出した場合でも、すみやかに返還する意思がある場合には、窃盗罪が成立しない。　　➡**3ⓑ**③　×

所有者でなければ通常想定されないような行為については、排除意思が認められます（使用窃盗とならない）。排除意思に関する知識は、この観点から整理して押さえるとよいでしょう。

◼1 財産犯の体系

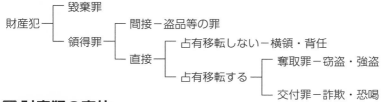

◼2 財産犯の客体

財産犯の客体は、他人の財物と財産上の利益である。

財物の意義		有体物に限らず、管理可能なもの（管理可能性説　大判明 36. 5.21）
財物性	肯　定	有体物、電気（245）、電気以外の管理可能なエネルギー、**情報が化体した紙片・マイクロフィルム**（東京地判昭 55. 2.14 等）、**禁制品**（最判昭 24. 2.15）
	否　定	情報自体、メモ用紙１枚等の価値の軽微な物

◼3 不法領得の意思

窃盗罪等の領得罪が成立するためには、故意だけでなく、**不法領得の意思が必要**である。

内　容	不法領得の意思とは、①権利者を排除して所有者として振る舞う意思（排除意思）、及び②物の経済的用法に従って利用・処分する意思（利用・処分意思）をいう（大判大 4. 5.21、最判昭 26. 7.13）
機　能	①　排除意思：軽微な無断一時使用を窃盗罪等の領得罪から除外する機能 ②　利用・処分意思：窃盗罪等の領得罪と毀棄・隠匿罪を区別する機能

ⓐ 「排除意思」

①　一時使用の目的で**自転車**を窃取した場合、**直ちに返還する**つもりであったなら、不法領得の意思は認められない（大判大 9. 2. 4）。これに対して、**乗り捨てる**つもりであったなら、不法領得の意思が認められる（最判昭 26. 7.13）。

②　**自動車**を窃取した場合、たとえ返還の意思があったとしても、**長時間乗り回す**つもりであったなら、不法領得の意思が認められる（最決昭 55.10.30）。

ⓑ 「利用・処分意思」

①　**嫌がらせの目的**で、他人の財物を水中に投棄した場合には、不法領得の意思は認められない（仙台高判昭 46. 6.21）。

②　校長に**責任を負わせ**ようとして学校の金庫から重要書類を持ち出して校舎の天井裏に隠す場合には、不法領得の意思は認められない（大判大 4. 5.21）。

③　**コピーして内容を他に漏らす目的**で秘密資料を持ち出した場合には、すみやかに返還する意思があっても不法領得の意思が認められる（東京地判昭 59. 6.28）。

01 □□□　Ａは、うらみを抱いていた**Ｂを殺害**し、その後、その場所でＢの財物を奪取する犯意を抱き、**Ｂの財物を奪取**した。この場合、Ａには、殺人罪と（①窃盗罪、②遺失物等横領罪）が成立する。

→ **1 2** ①　　　①

02 □□□　電車に乗っていたＡが、同じ車内にいたＢが途中で電車を降りた後、**終着駅でＢが網棚に置き忘れたカバンに気がつき、これを持ち去った場合**、Ａには、（①窃盗罪、②遺失物等横領罪）が成立する。

→ **1 2** ③　　　②
車掌の事実的支配は及んでいない

03 □□□　温泉旅館に宿泊していたＡが、**同じ宿泊客のＢが旅館内のトイレに置き忘れた財布を見つけ、これを自宅に持ち帰った場合**、Ａには、（①窃盗罪、②遺失物等横領罪）が成立する。

→ **1 2** ④　　　①
旅館主の占有を侵害

04 □□□　郵便集配人のＡが、郵便物の配達中に、Ｂ宛ての**信書を開封してその中に入っていた商品券を抜き取り**、それを使って商品を購入した場合、Ａには、（①窃盗罪、②業務上横領罪）が成立する。

→ **1 2** ⑤　　　①
在中物の占有は委託者にある

05 □□□　スーパーマーケットで、**ガムを万引き**しようとしたが、一般の客を装うために、商品棚から取ったガムをスーパーマーケット備付けの買物かごに入れ、取りあえずレジの方向に向かって一歩踏み出したところ、その場で店長に取り押さえられた場合、**レジを通過する前**であっても、ガムを買物かごに入れた時点で自己の支配下に置いたといえるから、窃盗既遂罪が成立する。

→ **1 4** ④　　　✕
レジの外側に商品を持ち出した時点で既遂となる

06 □□□　ブロック塀で囲まれ、警備員により警備された敷地内にある倉庫に侵入し、中のタイヤ２本を**倉庫外に搬出**したところで、**敷地内**において当該警備員に発見された場合、窃盗既遂罪は成立しない。

→ **1 4** ④ cf.　　　○

1 窃盗罪

1 要 件

①他人の占有する物を、②窃取したといえ、③不法領得の意思があること。

2 要件①「他人の占有する物」の検討

① 死者には原則として占有は認められない。ただし、被害者を殺害した犯人との関係では、被害者の死亡と時間的・場所的に近接した範囲内にある限り、生前の占有が認められる（最判昭41.4.8）。
② ゴルフ場の池のロストボールには、ゴルフ場の所有・占有が認められる（最決昭62.4.10）。
③ 電車の網棚に置き忘れられた鞄の占有は、電車に一般人の立ち入りが容易な状態である限り、誰の占有にも属さない（大判大15.11.2）。
④ 旅館の客室に置き忘れられた物の占有は、旅館の管理者に属する（大判大8.4.4）。
⑤ 封緘をした包装物を受託者が預かっている場合、包装物全体の占有は受託者にあるが、在中物の占有は委託者にある（最決昭32.4.25）。
⑥ 単なる店員は占有補助者にすぎず、店の物についての占有は認められない。
⑦ 共同占有者には、相互に占有が認められる（大判大8.4.5）。

3 要件②「窃取した」の検討

① パチンコ玉を磁石で誘導して穴に入れて当たり玉を出して取得する行為は、窃取したといえる（最決昭31.8.22）。
② 衣料品店で顧客を装い、上着を試着したまま、便所に行くと偽って逃走する行為は窃取したといえる（広島高判昭30.9.6）。

4 窃盗罪の既遂時期

① 商店の万引きについて、商品を懐中に収めた時点（大判大12.4.9）
② 他人の家の玄関先にとめてある自転車を5〜6メートル引いて道路に搬出した時点
③ 住居侵入窃盗については、財物を屋外に運び出す必要はなく、荷造りして出口のほうへ運んだ時点
④ スーパーマーケットのレジで代金を支払わずに、その外側に商品を持ち出した時点
　cf. 塀に囲まれ警備員がいる敷地内の倉庫に侵入して、倉庫から物品を持ち出したが、敷地外まで持ち出していない時点では、既遂に達していない。

2⑤〜⑦の占有の帰属に関する論点では、**犯人が頼まれて単独で占有している場合には横領罪が成立**し、**他人に占有が認められる**場合には窃盗罪が成立することになります。他人の占有があるかどうかに注目するようにしましょう。

07 □□□　Aが、金品を奪う目的でBにナイフを突きつけて「金を出さなければ殺すぞ」と脅したところ、Bは、恐怖にかられて**逃げ出す途中、自分で転んで足を骨折**した。この場合、Aには、**強盗致傷罪**が成立する。

→ 2 **1** ▶3　　○

08 □□□　Aは、窃盗の目的でB方に侵入し、タンスの引き出しを開けるなどして金品を物色したが、めぼしい**金品を発見することができないでいるうちに**、帰宅したBに発見されたため、逃走しようと考え、その場でBを殴打してその反抗を抑圧した上、逃走した。この場合、Aには、**事後強盗罪の未遂罪**が成立する。

→ 2 **1** ▶5　　○

09 □□□　Aは、通行人Bから財物を強取するつもりで暴行を加え、その反抗を抑圧したが、**負傷させただけで、財物奪取に失敗**した。この場合、Aには、強盗致傷罪の未遂罪が成立する。

→ 2 **1** ▶6　　×

10 □□□　Aが、金品を奪う目的でBにナイフを突きつけて「金を出せ」と脅したところ、空手有段者のBは、**反抗できないわけではないと思った**が、けがをしてもつまらないと考え、Aがポケットから財布を抜き取るのを黙認した。この場合、Aには、**強盗未遂罪**が成立する。

→ 2 **2** ①
強盗既遂罪成立　×

11 □□□　Aが、金品を奪う目的で自転車に乗っていたBにナイフを突きつけて「金を出せ」と要求したところ、(①Bは、**反抗を抑圧されてその場から走って逃走**した。Aが、**Bが逃走中に落とした財布に気付きこれを奪った**とき、②Bは、反抗を抑圧されてその場でうずくまってしまった。Aが、**Bが知らない間にBのバッグを奪って逃げたとき**)は、Aには強盗既遂罪が成立する。

→ 2 **2** ③
①は、暴行・脅迫と奪取との因果関係なし（強盗は未遂）　②

強盗罪は財物の取得によって既遂となるところ、**事後強盗罪**は、暴行・脅迫を行った窃盗犯人を強盗罪と同様に処罰するものであるため、既遂・未遂は、**財物奪取の有無**によって決定されます。これに対し、**強盗致死傷罪**は、人の身体・生命も侵害されることから刑を加重するものであるところ、生命・身体を第一次的な保護法益としていると解されるため、既遂・未遂は**負傷・死亡の結果の有無**によって決定されます。

5 窃盗罪と他罪との関係

① 窃取した財物を、自己の所有物と偽り、第三者を欺罔して、金員を騙取した場合には、窃盗罪と詐欺罪が成立し、併合罪となる（最決昭 29. 2.27）。
② 窃盗を教唆した者が、被教唆者を欺罔して、窃取した財物を騙取した場合には、窃盗教唆罪のみならず詐欺罪も成立し、併合罪となる。

2 強盗罪

1 強盗の罪の主な類型

	主体	客体	行為	着手時期	既遂時期
強盗罪 （236 I）	—	他人の財物	暴行・脅迫をもって、他人の財物を強取すること	強盗の手段としての暴行・脅迫の開始時	財物の占有取得時
事後強盗罪 （238）	窃盗 ▶1	人 （窃盗被害者に限られない）	一定の目的に基づき暴行・脅迫をすること ▶2	左記暴行・脅迫の開始時	暴行・脅迫時 ▶5
強盗致死傷罪 （240）	強盗 ▶1	人	強盗の機会に人を負傷させ又は死亡させること ▶3、4	致死傷行為の開始時	**死傷の結果の発生時** ▶6

▶1　窃盗・強盗とは、それぞれ、窃盗・強盗の**実行に着手した者**をいい、窃盗・強盗自体の既遂・未遂を問わない。

▶2　①財物の取返しを防ぐ目的、又は②逮捕を免れ又は罪跡を隠滅する目的（**目的犯**）が必要であり、**窃盗の機会の継続中**に行われることを要する。

▶3　死傷の結果は、強盗の手段としての暴行・脅迫から生じたことを要せず、**強盗の機会**に生じれば足りる（最判昭 32. 8. 1）。

▶4　結果的加重犯として死亡の結果を生じさせた場合の他、**殺人の故意をもって人を殺した場合**も含まれる（最判昭 24. 5.28）。

▶5　既遂・未遂は**財物奪取の有無**によって決定し、目的の達成・不達成とは無関係（最判昭 24. 7. 9）。

▶6　財物奪取の既遂・未遂を問わない。

2 重要判例

① **客観的に一般人を基準に判断して**被害者の反抗を抑圧するに足りる暴行・脅迫がなされればよく、被害者が現に反抗を抑圧されなくても「強取した」といえる（最判昭 24. 2. 8）。

② 単に暴行・脅迫の意思で暴行・脅迫を行ったが、被害者が**反抗不能状態に陥った後**に財物奪取の意思を生じてこれを奪った場合には、強盗罪は成立しない（窃盗罪が成立する　東京高判昭 48. 3.26 参照）。

③ 「強取した」といえるためには、暴行・脅迫と財物奪取との間に被害者の反抗を抑圧して奪取したという**因果関係が必要**である（名古屋高判昭 30. 5. 4 等）。

01 □□□　Aが、係員Bに虚偽の申立てをして不法に、（①健康保険証、②旅券、③保険証書）の交付を受けた場合、Aには、詐欺罪が成立する。

→**1❶**①
旅券には財物性が認められない

①
③

02 □□□　以下のうち、詐欺罪が成立するものはどれか。
1　Aは、Bの承諾がないのに、B名義のキャッシュカードを悪用して、C銀行の現金自動支払機（ATM）から、現金を引き出した。
2　客を装い洋服を試着中のAが、**店員Bに他の服を持ってくるように頼み、その隙に服を着たまま逃走した。**
3　Aは、自動車販売店において、**乗り逃げをする意図で店員Bに試乗を申し出たところ、**Bは、これを了承し、添乗員を付けないでAに自動車を単独試乗させたところ、Aは、**そのまま乗り逃げた。**

→**1❶**①②③、**❹**
1、2は窃盗罪が成立する
3は詐欺罪が成立する（東京地判平3.8.28）

3

03 □□□　Aは、所持金がないにもかかわらず、コンサートを聴きたいと考え、人目に付かない**裏口から会場に忍び込み、**誰にも見とがめられずに客席に着席してコンサートを聴いた。Aの行為について詐欺罪は成立しない。

→**1❶**参照
欺く行為がない

○

04 □□□　Aは、Bの経営するレストランで**飲食をした後、財布を持っていないことに初めて気が付き、**代金債務を免れる目的で、**知人を見送るとBを欺いてそのまま逃走**した。この場合、Aには、詐欺罪は成立しない。

→**1❸**①
債務免除の意思表示なし

○

05 □□□　Aは、**所持金がないにもかかわらず、**客を装って回転寿司店に入店した。店主は、客として振る舞っていたAの態度から、Aも通常の客と同様に飲食後に代金を支払うつもりであると信じて寿司を提供し、Aに**飲食させた。**Aの行為について詐欺罪は成立しない。

詐欺罪成立
大判大9.5.8
∵飲食時に故意あり

×

06 □□□　Aは、タクシーで目的地に着いた後に財布がないことに気づき、**目的地のホテルにいる妻から金をもらい**すぐに払うと嘘をついた。そこで、**運転手は運賃を受け取らずに降車させた。**この場合、運転手に債務免除の意思がないため、詐欺罪は成立しない。

→**1❸**①
支払い猶予の意思あり→詐欺罪成立

×

詐欺利得罪とは、人を欺いて財産上の利益を得る行為に対する罪をいいます（246Ⅱ）。財産上の利益とは、財物以外の財産的な価値のある利益であるため、人を欺いて**債務の免除**をさせる行為や**債務の弁済の猶予**をさせる行為には詐欺利得罪が成立します。

1 構成要件 (246条)

❶ 欺く行為

・財物（財産上の利益）交付行為に向けられた人を錯誤に陥らせる行為

① **健康保険証**、預金通帳、**保険証書**のような経済的価値効用を有するものには財物性が認められる（大阪高判昭 59. 5.23、最決平 14.10.21、最決平 12. 3.27）。

② 誤振込みがあった場合に、その情を秘して預金の払戻しを請求し窓口係員（**人**）から預金の払戻しを受けたときは、詐欺罪が成立する（最決平 15. 3.12）が、ATM（**機械**）からキャッシュカードにより現金を引き出したときは、窃盗罪が成立する（東京高判昭 55. 3. 3）。

③ 客を装い洋服を試着中に何らかの欺く行為により店員を一時的に遠ざけそのまま逃走した場合、交付行為に向けられた欺く行為がないから、詐欺罪は**不成立**（窃盗罪成立）

❷ 相手方の錯誤

・相手方は、被害者に限られないが、被害者の財産を処分する権能・地位を有することを要する。

① 添付書類を偽造して他人所有の不動産の所有権移転登記を申請しても、登記官には不動産を処分する権限はないので、詐欺罪は不成立（公正証書原本等不実記載罪が成立）

② マンションの管理人を欺いてその住人の部屋の鍵を開けさせ室内から金品を持ち出しても、管理人には住人の財産を処分する権限はないので、詐欺罪は不成立（窃盗罪成立）

❸ 相手方の処分（交付）行為

・欺く行為があっても、被害者がそれを見抜いて錯誤に陥らなかったときは、詐欺既遂罪ではなく、同未遂罪が成立する。

・詐欺利得罪の構成要件としての処分行為は、被詐欺者の処分意思に基づくことが必要である。

① 詐欺罪で得た財産上不法の利益が債務の支払を免れたことであるとするには、相手方たる債権者を欺罔して**債務免除の意思表示**（処分意思）をなさしめることを要する。

❹ 行為者又は第三者による財物（利益）の取得

・被欺罔者の交付行為（処分行為）によって、財物（又は財産上の利益）が欺罔者又は第三者に移転することを要する（行為者自らの行為によって占有が行為者に移転したときには、詐欺罪ではなく、窃盗罪が成立する）。

❺ 被害者の財産上の損害

・「欺く行為がなかったら財物を交付しなかったであろう」という関係があれば、財産上の損害が認められる。

① **価格相当の商品**を提供しても、事実を告知すれば相手方が金員を交付しない場合

② 本来受領する権限を有する代金を欺いて不当に早く受領した場合（最判平 13. 7.19）

01 □□□　Aが、B所有の未登記建物につき、**無断でA名義に所有権の保存の登記をした**上、Cに売却して所有権移転の登記をした場合には、横領罪が成立する。

➡1 **2**②　　×

02 □□□　所有者Bから仮装売買により買主として土地の所有権の移転の**登記を受けたA**が、実際には所有権を取得していないにもかかわらず、自分の借金の担保としてその土地に抵当権を設定したが、Bから土地の実際の引渡しまでは受けていなかった。この場合、Aには、横領罪が成立する。

➡1 **3**①　　○

03 □□□　Aが、Bの依頼により、公務員Cに**賄賂として渡すために**預かり保管中の現金を、Cに渡すことなく自ら費消した場合、Aには、横領罪が成立する。

➡1 **4**①　　○

04 □□□　Aが、**個人的な債務の弁済のために、自己が代表取締役を務める会社名義**で、債権者Bを受取人として約束手形を振り出した。この場合、Aには、横領罪が成立する。

➡1 **5**② cf.
権限濫用にとどまるので、背任罪が成立　　×

05 □□□　Aは、A所有の乙不動産を**Bに売却**し、Bから代金を受け取ったが、登記簿上の所有名義がAに残っていたことを奇貨として、乙不動産について、更に**Cに売却**し、Cへの所有権の移転の登記を行った。この場合、Aには、**横領罪**が成立する。

➡2 　　○

06 □□□　Aは、A所有の乙不動産について、**Bのために根抵当権を設定**したが、その登記がされていなかったことを奇貨として、更に**Cのために根抵当権を設定**し、その登記を行った。この場合、Aには、**横領罪**が成立する。

➡2
背任罪が成立　　×

横領罪と背任罪の区別に関して次の判例知識が重要です。
① **二重（根）抵当**（最判昭 31.12. 7）：背任罪
② **不動産の二重譲渡**（最判昭 30.12.26）：横領罪

1 構成要件 (252条) ランク B

1 要 件

①委託信任関係に基づいて、②自己の占有する、③他人の物を、④横領したことである。

2 ①委託信任関係に基づいて

① 公園に乗り捨てられた自転車に乗って帰っても、委託信任関係はないので、横領罪は成立しない（遺失物等横領罪が問題となる）。
② 他人所有の未登記建物につき、**無断で自己名義にした上で**売り渡しても、委託信任関係に基づいて建物を占有していたとはいえないので、横領罪は成立しない。

3 ②自己の占有する (事実上のみならず、法律上支配力を有する状態であれば足りる)

① 実際に土地の引渡しを受けていなくても、**登記が自己名義であれば**、占有しているといえる（大判昭7.2.1）。
② 他人の土地の登記済証・登記に関する**白紙委任状**を有している者は、当該土地を占有しているといえる（福岡高判昭53.4.24）。

4 ③他人の物

① 委託に基づいて受け取った金銭が不法原因給付に当たり**民法上返還義務を負わない場合であっても、他人の物**といえる（最判昭23.6.5）。
② 自己の不動産に抵当権を設定しても、依然として自己の物であり、他人の物とはいえないので、当該不動産を処分しても横領罪は成立しない（背任罪が問題となる）。

* なお、横領罪の客体は、「自己の占有する他人の物」（252Ⅰ）だけでなく、自己の物で、公務所から保管を命ぜられた物も含む（252Ⅱ）。

5 ④横領した

「横領した」には、委託の任務に背いて、その物につき**権限がないのに**、所有者でなければできないような処分をする意思である不法領得の意思が必要。

① 委託信任関係に基づいて占有していた他人名義の土地を自己名義に登記した行為
② 他人から**借用中**の物を無断で売却する行為
cf. 自己の債務の弁済のために、**代表取締役が会社名義で債権者に手形を振り出した行為**
　　→ この場合、背任罪の成立が問題となる

2 他の犯罪との関係 ランク B

詐欺により取得した物を処分しても、詐欺罪の不可罰的事後行為となり、横領罪は成立しない（大判大11.1.31参照）。

01 ☐☐☐ 横領罪の被害物が第三者により**即時取得された場**合には、これにより被害者の当該被害物に対する追求権は失われるから、以後、盗品等に関する罪は、成立しない。　→**1** ▶1　〇

02 ☐☐☐ **AとBが共同してC**の家に押し入り、Cをナイフで脅して貴金属を強奪し山分けしたが、BがAの取り分を現金で買い取った場合は、Bに盗品等有償譲受罪が成立する。　→**1**「主体」①　✕

03 ☐☐☐ **他人に窃盗を教唆**し、その結果窃盗を実行した者から**窃取した財物を買い受けた**場合には、窃盗教唆罪だけが成立し、財物を買い受ける行為は盗品等有償譲受罪を構成しない。　→**1**「主体」②　✕

04 ☐☐☐ 公務員であるAが**賄賂として**収受した高級腕時計を、Bが賄賂であることを知りつつ格安で買い受けた場合、Bに盗品等有償譲受罪が成立する。　→**1**「客体」①　✕

05 ☐☐☐ 本犯の**被害物が同一性を失った**場合には、被害者の当該被害物に対する追求権は失われるから、本犯の（①被害物の売却代金である金銭、②被害物である紙幣を両替して得た金銭）の贈与を受けても、盗品等に関する罪は、成立しない。　→**1** ▶2　①

06 ☐☐☐ Aは、Bから、Bが宝飾店から盗んできた高級腕時計の売却を依頼されたことから、当該時計が盗品であることを知りながら、高級腕時計を欲しがっていた**CをBに紹介**した。しかし、BC間で売却代金に折り合いがつかなかったことから、Bは、Cに時計を売却しなかった。この場合、Aには、盗品等有償処分あっせん罪は成立しない。　→**2**「有償処分あっせん罪」① あっせん行為があれば成立　✕

07 ☐☐☐ **本犯の被害者を相手方として本犯の被害物の有償処分のあっせん**をしても、被害者の追求権の行使を困難にしないので、盗品等に関する罪は、成立しない。　→**2**「有償処分あっせん罪」②　✕

1 盗品等に関する罪のポイント

ランク **B**

保護法益	本犯の被害者である本権者の私法上の追求権 （大判大 11. 7.12） [▶1]
主 体	① 本犯（共同正犯も含む）は、本罪の主体とはならない （最判昭 24.10. 1） ② 本犯の**教唆者・幇助者**は本罪の主体となる （最判昭 24. 7.30）

客 体 [▶2]	① 盗品その他財産に対する罪に当たる行為によって領得された物である
	  → **財産罪以外**の客体である「偽造文書・偽造通貨・賄賂・密輸品・賭博
	  によって得た金銭等」は、盗品関与罪の客体に当たらない
	② 「財産に対する罪に当たる行為」は、構成要件に該当し違法なものであ
	  れば足りる （最判昭 25.12.12）
	③ 不法原因給付物・禁制品も客体となる （大判昭 13. 9. 1等）

▶1　第三者に**即時取得** （民 192） が成立したときは、盗品関与罪の客体とならない （最決
昭 34. 2. 9参照）

▶2　【盗品の同一性】

否 定	盗品等の処分の**対価として得た金銭**は、盗品関与罪の客体とはならない
肯 定	①盗品である**金銭を両替**した場合、②盗品である小切手を現金化した場合は、盗品関与罪の客体である （大判大 2. 3.25、大判大 11. 2.28）

2 判 例

ランク **C**

保管罪	盗品と知らずに預かった財物につき、保管の途中で盗品であることを知った場合には、事情を知った後の保管行為につき、保管罪が成立する （最決昭 50. 6.12）
運搬罪	本犯の利益のために、盗品の返還を条件に被害者から多額の金員を得ようと被害者宅に盗品を運んだ行為についても、運搬罪が成立する （最決昭 27. 7.10）
有償処分 あっせん罪	① **あっせん行為**をすれば、あっせんに基づく契約が成立しない場合にも、有償処分あっせん罪が成立する （最判昭 26. 1.30） ② 盗品等の**被害者を相手方**とする有償処分のあっせんについても、有償処分あっせん罪が成立する （最決平 14. 7. 1）

本犯が盗品等に関する罪の主体とならないのは、窃盗犯人が自ら窃取した財物
を売却しても不可罰的事後行為となるからです。

01 ☐☐☐　Aは、Bの言動に腹を立ててその胸を強く突いたが、**Bにけがを負わせようなどとは思っていなかった。**しかし、Bは、Aのその行為により足を滑らせて転倒して**頭部打撲の傷害を負った。**この場合、Aには、暴行罪のみが成立する。

➡**1** ▷1
傷害罪が成立する　　×

02 ☐☐☐　Aが路上でBの顔面を手拳で殴打したため、Bは、数歩後ずさりしてから仰向けに倒れ、後頭部を道路脇の縁石に強く打ち付けて**死亡した。**Aの暴行とBの死亡との間には因果関係が認められるから、Aには**傷害致死罪**が成立する。

➡**1** ▷2　　○

03 ☐☐☐　Aは、**狭い4畳半の室内**においてBの目の前で日本刀の抜き身を多数回にわたり**振り回した**が、その行為は、Bを傷つけるつもりではなく、脅かすつもりで行ったものであった。この場合、Aには、暴行罪は成立しない。

➡**1**【暴行罪と傷害罪の区別】「暴行罪」②　　×

04 ☐☐☐　暴行により傷害の結果が生じることが傷害罪の成立要件であるから、Aが**職場の給湯ポットに毒を入れて**職員に飲用させ、**下痢を起こさせた**場合、Aには傷害罪が成立する。

➡**1**【暴行罪と傷害罪の区別】「傷害罪」❶　　○

05 ☐☐☐　Aは、甲警察署の中庭に駐車された捜査車両の車種やナンバーを把握するため、甲警察署の敷地の周囲に庁舎建物及び中庭への外部からの交通を制限し、みだりに立ち入りをすることを禁止するために設けられ、外側から内部をのぞき見ることができない構造となっている高さ2.4メートルのコンクリート製の**塀の上部へ上がった。**この場合、Aには、建造物侵入罪が成立する。

➡**2** ▷4　　○

06 ☐☐☐　Aは、現金自動預払機が設置された銀行の出張所に、その利用客のカードの暗証番号等を**盗撮する目的**で、その営業時間中に、一般の利用客と異なるものでない外観で立ち入った。この場合、Aには、建造物侵入罪は成立しない。

➡**2**「肯定例」②　　×

1 暴行罪・傷害罪

ランク **B**

暴行罪	傷害するに至らなかった程度の暴行に対する罪（刑208）
傷害罪	人の身体を傷害する行為に対する罪（204）[1、2]

第Ⅱ部 刑法

▶1 傷害罪は暴行罪の**結果的加重犯**に当たる（最判昭25.11.9）。
▶2 傷害罪の犯人が傷害により人を死亡させた場合には、**傷害致死罪**が成立する（205）。
　→ Aに暴行の故意しかなかったとしても、その暴行によりBが傷害を負い、その傷害のために死亡した場合には、Aに傷害致死罪が成立する。

【暴行罪と傷害罪の区別】

暴行罪	傷害罪
① 毛髪の切断 ② 狭い部屋で日本刀を振り回す ③ 騒音（大声等）の発生	❶ 毒を盛って下痢をさせる ❷ 嫌がらせ電話による精神衰弱 ❸ 長時間失神させる

2 住居（建造物）侵入罪

ランク **B**

意　義	正当な理由がないのに、人の住居・建造物等[3、4]に侵入する行為に対する罪[5]
肯定例	① 強盗殺人の目的を秘して、顧客を装って被害者の店舗に立ち入る行為（最判昭23.5.20） ② 現金自動預払機（ATM）の利用客のキャッシュカードの暗証番号を**盗撮する目的**で、現金自動預払機が設置された無人の銀行の出張所に営業中に立ち入る行為（最決平19.7.2）

▶3 囲繞地も含む（広島高判昭51.4.1、最大判昭25.9.27）。
▶4 物とその敷地を他から明確に画すると共に、外部から干渉を排除する作用を有している**塀**も含む（最決平21.7.13）。
▶5 住居侵入罪が成立する以上、退去しないときでも、不退去罪は成立しない（最決昭31.8.22）。

暴行罪と傷害罪の区別のポイントは、**相手がひやっとするだけなら暴行罪、生理的機能に障害を与えるなら傷害罪**です。これを踏まえた上で表を押さえると覚えやすいでしょう。

01 □□□　Aが、火災保険金を騙し取るため、**他の家族全員が旅行に出かけている時に、自宅に放火して全焼させた場合**、Aには、**非現住建造物等放火既遂罪**が成立する。

→1 ▶1
現住建造物等放火既遂罪が成立
（最決平9.10.21）

✕

02 □□□　Aが、**乗客の現在する航空機内に放火**して、これを焼損した場合、Aには、**現住建造物等放火既遂罪**が成立する。

→1 ▶2
建造物等以外放火罪が成立

✕

03 □□□　現に人が住居に使用する木造家屋を燃やす目的で、**取り外し可能な雨戸**に火を付けた場合には、その雨戸が**独立して燃え始めた**段階で、現住建造物等放火の既遂罪が成立する。

→1 ▶4
取り外し可能な雨戸は、家屋の一部ではなく（最判昭25.12.14）放火の媒介物

✕

04 □□□　AがB所有の自動車に放火して焼損させた場合、それにより**公共の危険が発生しなかったとき**でも、Aには、**建造物等以外放火罪**が成立する。

→1 ▶5
具体的危険犯。器物損壊罪が成立

✕

05 □□□　Aが、人里離れた埋立地にある**自己所有の建物**にBを誘い込んで殺害し、証拠隠滅のためその**建物に火をつけて全焼させた場合**、それにより**公共の危険が発生しなかったとき**でも、Aには、**非現住建造物等放火罪**が成立する。

→1 ▶5
具体的危険犯。放火については犯罪不成立

✕

06 □□□　**現に人が住居に使用する木造家屋を燃やす目的**で、当該木造家屋に隣接する物置に火を付けたところ、その住人が発見して消火したため、**物置のみを焼損**させた場合には、非現住建造物等放火の既遂罪が成立する。

→2②
非現住建造物等放火の既遂罪は現住建造物等放火の未遂罪に吸収される

✕

危険犯は、①法益侵害の具体的な危険の発生が構成要件となっている**具体的危険犯**と、②一般的に法益侵害の危険があると認められる行為があれば、危険の発生を擬制する**抽象的危険犯**の２つに分かれます。例えば、他の住宅に燃え移るおそれのない草原にある一軒家に放火をして焼損した場合には、抽象的危険犯の放火罪は成立しますが、具体的危険犯の放火罪は成立しません。

1 構成要件 ランク B

	客 体	結 果	主 観	未遂 予備
108条	人が**現住又は現在する建造物等** ▶1、2	焼 損 ▶4	故 意 （目的物を焼損す ることの認識）	○
109条 1項	人が**現住せずかつ現在しない建造物** 等	同 上	同 上	○
109条 2項	109条1項の客体のうち、**自己 所有物** ▶3	焼 損 ＋公共の危険 ▶5	同 上 cf. 公共の危険の 認識不要	×
110条 1項	108条、109条の客体以外の物	焼 損 ＋公共の危険 ▶5	同 上 cf. 公共の危険の 認識不要	×
110条 2項	110条1項の客体のうち、**自己 所有物**	焼 損 ＋公共の危険 ▶5	同 上 cf. 公共の危険の 認識不要	×

▶1 現住建造物とは、現に人の起臥寝食する場所として日常使用されているものをいい、日常生活に使用されている建造物であれば足り、**放火時点で人が現在することを要しない**。また、「現在」とは、放火行為時にその内部に犯人以外の者が現実にいることをいう。

▶2 宿直室の存する学校の校舎のように、建造物の一部が人の起臥寝食に使用されていれば、その建造物全体が「現に人が住居に使用する建造物」に当たる。なお、乗客（人）が現在しても、**航空機、バス**等は108条の客体とはならない。

▶3 自己所有物であっても、①差押えを受け、②物権を負担し、③賃貸し、④配偶者居住権が設定され、⑤保険に付したものは、他人の物を焼損したものとされる（115）。なお、他人所有の物であっても、所有者の承諾があれば、自己所有物と同様に扱われる。

▶4 焼損とは、**火が媒介物を離れて目的物が独立に燃焼を継続する状態**に達したことをいう。

▶5 108条、109条1項＝抽象的危険犯　109条2項、110条＝具体的危険犯

2 罪 数 ランク B

① 現住建造物等放火の故意で、現住建造物等のほかに109条又は110条の物件を焼損しても、包括して**現住建造物等放火既遂罪一罪**が成立する。

② 現住建造物等放火の故意で、隣接する109条又は110条の物件に放火した（当該物件が焼損したか否かを問わない）が、現住建造物等には燃え移らなかった場合には、現住建造物等放火罪の実行の着手が認められるので、**同罪の未遂罪一罪**が成立する。

01 ☐☐☐　Aは、**行使の目的をもって**、虚偽の供託事実を記入した供託書用紙の下方に真正な供託金受領証から切り取った供託官の記名印及び公印押捺部分を接続させ、これを複写機で複写して、供託官が職務上作成した真正な供託金受領証を原本として、これを**正確に複写したかのような形式、外観を有するコピーを作成**した。この場合、Aには、公文書偽造罪が成立する。
➡**1**「文書の意義」　○

02 ☐☐☐　Aは、司法書士Aと**同姓同名**であることを利用し、司法書士資格がないのに、**真正なものとして使用する目的**で、「**司法書士A**」名義の司法書士報酬請求書を作成した。この場合、Aには、私文書偽造罪が成立する。
➡**1** ▷1　○

03 ☐☐☐　Aが、B所有の土地の**登記済証を盗み出し**、それを利用して、BからA名義への**所有権の移転の登記を申請した場合**、Aには、公正証書原本不実記載罪が成立する。
➡**2**「公正証書原本不実記載罪」　○

04 ☐☐☐　免許停止処分を受けたAは、Bが作った**偽造運転免許証を警察官の求めがあれば提示するつもりで携帯**して、自動車を運転したが、結局、**提示する機会はなかった**。この場合、Aには、偽造公文書行使罪が成立する。
➡**2** ▷3　×
「行使」に当たらない

05 ☐☐☐　Aは、司法書士Bに対し、金銭消費貸借契約書に基づく公正証書の作成の代理嘱託を依頼するに際して、**偽造された同契約書を真正な文書と装って交付**した。この場合、Aには、偽造私文書行使罪が成立する。
➡**2** ▷3　○
当該行為は「行使」に当たる

06 ☐☐☐　私人Aは、**虚偽の内容を記載した証明願を町役場の担当係員Bに提出**し、情を知らないBをして町長名義の**虚偽の証明書を作成させた**。この場合、Aには、虚偽公文書作成罪の**間接正犯**が成立する。
➡**2** ▷4　×
公正証書原本不実記載罪が成立

1 文書の意義等 ランク B

文書の意義	原本のほか、**コピー機等により機械的に作成された写し**も「文書」に含まれる（最判昭 51. 4. 30）

類型	有形偽造	作成権限のない者が他人名義の文書を作成すること ▶1
	無形偽造	名義人が内容虚偽の文書を作成すること

▶1 　代理名義の冒用、肩書の冒用は有形偽造である（最決昭 45. 9. 4、最決平 5.10. 5）。

2 文書偽造罪の類型 ランク B

	主 体	客 体	目 的	行 為
公文書偽造罪 (155) ▶2	作成権限を有する公務員以外の者	公文書等	行使の目的が必要（目的犯）	偽造又は変造
虚偽公文書作成罪（156）	文書の作成権限を有する公務員 ▶4 （真正身分犯）	虚偽公文書等	行使の目的が必要（目的犯）	虚偽の文書・図画の作成、変造
公正証書原本不実記載罪（157）	―	**権利義務に関する公正証書の原本等** （電磁的記録含む）	―	原本に不実記載をさせること
偽造公文書行使等罪（158） ▶3		154 条から 157条の偽造公文書等		行使又は供用
私文書偽造等罪（159）		他人の権利義務・事実証明に関する文書・図画	行使の目的が必要（目的犯）	偽造又は変造
虚偽診断書等作成罪（160）	医 師 （真正身分犯）	医師が公務所に提出すべき診断書等	―	虚偽の記載
偽造私文書等行使罪（161） ▶3	―	偽造私文書、虚偽記載診断書等	―	行 使

▶2 　公文書とは、名義人が公務員又は公務所でその職務上作成されたものをいう。

▶3 　「行使」とは、偽造・変造又は虚偽作成にかかる文書を、真正文書若しくは内容の真実な文書として**他人に認識させ、又は認識し得る状態に置く**ことをいう。本来の用法に従った使用に限られず、真正な文書として役立たせるために使用すればよい。

▶4 　**私人が公務員を利用して虚偽公文書を作成させても間接正犯は不成立**（公正証書原本不実記載罪が成立）。

一般的な意味の偽造が**有形偽造**に当たり、虚偽の内容の作成が**無形偽造**に当たるということです。作成権限のある者がその権限を濫用して文書を作成しても、有形偽造には当たりません。これはあくまで権限の範囲内の行為だからです。

01 □□□　警察官が、客観的にみて現行犯人と認めるに十分　→1❶「主体」　×
な理由がある挙動不審者を現行犯人として逮捕している
最中、被逮捕者の友人Aが、当該**警察官の顔を殴打**した
ところ、被逮捕者は、その後の裁判において、現行犯と
して逮捕された罪につき、犯人でなかったとして無罪判
決を受けた。この場合、Aに公務執行妨害罪は成立しない。

02 □□□　執行官が、その職務の執行として差押物を家屋か　→1❶ ▶1　×
ら運び出すにつき、**補助者として公務員でない者を指揮**
して運搬に当たらせていた際、差押物の所有者Aがその
補助者の顔面を殴打した場合、Aに公務執行妨害罪は成
立しない。

03 □□□　県議会委員長が県議会の特別委員会の**休憩を宣言**　→1❷「職務を執行」　○
して退出しようとした際に、県議会委員長に暴行を加え
た場合、公務執行妨害罪が成立する。

04 □□□　覚せい剤取締法違反の現行犯人を**逮捕した現場**で、　→1❷ ▶3　○
警察官が証拠品として適法に差し押さえ、整理中の覚せ
い剤注射液入アンプルを**警察官の面前で踏みつけて損壊**
すれば、**公務執行妨害罪**が成立する。

05 □□□　Aは、Bに殺人被疑事件の被疑者として**逮捕状が**　→2❶「構成要件」　×
発付されていることを知ったが、**犯人ではないものと信**　「罪を犯した者」
じ、Bに隠れ家を提供して同人をかくまった。その後、
Bは発見逮捕され、起訴されたところ、無罪判決が言い
渡され、確定した。この場合、Aには、犯人蔵匿罪は成
立しない。

06 □□□　罰金以上の刑にあたる罪の真犯人が既に逮捕・勾　→2❶「構成要件」　○
留されている段階で、**その者の身代わりとなる目的**で警　「隠避」
察に出頭して自分が真犯人である旨を申し述べた場合、
犯人隠避罪が成立する。

公務執行妨害罪における「職務を執行するに当たり」（95 I）には、現に執行
中の場合だけでなく、職務開始直前の執務や**密接な関連を有する待機状態**が含
まれます。そのため、県議会の特別委員会で委員長が**休憩する旨を宣言した後、**
退出しようとした際に暴行を加えた場合、委員長は休憩宣言後も委員会の秩序
を保持し、紛議に対処するための職務を現に執行していたと認められるため、
「職務を執行するに当たり」暴行を加えたといえます（最決平元.3.10）。

1 公務執行妨害罪

1 主体と客体

主 体	公務執行妨害罪の主体に制限はなく、公務員の職務執行行為の対象となっている者に限らず、それと無関係な第三者も含まれる
客 体	公務執行妨害罪の客体は「公務員」[1]であるが、保護法益は「日本の」公務の円滑な執行であるため、外国の公務員は含まれない

▶1　執行官が、その職務として差押物を家屋から運び出す際、補助者として公務員でない者を指揮して運搬に当たらせていた場合に、その補助者を殴打すれば、公務執行妨害罪が成立する（最判昭41. 3.24）。

2 実行行為

「職務を執行」している公務員に対する「暴行又は脅迫」である。

職務を執行 💬	適法なものであることを要する（大判大7. 5.14）[2]
暴行又は脅迫	①　公務員の職務執行を妨害できる程度のものでなければならないが、公務員の職務執行が現実に妨害されたことを要しない（最判昭33. 9.30）。 ②　「暴行」は、公務員に向けられた不法な有形力の行使であれば足りる（広義の暴行）。[3]

▶2　職務が適法性の要件を満たしているかどうかの判断は、行為当時の状況を基準として、裁判所が法令を解釈して客観的に行う（最決昭41. 4.14）。

▶3　必ずしも直接に公務員の身体に対して加えられる必要はなく、間接暴行（身体に物理的に感応する程度のもの）を含む（最判昭37. 1.23）。

2 犯人蔵匿及び証拠隠滅の罪

1 犯人蔵匿罪

意 義		罰金以上の刑に当たる罪を「犯した者」又は拘禁中に逃走した者を蔵匿し、又は「隠避」させた場合、犯人蔵匿罪が成立する
構成要件	罪を犯した者	犯人だけではなく、捜査中の者を含む
	隠 避	逃走のための資金や情報の提供、身代わり出頭も「隠避」に当たる
共犯関係		犯人が蔵匿等を他人に教唆した場合には、教唆犯が成立する
親族特例		犯人の親族が犯人の利益のために犯したときは、その刑を免除できる[4]

▶4　親族が他人を教唆して犯人蔵匿等を行わせたときは、この親族特例は適用されない（大判昭8.10.18）。

07 □□□　Aは、**美術館から絵画 10 点を一人で盗み出して**自宅に保管していたところ、警察がAを犯人として疑っていることを知り、自宅を捜索されることを恐れて、その絵画を全て切り刻んでトイレに流した。この場合、Aには、**証拠隠滅罪**が成立する。

➡ 2 2 「構成要件」「他人の刑事事件に関する証拠」　✕

08 □□□　Aは、友人Bが犯した殺人事件について、その**目撃者C**が警察に協力すれば、Bが逮捕されてしまうと考え、それを阻止するため、**Cに現金を与えて国外に渡航させ**、国外で 5 年間生活させた。この場合、Aには証拠隠滅罪が成立する。

➡ 2 2 「構成要件」「隠滅・偽造」　◯

09 □□□　Aは、自己が被告人となっている横領事件で**有利な判決を得る目的**で、裁判所に**証拠として提出するため**、事件とは関係のないBに対し、被害を弁償していないのに、**弁償金を受領した旨の被害者名義の領収書を作るように依頼**し、これを作成させた。この場合、Aには、証拠偽造罪の教唆犯が成立する。

➡ 2 2 「共犯関係」　◯

10 □□□　**賄賂**とは、公務員の職務に関する不正の報酬であるので、金銭の授受、飲食物の提供等の財物の提供に限られ、**異性間の情交**といった無形の利益は含まない。

➡ 3 1 「賄賂」　✕

11 □□□　公務員が一般的職務権限を異にする**他の職務に転じた後**に、前の職に**在職中に請託を受けて**職務上不法な行為をしたことに関し賄賂を収受した場合には、**事後収賄罪**が成立する。

➡ 3 1 「職務に関し」　▶ 5　✕

12 □□□　市長が、**任期満了の前**、現に市長としての一般的職務権限に属する事項に関し、再選された場合に担当すべき具体的職務の執行につき**請託を受けて賄賂を収受**した場合、**事前収賄罪**が成立する。

➡ 3 2 「事前収賄罪」受託収賄罪が成立する　✕

（受託）収賄罪の主体は公務員であり、**事前収賄罪の主体は公務員となろうとする者**であり、**事後収賄罪の主体は公務員であった者**です。試験対策上は、公務員が賄賂を収受していれば、（受託）収賄罪が成立すると押さえておけば足り、この考え方から問 11、問 12 を検討すれば簡単に答えが出るようになっています。

2 証拠隠滅罪

意　義		「他人の刑事事件に関する証拠」を「隠滅」又は「偽造」等をした場合、証拠隠滅罪が成立する
構成要件	他人の刑事事件に関する証拠	自己の刑事事件の証拠を隠滅しても、証拠隠滅罪は成立しない
	隠滅・偽造	証拠の隠滅：証人や参考人となるべき者を逃避させた場合もこれに当たる 証拠の偽造：他人の刑事事件に関し、被疑者以外の者が捜査機関から参考人として取調べを受けた際、虚偽の供述をし、その内容が調書に録取されても、それだけでは、「証拠の偽造」に当たらない
共犯関係		犯人が証拠の隠滅等を他人に教唆した場合には、教唆犯が成立する
親族特例		犯人の親族が犯人の利益のために犯したときは、その刑を免除できる

3 賄賂の罪

ランク **B**

1 賄賂の罪のポイント

賄　賂	公務員の職務行為に関する**不正の報酬としての一切の利益**をいう。異性間の情交など、人の欲望を満たす一切の利益が含まれる
職務 ▶5 に関し	その公務員の一般的・抽象的職務権限に属するものであれば足り、具体的職務権限は不要である（最決昭 61.6.27）

▶5 「職務」は現在の職務に限られない。よって、公務員が一般的職務権限を異にする他の職務に転じた後、前の職務に関し賄賂を収受した場合でも、事後収賄罪でなく、収賄罪が成立する。

2 全体図 💬

	主　体	職務に関し	請　託	不正行為
単純収賄罪 （197 Ⅰ前段）	公務員	○	×	×
受託収賄罪 （197 Ⅰ後段）	公務員	○	○	×
事前収賄罪 （197 Ⅱ）	公務員になろうとする者	○	○	×
第三者供賄罪 （197の2）	公務員	○	○	×
加重収賄罪 （197の3Ⅰ、Ⅱ）	公務員	○	△（Ⅰ） ×（Ⅱ）	○
事後収賄罪 （197の3Ⅲ）	公務員であった者	○	○	○ 不正後収賄
あっせん収賄罪 （197の4）	公務員	×	○	○ 不正行為のあっせん

Q 他人の財物の占有を侵害した者には窃盗罪が成立するとされていますが、他人の不動産の占有を侵害した場合には、何罪が成立するのでしょうか?

A 他人の不動産を侵奪した場合には、**不動産侵奪罪**が成立します(235の2)。ここでいう「侵奪」とは、不動産についての他人の占有を排除し、自己又は第三者の占有を設定することです。そのため、他人所有の畑に囲いを設置して野菜を栽培する行為は侵奪に当たりますが、不動産の賃貸借期間終了後に、賃借人が賃貸人の立ち退き要求に応じずに居座っているだけでは侵奪に当たりません。

Q 窃盗罪における「占有」と民法上の「占有」の違いは何でしょうか?

A 窃盗罪において客体とされる他人の財物とは、他人が占有する財物をいいますが、ここでいう「占有」とは、財物に対する**事実上の支配**を意味します(大判大4.3.18)。このように、窃盗罪における「占有」は、民法上の占有よりも現実的であるといえます。
例えば、電車内でAの隣に座っていたBが、座席に携帯電話を置き忘れたまま立ち上がり、次の駅で降車しようとしてドアの方に向かった後、Aが自己のカバンにBの携帯電話を入れたところ、まもなくBが携帯電話を置き忘れたことに気づいて座席に戻ってきたという場合には、携帯電話に未だBの占有(事実上の支配)が認められるため、Aには窃盗罪が成立します。

Q 横領罪と背任罪の違いは何でしょうか?

A **横領罪**とは、自己の占有する他人の財物を領得する犯罪です。これに対し、**背任罪**とは、他人のためにその事務を処理する者が、自己若しくは第三者の利益を図り、又は本人に損害を加える目的で、その任務に背く行為をする犯罪です。
判例は、**本人(他人)の名義かつ計算**で行われた場合には、本人(他人)の事務処理であるから背任罪が成立するが、**行為者の自己名義又は計算**で行われた場合には、領得行為であるため、横領罪が成立するとしています(最判昭33.10.10)。
例えば、Aが、個人的な債務の弁済のため、自己が代表取締役をしている会社名義で債権者B宛の約束手形を振り出し、Bに交付した場合には、背任罪が成立します(横領罪は成立しない)。

第Ⅲ部
民事訴訟法

第1編
訴えの提起及び審理

●体系MAP

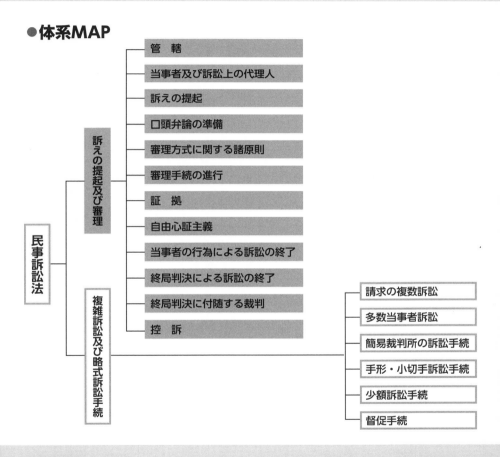

01 □□□　所有権に基づいて時価100万円の自動車の引渡しを請求することに併せて、その執行不能の場合における**履行に代わる損害賠償として**その時価相当額の支払を請求する訴えは、簡易裁判所の事物管轄に属する。

➡1**1**「事件の配分」　○

02 □□□　**財産権上の訴え**は、義務履行地を管轄する裁判所に提起することができる。

➡1**2ᵇ**「特別裁判籍」①　○

03 □□□　**手形による金銭の支払の請求を目的とする訴え**は、手形の**振出地**を管轄する裁判所に提起することができる。

➡1**2ᵇ**「特別裁判籍」②　×
手形の支払地

04 □□□　**日本に住所のない者に対する財産権上の訴え**は、差し押さえることができる被告の財産の所在地の裁判所に提起することができる。

➡1**2ᵇ**「特別裁判籍」③　○

05 □□□　**交通事故に基づく金銭による損害賠償請求の訴え**は、（①被告の住所地、②原告の住所地、③不法行為があった地）を管轄する裁判所に提起することができる。

➡1**2ᵇ**「原則」「特別裁判籍」①⑤　　①
②：持参債務の原則（民484Ⅰ）より、原告の所在地が義務履行地であるため、管轄裁判所となり得る　②③

06 □□□　**不動産に関する訴え**は、不動産の所在地を管轄する裁判所に提起することができる。

➡1**2ᵇ**「特別裁判籍」⑥　○

07 □□□　**登記に関する訴え**は、登記をすべき地を管轄する裁判所に提起することができる。

➡1**2ᵇ**「特別裁判籍」⑦　○

08 □□□　**相続に関する訴え**は、相続開始の時における被相続人の普通裁判籍の所在地を管轄する裁判所に提起することができる。

➡1**2ᵇ**「特別裁判籍」⑧　○

　1つの訴えで数個の請求をする場合、原則として、その価額を合算したものが目的の価額（訴額）となりますが（9Ⅰ本）、その訴えで**主張する利益が各請求について共通**である場合には、この限りではありません（9Ⅰ但）。例えば、所有権に基づく時価100万円の自動車の引渡請求に併せて、その執行不能の場合に備えた履行に代わる損害賠償として、時価相当額の支払いの請求の訴えを提起する場合には、簡易裁判所の管轄となります。

1 事物管轄・土地管轄

1 事物管轄

意　義	第一審裁判所を、地方裁判所と簡易裁判所のいずれとするかの定め
事件の配分	訴額が 140 万円を超えない請求：簡易裁判所が管轄権を有する（裁判 33 Ⅰ ①） 訴額が 140 万円を超える請求：地方裁判所が管轄権を有する（裁判 24 ①）

2 土地管轄

a 意　義

　所在地を異にする同種の裁判所間での権限の分配を、事件と土地との関係によって決める定めをいう。この土地管轄を決定する地点である裁判籍には、普通裁判籍と特別裁判籍とがあり、両者は競合するので、原告はそのいずれかを選択することができる。

普通裁判籍
一般的に認められる管轄

＋

特別裁判籍
事件の内容・性質に応じて認められる管轄

b 裁判籍（民訴 4 条、5 条）

原　則		被告の普通裁判籍 [1] の所在地を管轄する裁判所	
特別裁判籍（代表的なもの）	①	財産権上の訴え	義務履行地
	②	手形又は小切手による金銭の支払請求の訴え	手形・小切手の支払地
	③	日本国内に住所がない者又は住所が知れない者に対する財産権上の訴え	請求若しくはその担保の目的又は差し押さえることができる被告の財産の所在地
	④	事務所又は営業所を有する者に対する訴えでその事務所又は営業所における業務に関するもの	当該事務所又は営業所の所在地
	⑤	不法行為に関する訴え	不法行為があった地
	⑥	不動産に関する訴え	不動産の所在地
	⑦	登記又は登録に関する訴え	登記又は登録をすべき地
	⑧	相続権若しくは遺留分に関する訴え又は遺贈その他死亡によって効力を生ずべき行為に関する訴え	相続開始の時における被相続人の普通裁判籍の所在地

▶1　自然人の場合は、原則として住所により定まり（4 Ⅱ）、法人その他の団体の場合、主たる事務所又は営業所の所在地により定まる（4 Ⅳ）。

09 □□□　当事者が第一審の管轄裁判所を簡易裁判所とする旨の合意をした場合には、法令に専属管轄の定めがあるときを除き、訴えを提起した際にその**目的の価額が140万円を超える場合であっても、その合意は効力を有する。**

→ 2**1**「要件」①　○

10 □□□　管轄に関する合意は、**書面でしなければ効力を生じない。**

→ 2**1**「要件」③　○

11 □□□　住宅の販売会社Ａと買主Ｂとの売買契約書には、同契約に基づく一切の訴訟の第一審裁判所は、Ａ会社の本店所在地にある**甲地方裁判所のみとする旨の約定**（以下「本件管轄の合意」という）がある。ＢはＡから買い受けた住宅に契約の不適合があるとして、上記の売買契約を解除したうえ、既に支払った代金の返還を求める訴えをＢの住所地にある乙地方裁判所に提起した。上記の事例に関する次の記述のうち、正しいものはどれか。
　①　この場合において、Ａが**管轄違いの抗弁を提出しないで応訴**したときは、乙地方裁判所は管轄権を有する。
　②　この場合には、本件管轄の合意は、Ｂの**契約解除の意思表示により失効**したことになる。

→　①：2**2**「意義」　①
　②：2**1** ▶2

12 □□□　（①専属的合意の管轄、②専属管轄）の違背は、**控訴の理由**となる。

→ 2**3** cf.　②

13 □□□　裁判所は、管轄違いによる移送の裁判をするには、**職権**で証拠調べをすることができる。

→ 2**4**「管轄の調査」　○

14 □□□　被告の住所地を管轄する裁判所に**訴えが提起された後**、被告に対する訴状の送達前に、被告が住所地を当該裁判所の管轄区域外に移した場合には、当該裁判所は、被告の新しい住所地を管轄する裁判所に当該訴訟を移送しなければならない。

→ 2**4**「管轄を定める基準時」　×
管轄は訴え提起時に定まり、以降は動かない

応訴管轄が認められるのは、管轄違いの訴えの提起に被告が異議なく応訴するのであれば、管轄を合意したのと同様の結果になり、管轄違いの裁判所にも管轄権を認めるべきだからです。

2 合意管轄・応訴管轄等

1 合意管轄

意 義	当事者の合意 ▶2 によって生じる管轄（11）
要 件	① 第一審の管轄裁判所（事物管轄又は土地管轄）の合意であること（11 Ⅰ） ② 一定の法律関係に基づく訴えであること（11 Ⅱ）▶3 ③ 書面によること（11 Ⅱ） ④ 専属管轄の定めがないこと（13 Ⅰ）
合意の態様	専属的合意：特定の裁判所だけを管轄裁判所とする合意 付加的合意：事物管轄や土地管轄の他に、更に管轄裁判所を付け加える合意

▶2 管轄の合意は、法定管轄の変更という訴訟法上の効果をもたらす点で**私法上の契約**とは別個の訴訟契約である。

▶3 ①甲乙間のＡ家屋の賃貸借契約に基づくすべての訴訟、②特定の売買に関する訴訟など。しかし、甲乙間に将来発生するすべての訴訟とする定めは認められない。

2 応訴管轄

意 義	原告が管轄権のない第一審裁判所に訴えを提起した場合において、被告が管轄違いの抗弁を提出しないで応訴したときに生じる管轄（12）
要 件	① 原告が管轄権のない第一審裁判所に訴えを提起したこと ② 被告が管轄違いの抗弁を提出しないで、**本案**について弁論をし、又は弁論準備手続において申述をしたこと ③ 専属管轄の定めがないこと

3 専属管轄

意 義	特定の裁判所のみに管轄権があり、それ以外の裁判所の管轄を一切排除する管轄 ex. 再審の訴え（340）、会社法上の訴え（会835）など、明文の規定のある場合のみ
効 果	他の一般規定による管轄は生じず（民訴13 Ⅰ）、裁判所も訴訟を移送できない（20 Ⅰ）

cf.【任意管轄との比較】

	控訴・上告理由	再審事由
専属管轄違反	○（299 Ⅰ但、312 Ⅱ③）	×（338）
任意管轄違反	×（299、312）	×（338）

4 管轄に関するその他の論点

管轄の調査	裁判所は、職権で証拠調べをすることができる（14）
管轄を定める基準時	訴え提起時（15）

15 ☐☐☐　裁判所は、その管轄に属する訴訟について著しい**遅滞を避けるため必要があると認めるとき**は、その専属管轄に属するものを除き、訴訟を他の管轄裁判所に移送することができる。

➡3**1**②　〇

16 ☐☐☐　**地方裁判所**は、訴訟が管轄区域内の簡易裁判所の管轄に属する場合においても、相当と認めるときは、専属管轄の定めがある場合を除き、**自ら審理及び裁判**をすることができる。

➡3**1** ▶5　〇

17 ☐☐☐　簡易裁判所は、その管轄に属する訴訟につき、当事者がその所在地を管轄する**地方裁判所への移送**を申し立て、相手方がこれに同意したときは、移送により著しく訴訟手続を遅滞させることとなる場合を除き、被告が本案について弁論をした後であっても、訴訟の全部又は一部を申立てに係る地方裁判所に移送しなければならない。

➡3**1**④ ▶6　〇

18 ☐☐☐　簡易裁判所は、その管轄に属する**不動産に関する訴訟**につき被告の申立てがあるときは、その申立ての前に被告が本案について弁論をした場合を除き、その訴訟の全部又は一部をその所在地を管轄する地方裁判所に移送（①することができる、②しなければならない）。

➡3**1**⑤「必要的か」　②

19 ☐☐☐　簡易裁判所に係属している訴訟の被告が、**反訴で地方裁判所の管轄に属する請求をした場合**において、相手方の申立てがあるときは、簡易裁判所は、決定で本訴及び反訴を地方裁判所に移送（①することができる、②しなければならない）。

➡3**1**⑥「必要的か」　②

20 ☐☐☐　移送の決定及び移送の申立てを却下した決定に対しては**即時抗告**をすることができるが、その即時抗告は、裁判の告知を受けた日から**1週間**の不変期間内にしなければならない。

➡3**2**「不服申立て」「原則」　〇
即時抗告は1週間の
不変期間内にする

21 ☐☐☐　移送を受けた裁判所は、更に事件を他の裁判所に移送することはできないが、移送を受けた事由とは**別個の事由**によって**再移送**することはできる。

➡3**2** 🗨　〇

移送を受けた裁判所は、更に事件を他の裁判所に移送することができません（22Ⅱ）。これは事件のたらい回しを防止する趣旨ですが、1回目の移送とは**別の理由で移送**することは可能です（東京高決昭47.10.25）。

3 訴訟の移送

1 移送の要件等 ▶4

	要 件	移送の態様	必要的か
①管轄違い (16 Ⅰ) ▶5	・管轄違い ・当事者の申立て又は職権	管轄権を有しない裁判所から管轄権を有する裁判所へ	必要的
②遅滞を避けるための移送 (17)	・訴訟の著しい遅滞を避け又は当事者間の衡平を図るため ・当事者の申立て又は職権	管轄権を有する裁判所から他の管轄権を有する裁判所へ	任意的
③簡裁の裁量移送 (18)	・相当と認めること ・当事者の申立て又は職権	簡易裁判所から簡易裁判所の所在地を管轄する地方裁判所へ	任意的
④必要的移送 (19 Ⅰ)	・当事者の申立て ・相手方の同意 ・その他 ▶6	申立てにおいて指定された地方裁判所又は簡易裁判所へ	必要的
⑤不動産に関する訴訟の移送 (19 Ⅱ)	・不動産に関する訴訟 ・被告の申立て ・被告の申立ての前に被告が弁論をしていないこと	簡易裁判所から簡易裁判所の所在地を管轄する地方裁判所へ	**必要的**
⑥反訴提起に基づく移送 (274 Ⅰ)	本訴が簡易裁判所に係属することを前提として、 ・被告が反訴で地方裁判所の管轄に属する請求をしたこと ・反訴被告の申立て	本訴係属中の簡易裁判所から簡易裁判所の所在地を管轄する地方裁判所へ	**必要的**

▶4　17条から19条の規定は、訴訟がその係属する裁判所の専属管轄に属する場合は適用しない（20 Ⅰ）。

▶5　地方裁判所は、訴訟がその管轄区域内の簡易裁判所の管轄に属する場合においても、それが簡易裁判所の専属管轄に属するときを除き、相当と認めるときは、申立てにより又は職権で、訴訟の全部又は一部について**自ら審理及び裁判**をすることができる（16 Ⅱ）。

▶6　①移送により著しく訴訟手続を遅滞させることとならないこと、②移送の申立てが、**簡易裁判所からその所在地を管轄する地方裁判所への移送の申立て以外のもの**であって、被告が本案について弁論をし、若しくは弁論準備手続において申述をした後にされたものであるときでないことが必要である（19 Ⅰ但）。

2 移送の決定

不服申立て	原 則	即時抗告をすることができる（21）
	例 外	274条1項による移送に対しては、不服申立てはできない（274 Ⅱ）
効 果		訴訟は、初めから移送を受けた裁判所に係属していたものとみなされる（22 Ⅲ）

01 □□□　**法人格のない社団**は、その名において原告となり、又は被告となることができない。

→1**1**「当事者能力を有する者」
代表者等の定めがあれば可能
×

02 □□□　共同相続人のうち自己の**相続分の全部を他の共同相続人に対し譲渡**した者は、遺産確認の訴えの当事者適格を有しない。

→1**1** 💬**❶**
○

03 □□□　**権利能力のない社団**Xの構成員全員に総有的に帰属する不動産につき、当該不動産の所有権の登記名義人が第三者である場合には、Xは、その**代表者Yの個人名義への所有権移転登記手続請求訴訟の原告適格**を有さず、Yのみが当該訴訟の原告適格を有する。

→1**1** 💬**❷**
×

04 □□□　訴訟代理権を欠く者がした訴訟行為を当事者が追認したときは、当該訴訟行為は、その**追認の時から**その効力を生ずる。

→1**2ⓐ**「訴訟能力の欠缺」「対応」「当事者」
×

05 □□□　未成年者は、**親権者の同意を得た場合**であっても、自ら訴訟行為をすることはできない。

→1**2ⓑ**「未成年者・成年被後見人」「原則」
○

06 □□□　**未成年者**は、（①法定代理人から目的を定めて処分を許された財産に関する訴訟、②許可された営業に関する訴訟）については、**自ら訴訟行為**をすることができる。

→1**2ⓑ**「未成年者・成年被後見人」「例外」
②

07 □□□　**被保佐人**が、（①自ら訴えを提起して訴訟行為をする、②相手方が提起した訴えについて訴訟行為をする）には、**保佐人の同意**を要する。

→1**2ⓑ**「被保佐人・被補助人」「原則」「例外」
①

08 □□□　**成年後見人がいない成年被後見人**に対しては、成年後見人が選任されるまでは、訴えを提起することができない。

→1**2ⓑ** ▶1
×

当事者能力と混同しがちな用語として、**当事者適格**があります。当事者適格とは、民事訴訟の当事者として具体的な訴訟手続を追行するために必要な資格のことです。**当事者能力**は一般的な立場で訴訟の当事者となる能力があるかの問題ですが、**当事者適格**は具体的な訴訟の事件において正当な当事者となれるかの問題です。ここでは当事者適格に関する判例を紹介します。

❶　共同相続人のうち、**自己の相続分の全部を他の共同相続人に譲渡した者**は、遺産確認の訴えの当事者適格を有しない（最判平 26. 2.14）。

❷　**権利能力なき社団**は、構成員全員に総有的に帰属する不動産について、その所有権の登記名義人に対し、その社団の代表者の個人名義に所有権移転登記手続をすることを求める訴訟の当事者適格を有する（最判平 26. 2.27）。

1 当事者能力 💬

意　義	民事訴訟の当事者となることのできる**一般的な資格**（28　訴訟要件の一つ）
当事者能力を有する者	・実体法上の権利能力者（28） ・法人でない社団・財団（**代表者・管理人の定めがあるもの**）（29）

2 訴訟能力

ⓐ 意義と訴訟能力の欠缺

意　義		自ら単独で有効に訴訟行為をし、また、裁判所及び相手方の訴訟行為を受けることのできる能力
訴訟能力の欠缺	効果	訴訟能力を欠く者又は制限される者がした訴訟行為、及び相手方から受けた訴訟行為は、当然に**無効**である
	対応	裁判所	一定の期間を定めて補正を命じなければならない（補正命令　34Ⅰ前）
		当事者	法定代理人又は能力を取得・回復するに至った本人による追認 →　行為の時に遡って有効となる（34Ⅱ）

ⓑ 訴訟能力の有無

行為能力者		訴訟能力あり（28前）
未成年者・成年被後見人	原則	訴訟能力なし（31本）→　法定代理人が訴訟行為を行う ▶1
	例外	**未成年者**については以下の場合は訴訟能力が認められる（31但） ・**営業の許可**を受けた場合（民6Ⅰ）
被保佐人・被補助人 ▶2	原則	保佐人・補助人の同意又は家庭裁判所の許可が必要 （32Ⅰ　反対解釈、民13Ⅰ④、Ⅲ、17Ⅰ、Ⅲ）
	例外	以下の場合には、保佐人・補助人の同意は不要（民訴32Ⅰ） ・被保佐人・被補助人が**応訴**する場合 ・被保佐人・被補助人が必要的共同訴訟人の一人であり、他の共同訴訟人が上訴した場合において、被保佐人・被補助人が上訴審で訴訟行為をする場合（40Ⅳ・32Ⅰ）

▶1　未成年者又は成年被後見人に**法定代理人**がいない場合、訴訟の遅滞で損害を受けるおそれがある者は、訴えを受けた裁判所の裁判長に**特別代理人の選任**を申し立てることにより、その特別代理人に対して訴訟行為をすることができる（35Ⅰ）。

▶2　訴訟行為をすることについて、補助人の同意を要するとされた場合に限る。

09 □□□ （①訴訟代理権、②法定代理権）の証明は、**書面で**することを要する。　→ 2 2 「代理権の証明」　① ②

10 □□□ 送達は、（①訴訟代理人が数人ある場合、②法定代理人が数人ある場合）でも、**その一人**にすれば足りる。　→ 2 2 「送達」＊　① ②

11 □□□ （①当事者が訴訟代理人を解任したことによる、②当事者である未成年者が成年に達したことによる）代理権の消滅は、本人又は訴訟代理人から**相手方に通知**しなければ、訴訟上その効力を生じない。　→ 2 2 「代理権の消滅」「効力発生要件」 ②　① ②

12 □□□ （①法定代理権、②訴訟代理権）は**本人の死亡**により消滅しない。　→ 2 2 「代理権の消滅」「本人の死亡」　②

13 □□□ （①法定代理権、②訴訟代理権）は**本人の破産手続開始決定**により消滅しない。　→ 2 2 「代理権の消滅」「本人の破産手続開始の決定」　①

14 □□□ **簡易裁判所**においては、裁判所の許可を得れば、弁護士又は認定司法書士以外の者も訴訟代理人となることができる。　→ 3 1 「簡裁」「例外」　○

15 □□□ **弁護士でない訴訟代理人**に事件を委任した当事者は、その事件についての強制執行に関する**権限を制限**することができる。　→ 3 1 ▶ 4　○

2 訴訟上の代理人

 ランク B

1 全体像

訴訟上の代理人
- 法定代理人：本人の意思に基づかない場合
  - ① 実体法上の法定代理人
  - ② 訴訟法上の特別代理人 (35、236)
  - ③ 法人の代表者 (37 **法定代理人に準じる**)
- 任意代理人：本人の意思に基づく場合
  - ① 法令上の訴訟代理人 (ex. 支配人　商21Ⅰ、会11Ⅰ)
  - ② **訴訟委任に基づく訴訟代理人** (民訴54)

2 法定代理人と訴訟代理人の比較

○：消滅する　×：しない

		法定代理人	訴訟委任に基づく訴訟代理人
代理権の証明		書面で行う (規15、23Ⅰ)	
送達		法定代理人 (民訴102Ⅰ) ＊ 数人いる場合は1人にすれば足りる (102Ⅱ)	訴訟代理人 ＊ 数人いる場合は各自当事者を代理する (56Ⅰ)
代理権の消滅	効力発生要件	① 代理権消滅事由が発生すること ② 相手方に通知すること (36Ⅰ、59) ▶3	
	本人の死亡	○ (民111Ⅰ①)	× (民訴58Ⅰ①)
	本人の破産手続開始の決定	× (民111Ⅰ②参照)	○ (民653②)

▶3　相手方の知・不知にかかわらない (大判昭16.4.5)。

3 訴訟委任に基づく訴訟代理人

ランク A

1 訴訟委任に基づく訴訟代理人となり得る資格 (54条)

簡裁以外		弁護士（弁護士代理の原則）
簡裁	原則	弁護士、認定司法書士（訴額が140万円以下の場合　司書3Ⅰ⑥イ）▶4
	例外	裁判所の許可を得て、弁護士でない者を訴訟代理人とすることができる ▶4

▶4　弁護士でない訴訟代理人の訴訟代理権の範囲は制限することができる (民訴55Ⅲ但)。

16 □□□ 訴訟代理人は、**特別の委任**がなくても、（①反訴の提起、②相手方が提起した反訴に対する応訴）をすることができる。

→ 3 **2** ① ②

②

17 □□□ 訴訟代理人が、（①控訴、②控訴に対する応訴）をするためには、**特別の委任**を受けることを要する。

→ 3 **2** ① ②

①
②

18 □□□ 訴訟代理人は、**特別の委任**を受けなくても、（①執行文の付与の申立て、②弁済の受領）をすることができる。

→ 3 **2** ③ ⑤
執行文付与の申立ては強制執行に関する訴訟行為

①
②

19 □□□ 訴訟代理人が、（①訴えの取下げ、②訴訟上の和解）をするためには、**特別の委任**を受けることを要する。

→ 3 **2** ④

①
②

20 □□□ 訴訟代理人は委任を受けた事件について**特別の委任**を受けなくても、**復代理人の選任**をすることができる。

→ 3 **2** ⑤

×

21 □□□ 当事者が数人の訴訟代理人を選任した場合において、訴訟代理人の全員が**共同で代理権を行使すべき旨を定めた**ときは、一部の訴訟代理人が**単独でした訴訟行為は、その効力を生じない**。

→ 3 **3** 「個別代理の原則」
各自が当事者を代理し、これと異なる定めは効力を生じない

×

22 □□□ **訴訟代理人がした裁判上の自白**について、当事者本人がこれを**直ちに取り消した**ときは、裁判上の自白としての効力は生じない。

→ 3 **3** 「更正権」、▶5

○

2 訴訟代理権の範囲 (55条)

○：特別の委任が必要　×：不要

	類　型	訴訟行為	要否
①	訴訟開始に近い行為	反訴の提起	○
		控訴・上告の提起	○
②	応訴行為	反訴に対する応訴	×
		相手方の上訴に対する応訴 （最判昭23.12.24）	○
		第三者による訴訟参加に対する応訴・防御	×
③	実体上の権利行使	弁済の受領	×
		取消し、時効の援用、解除 （最判昭36.4.7）、相殺 （最判昭35.12.23）	×
④	訴訟終了につながる行為	訴えの取下げ、訴訟上の和解、請求の放棄・認諾、訴訟脱退	○
		控訴・上告の取下げ	○
		手形・小切手訴訟及び少額訴訟における判決に対する異議の取下げ、又はこれらの取下げの同意	○
⑤	その他	強制執行、仮差押え及び仮処分に関する訴訟行為	×
		代理人（復代理人）の選任	○

3 その他

個別代理の原則 (56 I)		訴訟代理人が数人あるときは、各代理人がそれぞれ単独で当事者を代理する
更正権 (57)	対　象	訴訟代理人の「事実に関する陳述」 ▶5
	効　果	当事者が直ちに取り消し、又は更正したときは、その効力を生じない

▶5　ex. 訴訟代理人がした裁判上の自白など。

反訴に対する応訴は、反訴が本訴と共に審理され、それに応訴することは当事者本人の意思や利益に合致するため、特別の委任は不要とされているのです。

第2章　当事者及び訴訟上の代理人 | 137

01 □□□　給付の訴えにおいて主張される**給付請求権**には、金銭の支払や物の引渡しを目的とするもののほか、**作為又は不作為を目的とするもの**も含まれる。　→ **1** **1**「意義」参照　○

02 □□□　**給付の訴えを認容**する判決が確定すると、給付義務が存在するという判断に**既判力**が生じる。　→ **1** **1**「既判力」「認容」　○

03 □□□　**給付の訴えを却下**する判決が確定すると、**給付義務が存在しない**という判断に**既判力**が生じる。　→ **1** **1**「既判力」「却下」　×
訴訟要件の不存在に既判力が生じる

04 □□□　**境界確定の訴え**においては、裁判所は当事者の自白に拘束されない。　→ **1** **2**「制限」「弁論主義」　○

05 □□□　**A所有の土地とこれに隣接するB及びCの共有の土地との境に争いがあったため、Aから境界確定訴訟が提起された場合において、仮に本来の境界線がAの主張するとおりであっても、B及びCはA所有の土地の一部を**時効取得**したから、現在の境界線はB及びCが主張するとおりである旨の**抗弁がBから主張された場合**には、裁判所は、この主張の当否を判断するために証拠調べを行わなければならない。　→ **1** **2**「取得時効の主張」　×

06 □□□　**境界確定訴訟**においては、判決主文において、係争地相互の境界を示せば足り、その土地の**所有者が誰であるか**を示す必要はない。　→ **1** **2**「判決主文」　○

境界確定訴訟のポイントは、**公法上の境界線の確定**にあります。境界線は行政区画の線引きになったり、公法上の役割を果たすので、当事者の裁量により境界線を確定させるというわけにはいきません。そのため、処分権主義が制限されたり、弁論主義が排除されたりするのです。

1 訴えの種類

1 基本類型

		給付の訴え	確認の訴え	形成の訴え
意義		給付請求権を主張し、給付判決を求める訴え ▶1	特定の権利、法律関係の存否を主張し、その確認判決を求める訴え	形成要件の存在に基づく権利変動を主張し、権利変動を宣言する形成判決を求める訴え
既判力	認容	給付義務の存在	確認対象の存在	形成要件の存在
	棄却	給付義務の不存在	確認対象の不存在	形成要件の不存在
	却下	却下事由とされた訴訟要件の不存在		
その他の効力		執行力	―	形成力

▶1 口頭弁論終結時よりも後に現実化すべき給付請求権を主張する「将来給付の訴え」も、あらかじめその請求をする必要がある場合に限り可能である（135）。

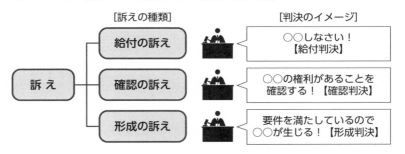

[訴えの種類]　　　　　　　　　[判決のイメージ]

訴え ┬ 給付の訴え → ○○しなさい！【給付判決】
　　　├ 確認の訴え → ○○の権利があることを確認する！【確認判決】
　　　└ 形成の訴え → 要件を満たしているので○○が生じる！【形成判決】

2 境界確定訴訟の特殊性

訴訟形態		形式的形成訴訟
制限	弁論主義	・裁判上の自白の拘束力が生じない ・当事者間で境界につき合意が成立しても、裁判所は、合意と異なる境界線を認定できる（最判昭42.12.26）
	処分権主義	・原告は、特定の境界線を示して訴えを提起する必要がない ・原告が特定の境界線を示しても、裁判所は、それに拘束されない ・請求の認諾や訴訟上の和解の余地もない（大連判大12.6.2） ・控訴審は、第一審の定めた境界線に拘束されない（不利益変更禁止原則の不適用　最判昭38.10.15）
取得時効の主張		当事者の取得時効の主張を採り上げる必要はなく、そのための証拠調べも必要でない（最判昭43.2.22）
判決主文		判決主文には境界確定を表示すればよく、**所有者の表示は必要でない**（最判昭37.10.30）

07 □□□　訴えの提起は、**訴状を裁判所に提出して行わなけ**ればならない。　→ 2**1**「方法」「例外」　×

08 □□□　**請求の趣旨及び原因**として「原告は被告に対し金100万円の支払請求権を有している。よって、その支払を求める。」との記載がされた訴状が裁判所に提出された場合において、裁判長は、原告に補正すべき旨の命令をする。　→ 2**1**「必要的記載事項」③参照　○　請求原因事実の記載がされていない

09 □□□　**訴状に貼る印紙に不足がある場合**においては、裁判長は、この補正を命じ、これに従わないときは（①訴え、②訴状）を却下しなければならない。　→ 2**2**「不備」「あり」　②

10 □□□　訴えの提起があった場合には、（①裁判所、②裁判長）は、**口頭弁論期日を指定**し、当事者を呼び出さなければならない。　→ 2**2**「不備」「なし」　②

11 □□□　訴えの提起があったときは、裁判長は、口頭弁論の期日を指定し、**呼出状を当事者に送達**して呼び出さなければならない。　→ 2**2**　×

12 □□□　訴えによる**時効の完成猶予**の効力は、（①訴えを提起した時、②被告に訴状が送達された時）に生じる。　→ 3**1**「実体法上」147条参照　①

13 □□□　AがBに対して土地の所有権の確認訴訟を提起した場合に、Bがその土地は自己の所有であると主張してAに対して所有権確認の**反訴**を提起することは、許されない。　→ 3**2** ▷3　×

期日の呼出しは、①呼出状の送達のほか、②その事件について出頭した者に対する期日の告知、③**その他相当な方法**（ex. 電話、ファックス）によって行います（94Ⅰ）。①の方法以外にも呼出しの方法が用意されていることに注意しておきましょう。

2 訴えの提起行為

ランク B

1 訴状の提出

方法	原則	一定の事項を記載した訴状を裁判所に提出してしなければならない (133 I)
	例外	簡易裁判所では、口頭による訴えの提起も認められている (271、273)
必要的記載事項		① 当事者及び法定代理人 ② 請求の趣旨（← 請求認容判決の主文に対応する） ③ 請求の原因 ▶2

▶2　例えば、金銭支払請求訴訟では、請求権発生原因事実である、①売買契約があった事実、②金銭消費貸借契約があった事実などを記載する。

2 訴状の審査

審査対象		① 訴状の必要的記載事項の具備　② 所定の印紙の貼用の有無
不備	あり	相当の期間を定めて補正命令を発する (137 I) →　期間内に補正されなければ、裁判長は、命令により訴状を却下する (137 II)
	なし	① 訴状が、被告に送達される (138 I) ② 裁判長は、口頭弁論期日を指定して、当事者双方を呼び出す (139)

3 訴え提起の効果

ランク A

1 総　説

実体法上	時効の完成猶予 (民 147 I①)、悪意の占有の擬制 (民 189 II) 等
訴訟法上	二重起訴の禁止 (民訴 142)、訴訟参加 (42、47 I、52 I)、訴訟告知 (53 I)、訴えの変更 (143 I)、中間確認の訴え (145)、反訴 (146 I) 等が可能になる

2 二重起訴の禁止

意　義	裁判所に既に訴訟係属を生じている事件については、同一当事者間において、重ねて別訴での審理を求めることが許されないこと (142)
趣　旨	①応訴しなければならない相手方にとっては負担となり、②訴訟経済の要求にも反し、③同一紛争をめぐる複数の判決内容に矛盾抵触が生じるおそれがあるため、禁止されている
要　件	① 両訴の当事者が同一であること（→3） ② 審判対象が同一であること（→4） ▶3

▶3　ただし、訴えの変更 (143 I)、中間確認の訴え (145)、反訴 (146 I) の提起は、二重起訴の禁止に当たらない。

14 ☐☐☐　AがBに対して提起した不動産の所有権確認訴訟の係属中に、AがCに対し、同一の不動産に関して所有権確認の別訴を提起することは、二重起訴の禁止に反する。 → 3 **3** 2段目　✕

15 ☐☐☐　AがBに対し、**債権者代位権**に基づきCに代位して提起した貸金返還請求訴訟の係属中に、CがBに対し、同一の貸金債権に関して貸金返還請求の別訴を提起することは、二重起訴の禁止に反する。 → 3 **3** 3段目　〇

16 ☐☐☐　Aが、Bに対して有する 1,000 万円の貸金債権のうちの**一部の請求であることを明示**して、Bに対し、**200 万円**の支払を求める訴えを提起した場合において、当該訴訟の係属中にBがAに対して請負代金 2,000 万円の支払を求める別訴を提起したときは、当該別訴において、Aは、貸金債権の**残部である 800 万円**を自働債権として**相殺の抗弁**を主張することができる。 → 3 **4** 1段目　〇

17 ☐☐☐　AがBに対して提起した**貸金債務不存在確認訴訟**の係属中に、BがAに対し、同一の貸金債権に関して**貸金返還請求**の別訴を提起することは、二重起訴の禁止に反する。 → 3 **4** 2段目　〇

18 ☐☐☐　AがBに対して提起した**貸金返還請求訴訟**の係属中に、別訴において、Aが同一の貸金返還請求権を自働債権として**相殺の抗弁**を主張する場合にも、二重起訴の禁止の趣旨は妥当し、当該抗弁を主張することはできない。 → 3 **4** 4段目　〇

19 ☐☐☐　裁判所は、二重起訴の禁止に反する場合であっても、その旨の被告の**抗弁が主張されない限り**、訴えを却下することはできない。 → 3 **5**
職権調査事項であるため、被告の抗弁の主張は不要　✕

❸ 当事者の同一（要件①）　　　　　○：二重起訴に当たる　✕：当たらない

前　　訴	後　訴（別訴）	結　　論
X ──────▶ Y	Y ──────▶ X	○
X ──────▶ Y	X ──────▶ Z	✕
（原告） 債権者　X ＼ 　　　　　　（代位訴訟） 　　　　　　　　↘ 債務者　Y ╌╌╌▶ Z（被告）	Y ──────▶ Z 同一の権利について給付訴訟	○

❹ 審判対象の同一（要件②）　　　　　○：二重起訴に当たる　✕：当たらない

前　　訴	後　訴（別訴）	結　　論
X ──────▶ Y 一部請求であることを明示して、 可分債権の一部請求	X ──────▶ Y 同一債権の残部を自働債権とする 相殺の抗弁	✕ ▶4
X ──────▶ Y 債務不存在確認訴訟	Y ──────▶ X 同一債権についての給付の訴え	○
X ──────▶ Y 債権の給付訴訟	Y ──────▶ X 同一債権の債務不存在確認訴訟	○
X ──────▶ Y 貸金返還請求	X ──────▶ Y 同一債権を自働債権とする相殺の抗弁	○ ▶5

▶4　一部請求であることを明示しているため、債権の残部には前訴の既判力は及ばず、判決の矛盾抵触という問題は生じないため（最判昭37.8.10参照）。

▶5　相殺の抗弁の判断には既判力が生じるので（114Ⅱ）、その矛盾抵触のおそれがあるため、二重起訴の禁止を定めた142条が類推適用される（最判平3.12.17）。

❺ 二重起訴の禁止に当たる場合の効果

　二重起訴の禁止に当たらないことは訴訟要件であり、**職権調査事項**である。二重起訴に当たるときは、裁判所は、判決で**後訴を不適法として却下する**（大判昭11.7.21）。

金銭債権の一部明示請求の訴訟で敗訴した原告が**残部請求の訴えを提起**することは、特段の事情がない限り、**信義則に反して**許されません（最判平10.6.12）。この場合、既判力の観点から問題は生じないものの、被告にとって二重の応訴負担になるからです。

20 □□□ 債務者が債権者に対して提起した債務不存在確認 ➡4 **1** ① cf.　　〇
訴訟の係属中に、債権者からその**債務の履行を求める反
訴**が提起されたときは、**本訴である債務不存在確認の訴
え**は、確認の利益を欠くことになる。

21 □□□ 共同相続人間においては**定額郵便貯金債権**が現に ➡4 **1** ③「可」　〇
被相続人の**遺産に属することの確認を求める訴え**は、そ
の遺産に属することに争いがある限り、確認の利益があ
る。

22 □□□ **遺言者の生前における遺言の無効確認の訴え**は、➡4 **1** ③「不可」　✕
現在の法律関係の確認を求めるものとして適法である。

23 □□□ 特定の財産が民法第 903 条第 1 項のいわゆる**特別 ➡4 **1** ③「不可」　✕
受益財産に当たることの確認を求める訴え**は、特別受益
財産に当たるかどうかについて当事者間に争いがある限
り、確認の利益がある。

24 □□□ **給付の訴え**において主張される給付請求権は、口 ➡4 **2**「将来給付の
頭弁論終結時に**履行すべき状態**になければならない。　　　訴え」　　　　✕

25 □□□ Aは、Bに対して有する貸金債権について**執行証 ➡4 **2** 💬　　✕
書**を有している。この場合、AがBに対して提起した当
該貸金債権に係る貸金の返還を求める訴えは、訴えの利
益を欠くものとして、却下される。

既に執行力のある公正証書（**執行証書**　民執 22 ⑤）を有していても、訴えの
利益が認められます（大判大 7 . 1 .28）。執行証書には給付請求権の存在につ
き既判力（民訴 114）がなく、実体上の権利の存否をめぐって争われる可能性
があるところ、給付請求権の存在を、既判力をもって確定する必要があるか
らです。

4 訴えの利益

1 確認の訴えにおける訴えの利益

① 確認の訴えの対象は、自己の**現在**の権利又は法律関係の**積極的確認**であることを要する。

例 外	・遺言者死亡後の遺言無効確認の訴え（最判昭 47. 2.15） ・契約書や遺言状の成立の真否を確認する、証書真否確認の訴え（134） cf. 債務不存在確認訴訟が係属中、債権者から**債務の履行を求める反訴**が提起された場合には、**本訴である債務不存在確認訴訟**は、後発的に確認の利益を欠く（最判平 16. 3.25）

② **確認の訴え以外の法的手段**が用意されている場合には、原則として確認の利益が認められない。

例 外	所有権に基づく明渡請求についての給付の訴えが可能なときでも、所有権の確認を求めるように、給付請求権の基本となる権利の確認を求める利益が肯定される（最判昭 29.12.16、最判昭 33. 3.25）

③ 確認判決によって権利関係を**即時に確定する法律上の利益**ないし必要性がなければ、確認の利益は認められない。

可	・共同相続人間において、遺産分割の前提として、特定の財産が現に被相続人の遺産に属することの確認を求める訴え（最判昭 61. 3.13） ・共同相続人間において、定額郵便貯金債権が現に被相続人の遺産に属することの確認を求める訴え（最判平 22.10. 8）▶6
不 可	・**遺言者の生存中**に受遺者に対する遺言無効確認の訴え（最判昭 31.10. 4） ・特定財産が**特別受益財産であることの確認の訴え**（最判平 7. 3. 7）

▶6 定額郵便貯金債権は相続開始時に相続分に応じて分割されず、最終的な帰属は遺産分割の手続によるので、その前提問題として同債権が遺産に属するか否かを決する必要性が認められるからである。

2 給付の訴えにおける訴えの利益 💬

	同一請求	将来給付の訴え
原 則	前訴で勝訴判決を受けた者が同一の請求を繰り返す場合、後訴は、訴えの利益が認められない	将来の給付を求める訴えは、原則として訴えの利益が認められない
例 外	時効の更新等のために他に方法がない場合等、再度の訴えの必要性があれば、訴えの利益が認められる（大判昭 6.11.24）	あらかじめその請求をする必要があるときは、訴えの利益が**認められる**（135）

01 □□□ （①地方裁判所、②簡易裁判所）においては、口頭弁論は、**書面で**準備しなければならない。

➡1 **1** 「要否」
簡易裁判所では任意　　①

02 □□□ 相手方が**在廷していない口頭弁論**においては、**準備書面**のうち、相手方に送達されたもの又は相手方からその準備書面を受領した旨を記載した書面が提出されたものに**記載した事実**でなければ、主張することができない。

➡1 **1** 「効果」「提出」　○
①

03 □□□ **簡易裁判所**においては、相手方が準備をしなければ陳述をすることができない事項については、**準備書面の提出に代えて**、口頭弁論期日前に**直接相手方に通知**することもできる。

➡1 **1** ▶1　　　○

04 □□□ **予告通知**の書面には、提起しようとする訴えに係る請求の趣旨及び原因を記載する必要はなく、その訴えに係る**請求の要旨及び紛争の要点**を記載すればよい。

➡1 **2**　　　　　○

05 □□□ **訴えの提起前における照会**がされたにもかかわらず、正当な理由なくこれに回答しなかったときは、過料の制裁を受けることがある。

➡1 **2ⓐ**　　　×
制裁の規定はない

06 □□□ **訴え提起前の証拠収集処分**においては、裁判所は、文書の所持者に対して、**文書の提出**を命じることができる。

➡1 **2ⓑ**　　　×
①〜④の処分に限定

1 当事者主導の準備手続 ランク B

1 準備書面

意　義		口頭弁論において陳述しようとする事項を記載し、裁判所に提出する書面
提出等		①裁判所に提出し、かつ②相手方に直送しなければならない（規79 I、83 I）
効果	提　出	①　相手方が期日に欠席したときでも、**準備書面記載の事実を主張する**ことができる（民訴161 III） ②　自らが**最初の口頭弁論期日**（簡裁の続行期日も含む〔277〕）に欠席しても、裁判所は、記載した事項を陳述したものとみなし、出頭した相手方に弁論をさせることができる（158）
	不提出	相手方が在廷していない場合、準備書面に記載のない事実を口頭弁論で主張することができない（161 III）
要　否		簡裁以外：**必　要**（161 I） 簡　　裁：**任　意**（276 I）▶1

▶1　ただし、相手方が準備をしなければ陳述をすることができないと認めるべき事項は、**書面で準備**し、又は**相手方に通知**しなければならない（276 II）。

2 提訴前照会、証拠収集処分の申立て

　訴えを提起しようとする者が、訴えの被告となるべき者に対し訴えの提起を予告する通知（予告通知）をした場合、次の**ⓐⓑ**をすることができる。なお、予告通知は、当該訴えに係る請求の要旨及び紛争の要点を記載した書面で行わなければならない（132の2 I、III）。

ⓐ 提訴前照会

意　義	訴えの提起前に、一定の事項▶2について、相当の期間を定めて、書面で回答するよう、書面で照会をすること（132の2 I）
期　間	予告通知から**4か月以内**に限ってすることができる

▶2　訴えを提起した場合の主張・立証を準備するために必要であることが明らかな事項。

ⓑ 提訴前証拠収集処分

　裁判所は、予告通知者又は返答をした被予告通知者の申立てにより、当該予告通知に係る訴えが提起された場合の立証に必要であることが明らかな証拠となるべきものについて、一定の要件のもとで、以下の処分をすることができる（132の4 I）。

①　文書の送付嘱託	②　官公署等に対する調査嘱託
③　専門家に対する意見陳述嘱託	④　執行官による現況調査

> 被告が最初に提出する準備書面を**答弁書**といいます。答弁書には、訴状に記載された請求に対する被告の主張（反論）を記載します。

口頭弁論の準備

07 ☐☐☐　（①準備的口頭弁論、②弁論準備手続）は、**公開**することを要しない。

→ 2 **1** 「手続」参照　②
①は口頭弁論→公開
が必要

08 ☐☐☐　裁判所が（①準備的口頭弁論、②弁論準備手続、③書面による準備手続）を行うに当たっては、**当事者の意見**を聴かなければならない。

→ 2 **1** 「手続開始の　②
意見聴取」　③

09 ☐☐☐　裁判所は、（①準備的口頭弁論、②弁論準備手続、③書面による準備手続）において、当事者が遠隔の地に居住しているときは、**当事者の一方がその期日に出頭した場合に限り**、当事者の意見を聴いて、いわゆる**電話会議方式**によって手続を行うことができる。

→ 2 **1** 「電話会議シ　②
ステム」

10 ☐☐☐　（①準備的口頭弁論、②弁論準備手続）の期日においては、**証人尋問**を実施することはできない。

→ 2 **1** 「証拠調べ」　②

11 ☐☐☐　裁判長は、相当と認めるときは、（①準備的口頭弁論、②弁論準備手続）の手続を終了又は終結するに当たり、手続における争点及び証拠の整理の結果を**要約した書面を当事者に提出させる**ことができる。

→ 2 **1** 「要約書面の　①
提出」　②

12 ☐☐☐　裁判所は、（①準備的口頭弁論、②弁論準備手続）の手続を終了又は終結するに当たり、**その後の証拠調べにより証明すべき事実を当事者との間で確認**するものとされている。

→ 2 **1** 「要証事実の　①
確認」　②

13 ☐☐☐　当事者は、**弁論準備手続**が終結された後の口頭弁論において弁論準備手続の**結果を陳述**しなければならない。

→ 2 **1** 「口頭弁論へ　○
の結果陳述」

14 ☐☐☐　裁判所は、**当事者が期日に出頭しないとき**は、（①準備的口頭弁論、②弁論準備手続）を**終了**することができる。

→ 2 **1** ▶3　①
　②

15 ☐☐☐　**当事者の一方からの申立て**がある場合は、裁判所は、弁論準備手続に付する裁判を**取り消さなければならない**。

→ 2 **1** ▶4　×
必要的取消しは双方
の申立てがある場合

16 ☐☐☐　弁論準備手続の終結後における攻撃又は防御の方法の提出には、**相手方の同意**を要する。

→ 2 **2**　×
説明義務を負うのみ
で、同意は不要

2 裁判所が主宰する争点整理のための手続 ランク B

1 争点整理手続の比較 💬

	準備的口頭弁論	弁論準備手続	書面による準備手続
手　続	**口頭弁論**	準備手続	準備手続
手続開始の意見聴取	不　要	**必　要** (168)	**必　要** (175)
当事者の対席	必　要	**必　要** (169 Ⅰ)	両当事者とも不出頭
電話会議システム	不　可	可　能（170 Ⅲ） ただし、**当事者の一方の出頭が必要**	可　能（176 Ⅲ） **両当事者不出頭**でも可
証拠調べ	**無制限**	**文書・準文書は可能** (170 Ⅱ)	不　可
要約書面の提出	相当と認めるとき、手続終了時に**提出** (165 Ⅱ)	**同左**（170 Ⅴ・165 Ⅱ）	同左（176 Ⅳ・165 Ⅱ）
要証事実の確認	準備的口頭弁論終結時 (165 Ⅰ)	弁論準備手続の終結時 （170 Ⅴ・165 Ⅰ）	口頭弁論の期日（177）
口頭弁論への結果陳述	不　要	**必　要** (173)	弁論を新しく始める
特 殊 な終了事由	▶3	▶3、4	―

▶3 　当事者が期日に出頭せず、又は定められた期間内に準備書面の提出・証拠の申出がないときは、裁判所は、**手続を終了**することができる（166、170 Ⅴ・166）。

▶4 　裁判所は、相当と認めるときは、申立てにより又は職権で、弁論準備手続に付する裁判を取り消すことができる（裁量的　172本）。ただし、当事者**双方の申立て**があるときは、これを取り消さなければならない（必要的　172但）。

2 手続終了の効果

　手続終了後に、攻撃防御方法を提出した当事者は、相手方の求めがあるときは、相手方に対し、準備的口頭弁論等の終了前にこれを提出することができなかった**理由を説明**しなければならない（167、174、178）。

> ここでは、次のように実施する場所の広さと審理の幅のイメージを連動させて考えるとわかりやすいでしょう。
> 準備的口頭弁論：法廷　→　**広**
> 弁論準備手続：準備室等　→　**中**
> 書面による準備手続：書類上　→　**狭**

01 □□□ （①独立当事者参加の申出、②補助参加の申出、③訴訟告知）は、必ず**書面**でしなければならない。

→ 1 2 「申立て」　①
　　　　　　　　③

02 □□□ 簡易裁判所においては、（①訴えの提起、②支払督促の申立て）は、**口頭でも**することができる。

→ 1 2 ▶ 1　①
　　　　　　　②

03 □□□ （①管轄の合意、②訴訟手続の受継の申立て、③訴えの取下げ）は、必ず**書面**でしなければならない。

→ 1 2 「訴訟契約」
「申立て」▶ 2　①
③は期日においては　②
口頭でも可

04 □□□ 民事訴訟において**弁論の更新**は、直接主義という口頭弁論の基本原則の表れとされる制度である。

→ 1 3　○

05 □□□ 単独の裁判官が交代し、その直後の口頭弁論の期日において、**原告が出頭しなかった場合**には、被告は、従前の口頭弁論の結果を陳述することはできない。

→ 1 3【関連判例】　×
①

06 □□□ 合議体で審理をしていた事件について、合議体で審理及び裁判をする旨の決定が取り消され、**その中の一人の裁判官が単独で審理を進めることとなった場合**には、当事者は、従前の口頭弁論の結果を陳述する必要はない。

→ 1 3【関連判例】　○
②

ふむふむ…

A　交代　B
旧裁判官 → 新裁判官

当事者はこれまで
の**口頭弁論の結果**
を陳述する

原告　被告

裁判官が交代した場合において、弁論及び証拠調べをやり直さなければならないとすれば、著しく訴訟経済の要請に反します。そこで、裁判官が交代した場合、当事者は口頭弁論の結果を陳述しなければならないとすることで、直接主義を満たすようにしているのです。

1 口頭弁論の諸原則

1 諸原則の概観

公 開 主 義	訴訟の審理及び裁判が国民一般の傍聴できる状態で行われなければならないという原則（憲82）
双方審尋主義	当事者双方に、それぞれの主張を述べる機会を平等に与える審理原則
口 頭 主 義	弁論及び証拠調べを口頭で行い、口頭で陳述されたもののみが裁判資料となることをいう（民訴87 I、203 参照）（→**2**）
直 接 主 義	弁論の聴取や証拠調べを、判決をする裁判官自身が行う原則（→**3**）

2 口頭主義の書面主義による補完

類　型	書面によってすべき訴訟行為
訴え提起	・訴えの提起（133 I）、訴えの変更（143 II）、反訴（146 IV）、中間確認の訴え（145 IV・143 II）、支払督促の申立て（384）、手形訴訟の提起（350 II）▶1 ・控訴（286 I）、上告（314 I） ・手形判決に対する異議の申立て（357、規217 I） ・少額訴訟判決に対する異議の申立て（民訴378、規230・217 I）
申立て	・**独立当事者参加の申出**（民訴47 II） 　cf. 補助参加の申出は口頭でも可（43 参照） ・**訴訟告知**（53 III） ・訴訟手続の受継の申立て（124、規51 I）
訴訟終了 ▶2	・**訴えの取下げ・控訴の取下げ**（民訴261 III本、292 II・261 III本） ・手形・小切手判決に対する異議の取下げ（360 III・261 III本） ・少額訴訟判決に対する異議の取下げ（378 II・360 III・261 III本）
訴訟契約	**管轄の合意**（11 II）、不起訴の合意（281 II・11 II）、飛躍上告の合意（311 II）
その他	代理権等の証明（規15、23 I）、当事者照会（民訴163）

▶1　簡易裁判所では、口頭でも可（271）。
▶2　期日においては、口頭でも可（261 III但）。

3 弁論の更新 💬

　裁判官が交代した場合、弁論及び証拠調べをやり直すことなく、当事者は、従来の弁論（証拠調べを含む）の結果を陳述することで（249 II）、直接主義を満足させる形式をとる。

【関連判例】

① 　弁論の更新は、**当事者の一方のみ**にさせることができるが（最判昭31. 4.13）、当事者双方が期日に欠席した場合にはすることができない。
② 　合議体の事件が単独体の審理に移った場合においてその中の一人の裁判官が単独で審理を進めるときは、弁論の更新の必要はない（最判昭26. 3.29）。

07 □□□　訴訟において、被告が原告の主張する主要事実を否認している場合に、裁判所は、**当事者の主張していない間接事実を認定**し、もって、原告が主張する主要事実を認定しないことができる。

➡ **2 1**「意義」　○
間接事実には適用されない

08 □□□　**主要事実**には弁論主義が適用され、判決の基礎とするためには、**当事者がその事実を主張している必要**があり、**証人の証言**からその事実が判明したとしても、当事者がその事実を主張していない場合には、裁判所は、その事実を判決の基礎とすることはできない。

➡ **2 1**「意義」「派生原則」①　○

09 □□□　法律行為につき、当事者が公序良俗に反し**無効であるとの主張**をしない限り、裁判所は、当該行為が公序良俗に反し無効であると判断することはできない。

➡ **2 1**「判例」①　×

10 □□□　**同時履行の抗弁**については、当事者がその主張をしない限り、裁判所は、これを判決の基礎とすることはできない。

➡ **2 1**「判例」cf.　○

11 □□□　裁判所は、**裁判上の自白が成立した事実**についても、証拠調べの結果に基づき、これと異なる事実を認定することができる。

➡ **2 2**「意義」　×

12 □□□　貸金返還請求訴訟において、原告が、被告との間で消費貸借契約を締結したことを 立証するため、原告と被告との間で交わされた消費貸借契約書を書証として提出したところ、被告は、その**契約書について真正に成立したものと認める旨の陳述**した場合、裁判所は、被告の自白に拘束されない。

➡ **2 2**「意義」　○
補助事実には適用されない

13 □□□　自白をした当事者は、相手方の同意があっても、その自白が**真実に符合せず**、かつ、**錯誤に基づいて**されたことを証明しない限り、これを撤回することができない。

➡ **2 2**「効果」②「例外」　×
❶❷❸のいずれかに該当すれば撤回可能

14 □□□　（①証人尋問、②当事者尋問、③文書提出命令）は、裁判所が**職権**ですることができる。

➡ **2 3**「例外」③　②

弁論主義は、**訴訟資料の収集は当事者に任せる**という訴訟における役割分担の話です。訴訟の審理では、私的自治の原則を訴訟上も尊重する観点から、弁論主義が妥当します。なお、公益的な事項に関しては、例外的に、裁判所が訴訟資料の収集を担当する職権探知主義が妥当します。

2 弁論主義 💬

ランク **A**

1 第1原則（主要事実の主張責任）

意　義	裁判所は、当事者の主張しない**主要事実**を判決の基礎とすることはできない
派生原則 ①	《**訴訟資料と証拠資料との峻別**》 証拠資料（裁判所が証拠調べによって得た資料）をもって、訴訟資料（裁判所が当事者の弁論から得た裁判の資料）とすることはできない ▶3
派生原則 ②	《**主張責任**》 一方当事者が自己に有利な主要事実を主張せず、相手方当事者もまた主張しないときは、手続上その事実はないものとされる
判　例	①　当事者が**公序良俗違反**（民90）による無効を主張しなくても、同条違反に該当する事実の主張さえあれば、裁判所は、公序良俗に反し無効であるとの判断をすることができる（最判昭36.4.27） ②　当事者が**過失相殺**（民418、722Ⅱ）をすべきとの主張をしなくても、裁判所は、職権ですることができる（最判昭43.12.24） cf. 留置権や同時履行の抗弁権等の権利抗弁では、その抗弁権成立に関する主要事実に加えて、**権利行使する旨の意思表示も必要**となる（最判昭27.11.27）

▶3　ex. 証拠調べ手続である当事者尋問において陳述した事実は、口頭弁論において陳述したものとはみなされない。

2 第2原則（自白の拘束力）

意　義		裁判上の自白が成立した**主要事実**については、裁判所は、そのまま判決の基礎としなければならない
効　果	①	不要証事実となる（民訴179）
	②　原則	自白した主要事実の陳述を撤回することはできない
	②　例外	以下の❶❷❸のいずれかに当たるときは、自白を撤回することができる ❶　詐欺・脅迫など刑事上罰すべき他人の行為により自白がなされた場合 ❷　相手方の同意がある場合 ❸　自白の内容が真実に反し、かつ錯誤に基づく場合

3 第3原則（職権証拠調べの禁止の原則）

意　義	当事者間に争いのある事実 ▶4 は、裁判所は、原則として当事者の提出した証拠によって認定しなければならない
例　外	以下の場合には、例外的に職権証拠調べが認められている ①管轄に関する証拠調べ（14）、②調査の嘱託（186）、③当事者尋問（207）、④鑑定の嘱託（218）、⑤訴訟係属中の証拠保全（237）等

▶4　第3原則の「事実」は、主要事実に限られず、**間接事実及び補助事実も含まれる**。

01 □□□ （①弁論の分離・併合、②終結した口頭弁論の再開）は**職権**ですることができる。

➡1**1**「内容」「審理の整理」　①　②

02 □□□ （①弁論の分離・併合の決定、②終結した口頭弁論の再開）については、当事者に**申立権**がない。

➡1**2ª**「有無」　①　②

03 □□□ （①時機に後れた攻撃防御方法の却下の決定、②仮執行の宣言、③文書提出命令）については、当事者に**申立権**がある。

➡1**2ª**「有無」　①　②　③

04 □□□ 次の場合のうち、**責問権の放棄**の対象とならないものはどれか。

1　口頭弁論期日の呼出しがなかった場合
2　法定代理人を証人として尋問した場合
3　宣誓させないで証人尋問をした場合
4　訴状を受領する能力のない者に訴状を送達した場合
5　専属管轄に違反して管轄権のない裁判所が証拠調べをした場合

➡1**2ᵇ** ▶2　5

審理の進行及び整理が裁判所の主導権ないし責任の下で行われる職権進行主義が採用され、その下で、裁判所には**訴訟指揮権**が認められています。他方、当事者の意思を訴訟の進行・整理に反映させるための制度として、当事者に**申立権**、**責問権**が認められています。

1 訴訟指揮権 💬

1 裁判所の訴訟指揮権

意 義	訴訟の審理を迅速かつ適正に整理するため、裁判所に認められた審理の主宰権能	
内 容	訴訟の進行	期日の指定・変更（93）、中断した手続の続行命令（129）等
	審理の整理	**弁論の制限・分離・併合**（152 I）、**弁論の再開**（153）等
	その他	口頭弁論の指揮（148）、釈明権の行使（149）、釈明処分（151）、時機に後れた攻撃防御方法の却下（157）等
拘束力	訴訟の指揮に関する決定及び命令は、いつでも取り消すことができる（120）	

2 当事者の申立権、責問権

ⓐ 申立権

○：あり ×：なし

意 義	裁判所に対して訴訟指揮権の発動を求める当事者の権利▶1	
有無	○	移送（16 ～ 19）、期日の指定・変更（93）、**時機に後れた攻撃防御方法の却下**（157）、中断中の手続の受継（126）、発問請求権（149 Ⅲ）、**文書提出命令**（219）、**仮執行の宣言**（259 I）
	×	釈明処分（151）、**弁論の制限・分離・併合**（152）、**弁論の再開**（153）

▶1 本来、当事者が裁判所に申立てをしても裁判所に応答義務はないが、申立権が認められている場合には、裁判所は、裁判によってその許否を示さなければならない。

ⓑ 責問権

意 義	裁判所又は相手方当事者の訴訟行為に、訴訟手続に関する規定の違反がある場合、異議を述べてその無効を主張することができる訴訟上の権能（90 参照）
対 象	訴訟手続に関する手続規定ないし方式規定の違背▶2

▶2 **任意規定違反**の場合には責問権の放棄を認めるとともに、違反を知り又は知り得たのに遅滞なく異議を述べない場合には、責問権の喪失を認めている（90）。

責問権の放棄・喪失の対象になる	責問権の放棄・喪失の対象にならない
① 口頭弁論期日や証拠調べ期日の呼出しの違法	❶ 裁判所の構成、裁判官の除斥
② 訴訟の中断中になされた訴訟行為	❷ 専属管轄
③ 訴状受領能力のない者への訴状送達	❸ 弁論の更新
④ 宣誓させるべき証人に宣誓させないでした証人尋問	❹ 上訴の要件違反
⑤ 法定代理人に対する証人尋問	❺ 判決の言渡し違反

05 □□□　裁判所が原告の死亡の事実を知ったときは、裁判所は、職権で、**訴訟手続を中断する旨の決定**をしなければならない。

→ **2 1**
法律上当然に中断
×

06 □□□　**当事者が死亡**した場合、**法定代理人**があるときでも、訴訟手続は中断するが、**訴訟代理人**があるときは、訴訟手続は中断しない。

→ **2 1** 💬
○

07 □□□　原告が訴訟代理人を選任して訴訟を追行していたところ、当該**訴訟代理人が死亡**した場合には、訴訟手続は、新たな訴訟代理人が選任されるまで中断する。

→ **2 2** 💬
×

08 □□□　**原告の一身専属的な権利を訴訟物としていた場合**において、**原告が死亡**したときは、当該訴訟は終了し、訴訟の承継は生じない。

→ **2 2**②
○

09 □□□　当事者が訴訟係属中に**保佐開始の審判を受けた場**合には、訴訟手続は中断する。

→ **2 2**⑥
×

10 □□□　訴訟代理人がいない場合において、被告である未成年者の**共同親権者である父母が双方とも死亡**したときには、訴訟手続は中断する。

→ **2 2**⑧
○

11 □□□　訴訟代理人がいない場合において、**数人の選定当事者**がいるが、**そのうちの一人が辞任**したときは、訴訟手続は中断する。

→ **2 2**⑫
×

12 □□□　原告が死亡したため訴訟手続が中断した場合には、死亡した原告の相続人は、訴訟手続の**受継の申立て**をすることができるが、**被告**はこれをすることができない。

→ **2 3**「受継の申立て」
被告も申立て可能
×

当事者から選任された**訴訟代理人が死亡**しても、直ちに本人が訴訟追行をすればよい話なので、訴訟手続の中断は生じません（124 Ⅰ①参照）。また、訴訟代理人を選任していた場合に本人が死亡したときも、訴訟追行者は代わらないため（58 Ⅰ①）、訴訟手続は中断しません（124 Ⅱ）。

2 ｜ 訴訟手続の中断　　ランク B

1 意　義 💬

　中断とは、訴訟係属中、当事者の一方に訴訟を追行すべき者の交代事由が生じた場合、法律上当然に訴訟手続が停止することをいう。なお、以下①〜⑫の事由が生じても、訴訟代理人がいる場合は、訴訟は中断しない（124Ⅱ）。また、相続人は相続放棄をすることができる間は訴訟手続の受継はできない（124Ⅲ）。

2 中断事由

	事　由		中断の有無
①	当事者の死亡 （124Ⅰ①）	原　則	中断する
②		一身専属的権利に関する訴訟	訴訟終了
③	当事者の解散 （124Ⅰ②）	合併による解散	中断する
④		合併以外の事由による解散	中断しない
⑤	訴訟能力喪失 （124Ⅰ③）	後見開始の審判	中断する
⑥		保佐・補助開始の審判	中断しない ▶3
⑦		未成年者の営業の許可取消し	中断する
⑧	法定代理人の死亡・代理権の消滅（124Ⅰ③）		中断する
⑨	受託者の任務終了（124Ⅰ④）		中断する
⑩	一定の資格を有する者で自己の名で他人のために訴訟の当事者となるものの資格の喪失（124Ⅰ⑤）		中断する
⑪	選定当事者の資格喪失（124Ⅰ⑥）	全　員	中断する
⑫		一　部	中断しない
⑬	当事者の破産手続の開始決定（破44Ⅰ）		中断する

▶3　民事訴訟法32条2項の反対解釈により、同項所定の訴訟行為以外は、被保佐人は単独で行うことができるため、訴訟手続を中断させる必要はない。

3 審理の再開

受継の申立て	承継人及び相手方もすることができる（126）
続行命令	当事者が訴訟手続の受継の申立てをしない場合、裁判所は、職権で、訴訟手続の続行を命ずることができる（129）

13 □□□ 当事者が**故意又は重大な過失**により時機に後れてした証拠の申出が裁判所により却下されるのは、これにより**訴訟の完結を遅延**させることとなると認められる場合である。　➡3 **1**「実効性確保の制度」　○

14 □□□ **第一審**で**時機に後れた攻撃防御方法**として証人の尋問の申出が却下された事件における**控訴審**において、証拠調べの申立てがあった場合には同一の証人の尋問をすることができる。　➡3 **1**「実効性確保の制度」 ▶4　○

15 □□□ 簡易裁判所の訴訟手続においては、**当事者の双方**が口頭弁論の**続行期日に欠席**しても、その者が提出した準備書面を陳述したものとみなすことができる。　➡3 **2 ⓐ**「続行期日」、**ⓑ**　一方は出席している必要がある　×

16 □□□ **当事者双方が**最初にすべき口頭弁論の**期日に出頭しないとき**は、裁判所は、当事者双方が提出した訴状又は答弁書その他の準備書面に記載した事項を陳述したものとみなすことができる。　➡3 **2 ⓐ**　一方は出席している必要がある　×

17 □□□ （①証人尋問、②判決の言渡し）は、**当事者双方が期日に欠席**しても、実施することができる。　➡3 **2 ⓑ**　①　②

18 □□□ 裁判所は、当事者双方が**口頭弁論の期日に出頭しない**場合において、審理の現状及び当事者の訴訟追行の状況を考慮して相当と認めるときは、**終局判決**をすることができる。　➡3 **3**　○

3 口頭弁論の実施上の諸制度

1 適時提出主義

意　義	攻撃防御の方法は、訴訟の進行状況に応じ適切な時期に提出しなければならない (156)
実効性確保の制度	《時機に後れた攻撃防御方法の却下》 ① 当事者が**故意又は重過失により**時機に後れた攻撃防御方法を提出し ② これにより訴訟の完結が遅延するとき → 裁判所は、当事者の申立て又は職権により、**攻撃防御方法を却下す**ることができる (157 Ⅰ) ▶4

▶4　第一審で時機に後れた攻撃防御方法として証人尋問の申出が却下された場合においても、控訴審で同一の証人尋問をすることができることがある。
　　∵　時機に後れたかどうかは、第一審及び控訴審の口頭弁論の経過との関係で判断されるため。

2 当事者が欠席した場合の対策

ⓐ 一方当事者の欠席

最初の期日	《陳述擬制》 裁判所は、欠席した者の提出した訴状又は答弁書その他の準備書面に記載した事項を陳述したものとみなし（**陳述擬制**）、出頭した相手方に弁論をさせることができる (158) ▶5	
	《擬制自白》 欠席当事者については、準備書面で明らかに争っていない事実について自白したものとみなされる (159 Ⅲ本・Ⅰ) ▶6	
続行期日	原　則	陳述擬制は認められない ▶7
	例　外	**簡易裁判所**においては、陳述擬制が認められる (277・158)

▶5　陳述擬制を行うか否かは裁判所の裁量であり、期日を延期することも可能である。
▶6　当事者が公示送達による呼出しを受けた場合には、擬制自白は不成立 (159 Ⅲ但)。
▶7　請求の放棄・認諾書面については、陳述擬制が認められる (266 Ⅱ)。

ⓑ 当事者双方の欠席

　最初の期日・続行期日とも、審理は行われずに**期日が終了**する。ただし、①証拠調べ、及び②判決の言渡しはすることができる (183、251 Ⅱ)。

3 当事者の欠席と終局判決

　裁判所は、当事者の**双方又は一方**が口頭弁論の期日に欠席し、又は弁論をしないで退廷をした場合において、審理の現状及び当事者の訴訟追行の状況を考慮して相当と認めるときは、終局判決をすることができる (244本) ▶8。
▶8　ただし、当事者の一方が口頭弁論の期日に出頭せず、又は弁論をしないで退廷をした場合には、相手方の申出があるときに限られる (244但)。

01 □□□　（①受訴裁判所がした他の事件についての判決の内容、②西暦 1985 年 2 月 1 日の曜日）は、裁判所が証拠により認定する必要はない。　→ 1 **1** 「裁判所に顕著な事実」　①②

02 □□□　**公示送達**により呼出しを受けた当事者は、口頭弁論期日に出頭せず、答弁書その他の準備書面を提出しない場合でも、相手方の主張した事実を自白したものとみなされることはない。　→ 1 **1**【擬制自白】「当事者欠席の場合」①　○

03 □□□　被告が最初の口頭弁論期日に出頭し、原告の主張を争う旨を記載した**答弁書を提出**したが、弁論をしないで退廷した場合における訴状に記載された事実は、裁判所が証拠により認定しなければならない。　→ 1 **1**【擬制自白】「当事者欠席の場合」③　○

04 □□□　当事者が相手方の主張した事実を**知らない旨の陳述**をした場合には、その事実を争わないものとして、自白が擬制される。　→ 1 **1**【擬制自白】▶ 1　×　争ったものと推定される

05 □□□　証拠の申出は、**期日前**においてもすることができる。　→ 1 **2** 「申出」「時期」　○

06 □□□　裁判所は、（①証人、②当事者本人）が受訴裁判所に出頭するについて不相当な費用又は時間を要するときは、受命裁判官又は受託裁判官に**裁判所外で尋問**をさせることができる。　→ 1 **2** 「実施」「例外」①　①②

07 □□□　裁判所は、**大規模訴訟に係る事件**について、当事者に異議がないときは、受命裁判官に裁判所内で（①証人尋問、②当事者尋問）をさせることができる。　→ 1 **2** 「実施」「例外」②　①②

呼出しが公示送達による場合に擬制自白が成立しないとされているのは、実質的に争う機会のない公示送達による呼出しの場合にまで擬制自白を認めてしまうと、欠席当事者にとって酷だからです。

1 総　論

1 不要証事実（179条）

当事者が主張した事実であっても、証明の対象とならないものを「不要証事実」という。

当事者間に争いがない事実	裁判所に顕著な事実
① 裁判上自白された事実 ② 擬制自白（159）が成立した事実	❶ 公知の事実（歴史的事件等） ❷ 職務上顕著な事実

【擬制自白】

意　義	当事者が、口頭弁論又は弁論準備手続において、相手方の主張した事実を争うことを明らかにしないときは、当該事実を裁判上自白したものとみなされること（159 Ⅰ本・Ⅲ本、170 Ⅴ）▶1
当事者欠席の場合	以下のいずれかに該当する場合には、擬制自白は成立しない ① 呼出しが公示送達による場合（159 Ⅲ但） ② 出席当事者が、その主張事実を準備書面に記載することにより、欠席当事者にあらかじめ知らせていない場合（161 Ⅲ） ③ 欠席者が争う旨の陳述を記載した準備書面を提出し、かつ陳述擬制がはたらく場合（158、277）
判断の基準時	事実審の口頭弁論終結時

▶1　相手方の主張した事実を知らない旨の陳述をした者は、その事実を争ったものと推定される（159 Ⅱ）。

2 証拠調べ手続

申出	方　法	① 証拠方法と証明すべき事実を特定し（180 Ⅰ、221 Ⅰ④、規 106、150 等） ② 両者の関係を具体的に明示しなければならない（規 99 Ⅰ）
	時　期	期日前（民訴 180 Ⅱ）、弁論準備手続の期日（170 Ⅱ）、口頭弁論期日
証拠の採否	申出が不適法	これを却下しなければならない
	申出が適法	これを採用して証拠調べを実施するかどうかは、自由心証主義の下、裁判所の裁量により（181 Ⅰ）、証拠決定によってなされる
実施	原　則	証拠調べは、受訴裁判所の法廷内で行う　∵　直接主義
	例　外	① 裁判所は、195 条が掲げる場合に限り、受命裁判官又は受託裁判官に裁判所外で証人又は当事者本人の尋問をさせることができる（195、210） ② 裁判所は、大規模訴訟に係る事件について、当事者に異議がないときは、受命裁判官に裁判所内（ex. 裁判官室、弁論準備手続室）で、証人又は当事者本人の尋問をさせることができる（268）
証拠方法		人　証：①証人、②鑑定人、③当事者本人 物　証：❶文書、❷検証物

08 □□□　正当な事由なく出頭しない証人は、過料に処せられることはあっても、**罰金**に処せられることはない。

➡ **2❶❻**「正当事由なき義務違反」「不出頭」　✕

09 □□□　正当な理由なく出頭しない者の**勾引**は、その者が（①証人、②当事者本人）である場合には行うことができる。

➡ **2❶❻**「正当事由なき義務違反」「不出頭」　①

10 □□□　**当事者本人を尋問**する場合において、その当事者が正当な理由なく出頭しないときは、裁判所は、尋問事項に関する**相手方の主張を真実と認める**ことができる。

➡ **2❶❻**「正当事由なき義務違反」「不出頭」　○

11 □□□　宣誓能力のある限り、証人尋問における**証人**は、法令に特別の定めがある場合を除き、**宣誓義務**を負うが、当事者尋問における**当事者**本人は、裁判所が宣誓を命じた場合においてのみ、宣誓義務を負う。

➡ **2❶❻**「宣誓」　○

12 □□□　**宣誓をした者が虚偽の陳述**をした場合、その者が、証人であるときは偽証罪による刑事罰が科せられるが、当事者本人であるときは、刑事罰を科されることはなく、過料の制裁が科されるのみである。

➡ **2❶❻**「宣誓のうえで虚偽の陳述」　○

13 □□□　**合議体の裁判官の過半数が交代**した場合において、その前に尋問をした証人について、**当事者が更に尋問の申出**をしたときは、裁判所は、当該証人の尋問をしなければならない。

➡ **2❶❻②**　○

裁判所は、相当と認める場合に、当事者に異議がないときは、**証人尋問**に代えて書面の提出をさせることができます（**尋問に代わる書面の提出**　205）。証人が病気などの理由により裁判所への出頭が困難であることが予想される場合に、反対尋問が実施されなくても信用性の高い陳述が得られる見込みがあるときは、書面の提出を認めても不都合はないからです（簡易裁判所では、当事者の異議の有無を確認することなく、尋問に代わる書類の提出をさせることができる（278））。

これに対し、**当事者尋問**では、簡易裁判所でのみ尋問に代わる書面の提出が認められています（278）。当事者尋問は、当事者の尋問を通して真実を明らかにすることが目的であるため、原則として尋問に代わる書面の提出が認められませんが、簡易裁判所においては続行期日での陳述擬制も認めていることとのバランスから（277）、尋問に代わる書面の提出が認められているのです。

2 人 証

ランク **A**

1 証人尋問及び当事者尋問

ⓐ 報告内容等

報告内容		証人又は当事者が**過去に知り得た事実**
補充性	原則	証人尋問と当事者尋問の双方が予定されているときは、**証人尋問が先に**実施される（207Ⅱ本）
	例外	裁判所は、適当と認めるときは、当事者の意見を聴いて、当事者尋問を先に実施することができる（207Ⅱ但）

ⓑ 比 較 🗨

○：できる　×：できない

			当事者尋問	証人尋問
証拠方法	当事者		○	×
	法定代理人・代表者	現に訴訟で本人を代表	○ (211)	×
		当該訴訟では代表せず	×	○
	第三者		×	○
職権による尋問			○ (207Ⅰ前)	×
正当事由なき義務違反	不出頭		裁判所は尋問事項に関する**相手方の主張を真実と認めることができる**（208）	過料、罰金・拘留、**勾引** (192〜194)
	宣誓拒絶			過料、罰金・拘留 (201Ⅴ・192〜193、200・192〜193)
	証言・陳述拒絶			
宣 誓			**裁判所の裁量**（207Ⅰ後）	原則として**必要**（201Ⅰ）
宣誓の上で虚偽の陳述			過 料（209Ⅰ）	偽証罪（刑169）

ⓒ 再度の尋問 ▶2

① 裁判所は、当事者を異にする事件について口頭弁論の併合を命じた場合、その前に尋問をした証人について、尋問の機会がなかった当事者が尋問の申出をしたときは、その尋問をしなければならない（民訴152Ⅱ）。
② 単独の裁判官が代わった場合又は合議体の裁判官の過半数が代わった場合において、その前に**尋問をした証人**について当事者が更に**尋問の申出**をしたときは、裁判所は、その尋問をしなければならない（249Ⅲ）。

▶2　当事者尋問には適用されない（最判昭42.3.31）。

第Ⅲ部 民事訴訟法

14 □□□　証人尋問の申出は、**証人を指定**してしなければならない。　→ 2❷❺「証人」　○

15 □□□　文書証拠調べの方法は、**記載内容**を証拠資料とする場合は書証であり、その**外形、存在**を証拠資料とする場合は検証である。　→ 3❶「意義」　○

16 □□□　書証の申出は、自己の所持する**文書を提出**するか、**文書提出命令**を申し立てるかのいずれかの方法によらなければならない。　→ 3❶「申出方法」送付嘱託の申立ても可能　×

17 □□□　文書の所持者が（①訴訟当事者、②第三者）である場合には、裁判所は、文書の提出を命じようとするときは、その**文書の所持者を審尋**しなければならない。　→ 3❷「審尋」　②

18 □□□　文書の所持者が（①訴訟当事者、②第三者）である場合には、**文書提出命令に対して**、その文書の所持者は、**即時抗告**をすることができる。　→ 3❷「不服申立て」　① ②

19 □□□　（①訴訟当事者、②第三者）が**文書提出命令に従わないとき**は、裁判所は、当該文書の記載に関する相手方の主張を真実と認めることができる。　→ 3❷「命令違反の効果」　①

20 □□□　（①訴訟当事者、②第三者）が**文書提出命令に従わないとき**は、裁判所は、決定で、過料に処する。　→ 3❷「命令違反の効果」　②

文書の記載に関する相手方の主張とは、金銭消費貸借契約が成立した事実を証明するために借用証書の提出命令が出された例でいえば、借用証書が存在することや、借用証書に金額、弁済期など申立人が主張する通りの記載がされている扱いにすることを意味します。当事者の一方が相手方の証明を故意に妨げる態度をとった場合に、公平の観点から、その当事者にとって不利に事実認定をすることができるとしたのです。

② 鑑　定

ⓐ 報告内容等

報告内容	特別の学識経験を有する者（鑑定人）の専門的知識やこれに基づいて得られた判断
鑑定人適格	自然人のみならず、官公署や法人でもよい（218 参照）

ⓑ 証人・当事者と鑑定人の比較

○：必要　×：不要

	証　人	当事者	鑑定人
当事者による指定	○	○	×　▶3

▶3　鑑定人の指定は、受訴裁判所、受命裁判官又は受託裁判官がする（213）。

3　物　証

ランク **B**

① 総　論

	書　証	検　証
意　義	文書に記載されている作成者の意思や認識の意味内容を係争事実の認定のための資料とする証拠調べ	裁判官がその五感の作用によって対象である検証物の性状を検査して証拠資料を取得する証拠調べ
申出方法	①　挙証者が所持するとき　→　これを提出する ②　相手方当事者又は第三者が所持するとき 　❶　送付嘱託の申立て（226 本、232 Ⅰ） 　❷　提出命令の申立て（219、232 Ⅰ）（→②）	

② 文書提出命令

	相手方当事者が所持	第三者が所持
審　尋	不　要	必　要（223 Ⅱ、232 Ⅰ）
不服申立て	申立てを認める決定、申立てを却下する決定のいずれに対しても即時抗告が可能（223 Ⅶ）　cf. 証拠調べの必要性を欠く場合は不可	
命令違反の効果	書証：裁判所は、当該文書の記載に関する申立人の主張を真実と認めることができる（224 Ⅰ） 検証：裁判所は、当該検証物の性状等に関する申立人の主張を真実と認めることができる（232 Ⅰ・224 Ⅰ）	過　料 （225、232 Ⅱ）

21 □□□　方式及び趣旨により**公務員が職務上作成したもの**
と認められる文書は、真正に成立した公文書と推定され
る。

→ 3 **3**「推定規定」
「公文書」　　　　○

22 □□□　文書の成立の真正が証明されると、**形式的証拠力**
が認められることになるので、**実質的証拠力**、すなわち、
文書の内容が真実であるという**推定**が働くことになる。

→ 3 **3**　　　　　×
形式的証拠力と実質
的証拠力とは別

23 □□□　裁判所による**調査の嘱託**は、官庁・公署、会社そ
の他の団体のみならず、自然人である個人に対しても行
うことができる。

→ 4 **1** ▶ 6　　　×

24 □□□　証拠保全の申立ては、**訴えの提起後**においてもす
ることができる。

→ 4 **2**「意義」　　○
訴訟係属の有無を問
わない

25 □□□　裁判所は、必要があると認めるときは、訴訟の係
属中、**職権**で、証拠保全の決定をすることができる。

→ 4 **2**「手続開始」　○
「例外」

26 □□□　（①証拠保全決定、②証拠保全の申立てを却下する
決定）に対しては、**抗告**をすることができる。

→ 4 **2**「不服申立て」　②

27 □□□　証拠保全の申立ては、**相手方を指定することがで**
きない場合には、することができない。

→ 4 **2** ▶ 7　　　×

文書の証拠力は、①その文書が真正に成立したものであるか（作成者の意思に
基づいて作成されたものか）（**形式的証拠力**）、②文書の記載内容が真実である
か（**実質的証拠力**）に分けて検討されます。すなわち、①文書が本物かどうか、
②書かれていることが本当かどうかの2段階に分かれているわけです。①の形
式的証拠力に関しては推定規定がありますが（228）、②の実質的証拠力に関し
ては、推定規定はなく、裁判官の自由心証によります。

3 文書の証拠力

形式的証拠力		文書がある特定人の思想内容を表現したものであること（文書成立の真正）
実質的証拠力		その思想内容が係争事実の認定に役立ち得ること（文書の証拠価値）
推定規定	公文書	**真正に成立したものと推定される**（228 Ⅱ）
	私文書	**本人又はその代理人の署名又は押印** ▶4 **があれば、真正に成立したものと推定される**（228 Ⅳ） ▶5

▶4　その署名又は押印は、本人等の意思に基づいたものでなければならない。

▶5　【二段の推定】

> 印影が本人の印章により顕出されたものであるときは、
> ① 反証のない限り、本人の意思に基づいて顕出されたものと事実上推定され、
> ② その結果、228 条4 項の推定を受ける。
> → 文書全体の成立の真正が推定される（最判昭 39. 5.12）。

4 証拠に関するその他の論点

ランク **C**

1 調査の嘱託

意　義	裁判所が、官公署等の団体 ▶6 に対し、公正さを疑われることのない客観的な事項について、調査を委託し、その報告をしてもらう方法で行われる簡易かつ特殊な証拠調べ（186、規31 Ⅱ）
手続開始	申立て又は職権による（民訴 186）

▶6　嘱託先は、団体であれば、公的団体のみならず、会社や権利能力なき社団又は財団のような私的団体も含まれる。ただし、**自然人**に対しては嘱託できない。

2 証拠保全

意　義		本来の証拠調べ手続が行われるのを待っていたのでは、証拠調べが不可能又は困難になるおそれがある場合に、**訴訟係属の有無を問わず**、あらかじめ証拠調べを行い、その結果を将来に利用するために確保しておく証拠調べ（234） ▶7
手続開始	原　則	申立てによる（234）
	例　外	裁判所は、必要があると認めるときには、**訴訟係属中、職権**で証拠保全の決定をすることができる（職権による証拠保全　237）
不服申立て		**申立却下決定**に対しては、抗告をすることができる（328 Ⅰ）

▶7　証拠保全の申立ては、**相手方を特定できない場合**にもすることができ、この場合、裁判所は相手方となるべき者のために特別代理人を選任することができる（236）。

01 ☐☐☐　自由心証主義は、**主要事実**及び**間接事実**のみならず、**補助事実**についても適用される。　➡**1** ▮▶ 1　○

02 ☐☐☐　自由心証主義の下では、反対尋問を経ない**伝聞証拠**には証拠能力が認められない。　➡**2**「証拠方法の無制限」　✕

03 ☐☐☐　自由心証主義の下では、**弁論の全趣旨**のみで事実認定をすることも許される。　➡**2**「証拠方法の無制限」　○

04 ☐☐☐　自由心証主義の下では、一方の当事者が提出した**証拠**を相手方当事者に有利な事実の認定に用いてはならない。　➡**2**「証拠力の自由評価」▮▶ 2　✕

05 ☐☐☐　証拠の申出は、証拠決定がされた後でも、証拠調べを**開始する前**であれば**撤回**することができる。　➡**3**①　○

06 ☐☐☐　証拠の申出は、証拠調べが**開始された後**でもその**終了前**であれば、**相手方の同意**を得ることなく、**撤回**することができる。　➡**3**②　同意が必要　✕

07 ☐☐☐　証人尋問の申出をした当事者は、相手方の同意がある場合には、その証人尋問が**終了した後**に、その申出を**撤回**することができる。　➡**3**③　同意があっても不可　✕

1 意 義

ランク **C**

　裁判における事実認定 [1] について、①口頭弁論の全趣旨及び②証拠調べの結果を裁判官の自由な心証に従って評価することを認める原則をいう（247）。

[1]　主要事実の認定だけでなく、**間接事実・補助事実**の認定についても適用される。

2 内 容

ランク **B**

証拠方法の無制限	原則として、証拠能力（事実認定のために利用し得る資格）に制限はない。また、証拠調べの結果以外の、口頭弁論に表れた一切の訴訟資料 (ex. **伝聞証拠、弁論の全趣旨**）を証拠調べの結果よりも重視して事実を認定することが可能である（最判昭 27.10.21）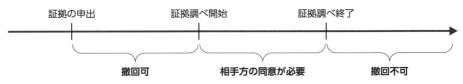
証拠力の自由評価	証拠の証拠力の評価は、裁判官の自由な判断に委ねられる [2]

[2]　したがって、裁判所は、当事者の一方が提出した証拠について、その者に有利な事実の認定に用いることができるだけでなく、相手方が証拠調べの結果を援用しなくても、当然に相手方にとって有利な事実の認定に用いることができる（**証拠共通の原則**）。

3 自由心証主義と証拠の申出の撤回

ランク **B**

	撤回の時期	撤回の可否	相手方の同意
①	証拠調べ開始前	○ ∵ 弁論主義	不 要
②	証拠調べ開始後、終了前	○	必 要 ∵ 証拠共通の原則
③	証拠調べ終了後	× ∵ 自由心証主義	―

証拠の申出　　　　　　証拠調べ開始　　　　　証拠調べ終了

撤回可　　　　**相手方の同意が必要**　　　　**撤回不可**

> **伝聞証拠**とは、他人から伝え聞いたことを内容とする証拠をいいます。また、**弁論の全趣旨**とは、弁論の内容だけでなく、陳述の態度や攻撃防御方法の提出時期など、弁論に表れた一切の資料・状況のことをいいます（大判昭 3.10.20）。

01 □□□　被告が第一回口頭弁論期日に出頭した場合には、答弁書その他の準備書面を提出せず、弁論せずに退廷したときであっても、原告がその後に訴えを取り下げるには、**被告の同意**を得なければならない。

➡1**1**「要件」②　✕
この場合は不要

02 □□□　訴えの取下げは、口頭弁論又は弁論準備手続の期日においても、**書面**でしなければ効力を生じない。

➡1**1**「手続」「書面の要否」「例外」　✕
期日なら口頭でも可

03 □□□　原告が反訴の本案について口頭弁論をした後に、**本訴の取下げ**をした場合であっても、**反訴の取下げ**は、**原告の同意**がなければ効力を生じない。

➡1**1**「要件」▶1　✕

04 □□□　第一審の原告が**控訴審において訴えの取下げ**をしたときは、第一審の判決は、その効力を失う。

➡1**2**「訴訟係属の遡及的消滅」▶2　〇

05 □□□　原告が訴えの取下げをしたのが**第一審の終局判決を受ける前**であれば、後に同一の訴えを提起することも許される。

➡1**2**「再訴禁止効」「原則」　〇

06 □□□　本案の終局判決後に訴えを取り下げた場合には、**当事者双方とも**同一の訴訟物について訴えを提起することはできない。

➡1**2**「再訴禁止効」「例外」　✕
取り下げた当事者が提起できなくなる

07 □□□　弁論準備手続の期日に当事者の**双方が欠席**した場合において、**1か月以内**に当事者から期日指定の申立てがされないときは、訴えが取り下げられたものとみなされる。

➡1**3**①　〇

08 □□□　当事者双方が、**連続して2回**、口頭弁論の**期日に出頭しないとき**は、訴えの取下げがあったものとみなされる。

➡1**3**②　〇

訴えの取下げは、原告の一方的な意思表示により訴訟をなかったことにするものなので、**被告の利益**を考慮すると共に、**訴訟経済**の観点から、それまで進めてきた訴訟手続が無意味にならないように配慮する制度設計になっています。

1 訴えの取下げ 💬

1 意義等

意　義		訴えによる審判申立ての撤回を内容とする裁判所に対する原告の訴訟行為
要　件		① 終局判決が確定するまでであること（261 Ⅰ） ② 被告が請求の当否につき、準備書面を提出し、弁論準備手続で申述し、又は**口頭弁論期日に弁論をした後**は、**被告の同意を得ること**（261 Ⅱ本） ▶1
手続	書面の要否 原則	書面（取下書）を提出する（261 Ⅲ本）
	書面の要否 例外	口頭弁論、弁論準備手続、又は和解の期日 → 口頭で取り下げることができる（261 Ⅲ但）

▶1　**本訴の取下げ**があった場合における**反訴の取下げ**については、相手方の同意は不要である。

2 効　果

訴訟係属の遡及的消滅		訴えの取下げがあると、取り下げられた部分について、訴訟は初めから係属しなかったものとみなされる（262 Ⅰ）▶2
再訴禁止効	原則	訴えの取下げ後に、同一請求について再び訴えを提起することができる
再訴禁止効	例外	本案について**終局判決があった後**に訴えを取り下げた場合 → 訴えを**取り下げた者**は、「同一の訴え」を提起することが禁止される（262 Ⅱ）▶3

▶2　控訴審において訴えを取り下げたときは、**第一審の判決も**効力を失うことになる。

▶3　「同一の訴え」とは、当事者と訴訟物が同一であり、訴えの利益又は必要性も同一である場合をいう（最判昭 52. 7.19）。

3 訴えの取下げの擬制

　当事者に訴訟追行の意思が伺えない不適正な事件を排除するため、以下の場合には、訴えの取下げが擬制される（263）。

① 当事者双方が口頭弁論・弁論準備手続の期日に出頭せず、**1か月以内に期日の申立て**をしない場合

② 当事者双方が**連続して2回**、口頭弁論・弁論準備手続の期日に出頭しない場合

09 □□□　被告が本案について口頭弁論をした後における原　➡2**1** ▶4　✕
　　　告による請求の放棄は、**被告の同意**を得なければ、その
　　　効力を生じない。

10 □□□　原告が被告に対し、所有権に基づいて土地の引渡　➡2**1** ▶4　✕
　　　しを請求する訴えを提起した場合において、被告が口頭
　　　弁論の期日で「**原告から100万円の支払を受けることを**
　　　条件として、原告の請求を認める。」旨の陳述をしたとき
　　　は、請求の認諾がされたものとなる。

11 □□□　請求の放棄及び認諾は、いずれも**弁論準備手続の**　➡2**1**「手続」　〇
　　　期日において行うことができる。

12 □□□　請求の放棄又は認諾をする旨の**書面を提出した当**　➡2**1** ▶5　〇
　　　事者が口頭弁論期日に出頭しないときは、裁判所は、そ
　　　の旨の陳述をしたものとみなすことができる。

13 □□□　原告は、**離婚請求訴訟**において（①訴えの取下げ、　➡2**1** ▶6　①
　　　②請求の放棄）をすることができる。　②

14 □□□　**訴えの取下げ**があると、訴訟係属は、遡及的に消　➡2**2**②　〇
　　　滅するが、**請求の放棄**がされても、訴訟係属は、遡及的
　　　に消滅しない。

請求の放棄・認諾は、当事者の意思により訴訟を終了させて確定判決と同一の
効力を生じさせるものなので、その前提として、請求が**当事者の意思による処**
分が可能なものに限って認められます。要するに、当事者が結論を決められる
事案でなければならないのです。
その点、真実発見の要請が高い**人事訴訟**においては、原則として請求の放棄・
認諾は許されませんが、**離婚請求訴訟・離縁請求訴訟**については、実体上協議
離婚が許されている（当事者の意思による処分が可能である）こととのバラン
スから、請求の放棄・認諾が認められています（人訴37Ⅰ）。
なお、訴えの取下げは、訴訟をなかったことにするものであり、当事者の意思
により確定判決と同一の効力を生じさせるものではないため、人事訴訟におい
ても自由にすることができます。

2 請求の放棄・認諾

1 意義等

	請求の放棄 ▶4	請求の認諾 ▶4
意　義	原告が請求に理由がないことを認める旨の裁判所に対する意思表示	被告が請求に理由があることを認める旨の裁判所に対する意思表示
要　件	① 訴訟物たる権利又は法律関係が、当事者による自由な処分の可能なものであること ▶6 ② 請求について訴訟要件が具備されていること ③ 当事者に訴訟能力があり、又は代理人に特別の授権があること	
	―	④ 請求が法律上許される権利・法律関係の主張であること
手　続	口頭弁論期日、弁論準備手続期日又は和解期日においてする (266 Ⅰ) ▶5	

▶4　条件を付すことはできず、相手方の同意も不要。

▶5　請求の放棄・認諾をする旨の書面を提出した当事者が期日に出頭しないときは、裁判所等は、その旨の陳述をしたものとみなすことができる (266 Ⅱ)。

▶6 【人事訴訟との関係】　　　　　　　　　　　　　　　　○：可　×：不可

	訴えの取下げ	請求の放棄	請求の認諾
原　則	○	× (人訴 19 Ⅱ)	× (人訴 19 Ⅱ)
離婚・離縁の訴え	○	○ (人訴 37 Ⅰ)	○ (人訴 37 Ⅰ)

2 効　果

① 請求の放棄・認諾が調書に記載されると、訴訟終了の効果が生じる (訴訟終了効)。

② 調書の記載には、放棄ならば請求棄却、認諾ならば請求認容の確定判決と同一の効力が生じる (民訴 267)。

【既判力の有無】

　判例は、既判力が生じるとしつつ、放棄・認諾の意思表示に瑕疵があるときは、再審の訴えによらずに、無効・取消しを主張して手続の続行を求めることができるとしている (大判大 4.12.28　制限的既判力説)。

15 □□□　当事者の一方が相手方の本案についての請求を全面的に認め、**訴訟費用の負担についてのみ**、その双方が互いに譲歩する和解をすることはできない。　➡3**1**「意義」　×

16 □□□　当事者以外の**第三者を利害関係人として加えて**、訴訟上の和解をすることができる。　➡3**1**「意義」　○

17 □□□　裁判所は、**口頭弁論の終結後**、判決の言渡しまでの間においても、和解を試みることができる。　➡3**1**「手続」「時期」　○

18 □□□　民事上の争いについては、当事者は、請求の趣旨及び原因並びに争いの実情を表示して、相手方の普通裁判籍の所在地を管轄する**簡易裁判所又は地方裁判所**に和解の申立てをすることができる。　➡3**2**「申立て」簡易裁判所の専属管轄　×

19 □□□　訴え提起前の和解が調い、これが調書に記載されたときは、この調書の記載は、**確定判決と同一の効力**を有する。　➡3**2**「期日」「和解が調った場合」　○

20 □□□　訴え提起前の和解が調わない場合において、和解の期日に出頭した**当事者双方の申立て**があるときは、通常の訴訟手続に移行する。　➡3**2**「期日」「和解が調わない場合」　○

21 □□□　訴え提起前の和解の期日に**当事者双方が出頭しなかったとき**は、期日が続行されることはなく、**和解が調わないものとみなされて**事件が終了する。　➡3**2** ▶8 調わないものとみなすか否かは裁判所の裁量　×

訴訟上の和解において、**互譲の程度は問わない**ため、訴訟費用の負担のみ相手方が負担する旨の合意も認められます。また、当事者以外の**第三者を加えて**和解をすることも許されます。

3 裁判上の和解

ランク B

1 訴訟上の和解

意　義		訴訟係属中、両当事者が、訴訟物をめぐる主張につき、相互に譲歩することによって訴訟を全部又は一部終了させる旨の期日における合意
手続	期　日	和解の合意は、原則として期日において（ex. 口頭弁論、弁論準備手続、和解期日、証拠保全手続や保全命令手続の各審理期日）、両当事者が口頭でしなければならない
	時　期	裁判所は、**いつでも**、和解のために期日を開いて（和解期日）、和解を試みることができる（89）
効　果		①　和解の成立により、訴訟はその範囲で終了する（訴訟終了効） ②　訴訟上の和解は、調書への記載により、**確定判決と同一の効力**を生じる（267）▶7

▶7　既判力の有無に関しては、判例は、請求の放棄・認諾と同じく、制限的既判力説を採用している（最大判昭 33. 3. 5）。

【関連判例】

訴訟上の和解に無効・取消原因があるときは、和解は無効であって訴訟は終了せず、当事者は、①**新期日の指定の申立て**（大決昭 6. 4.22）、②**和解無効確認の訴え**（大判大 14. 4.24）を提起することができる。

2 訴え提起前の和解

意　義		民事紛争の当事者が、**訴訟係属を前提とせずに**、直接、簡易裁判所に和解の申立てをすることをいう（275）
申立て		請求の趣旨・原因、争いの実情を示して、訴額にかかわらず、書面又は口頭により、**相手方の普通裁判籍の所在地の簡易裁判所に申し立てる**（275 I）
期　日	和解が調った場合	和解が調えば和解条項が調書に記載され（規 169）、その記載は**確定判決と同一の効力**を有する（民訴 267）
	和解が調わない場合	原則：手続は終了する▶8 例外：期日に出頭した当事者双方の申立てがあるときは、訴訟への移行が認められる（275 II 前）

▶8　当事者の一方が和解期日に出頭しないときは、裁判所は、和解が調わないものとみなすことができる（275 III）。

01 □□□ （①判決、②決定）は**言渡し**によらなければ、効力を生じない。

→ 1 **1**「告知方法」
決定は相当と認める方法で告知すれば足りる
①

02 □□□ 訴えが不適法でその不備を補正することができないときでも、裁判所が判決で**訴えを却下**するには、**口頭弁論を経る**必要がある。

→ 1 **1** ▶ 1
×

03 □□□ **判決の言渡し**は、（①訴訟手続の中断中、②その期日に当事者の双方が欠席した場合）でも、することができる。

→ 1 **1** ▶ 2
①
②

04 □□□ **中間判決**は、当事者の申立てがなければ、することができない。

→ 1 **2** ▶ 3
裁判所の裁量
×

05 □□□ （①簡易裁判所の訴訟手続、②少額訴訟手続）においては、判決書の**原本に基づかないで**判決の言渡しをすることができる。

→ 1 **3**「言渡しの方式」「例外」
簡裁一般には本問のような特則はない
②

06 □□□ 判決に明白な計算の誤りがあるときは、裁判所は更正決定をすることができ、**更正決定**に対しては、**不服を申し立てること**はできない。

→ 1 **4**
即時抗告できる
×

中間判決とは、訴訟の進行過程において、当事者間で争点となった事項につき、審理の途中で判断を示して終局判決を容易にする準備をするための判決をいいます。これは、審理を整理して、当事者に早く解決を与えるという機能を果たすものです。この点では、一部判決と同じ機能を持つといえます。しかし、終局判決ではなく、既判力・執行力が生じない点で、一部判決とは異なります。

1 裁判の種類

	判 決	決 定	命 令
主 体	裁判所		裁判長又は受命・受託裁判官
審理方法	必要的口頭弁論（87Ⅰ本）▶1		任意的口頭弁論（87Ⅰ但）
告知方法	言渡し（250）▶2		相当と認める方法（119）

▶1　不備を補正できないときの**訴え却下**（140）等の場合は、口頭弁論を開く必要はない。

▶2　判決の言渡しは、**当事者が在廷しない場合でも**（251Ⅱ）、**訴訟の中断中でも**（132Ⅰ）、することができる。

2 判決の種類

```
┌─ 中間判決 ▶3  ⬚
│                        ┌─ 完結範囲の区分 ─┬─ 全部判決
│                        │                  └─ 一部判決
└─ 終局判決 ─────────────┤
                         └─ 判決内容の区分 ─┬─ 本案判決
                                            └─ 訴訟判決
```

▶3　**【中間確認の訴えとの比較】**

	中間判決（245）	中間確認の訴え（145）
趣 旨	事件処理の迅速化 → 中間判決をするか否かは、訴訟指揮権行使に属し、**裁判所の裁量**	請求の当否の判断の先決関係たる権利又は法律関係の存否につき既判力を得るための制度
既判力	な し	あ り
独立の上訴	できない	できる

3 判決の成立

内容の確定	口頭弁論に関与した裁判官がしなければならない（249Ⅰ　直接主義）
言渡しの方式 **原則**	判決書の原本に基づいてする（252）
言渡しの方式 **例外**（254、374）	以下の場合は、判決書の原本によらないで言渡しをすることができる ①　請求を認容する場合において、当事者間に実質的に争いがない場合 ②　**少額訴訟において**口頭弁論終結後直ちに判決の言渡しを行う場合

4 判決の更正

内 容（257Ⅰ）	判決に計算違い、誤記その他これらに類する明白な誤りがあるときは、裁判所は、申立て又は職権により、いつでも判決内容の更正決定をすることができる
不服申立て（257Ⅱ）	原則：**即時抗告**をすることができる 例外：判決に対し適法な控訴があったときは即時抗告をすることができない

07 □□□　Aが、Bとの間の自動車の売買契約（以下「本件売買契約」という。）に基づき、Bに対し、代金300万円の支払を求める訴え（以下「前訴」という。）を提起したところ、A勝訴の判決が確定したが、その後に、Bが、Aに対し、300万円の代金債務の不存在確認を求める訴え（以下「後訴」という。）を提起した。以下のBの主張のうち、前訴の既判力に抵触しないものはどれか。

1　「本件売買契約に基づく300万円の代金債務は、**前訴の口頭弁論の終結後**に弁済した。」旨の主張 ➡2**1** ▶4 口頭弁論終結後の事情 1 2

2　「本件売買契約の締結前に発生したBのAに対する貸金債権300万円をもって、本件売買契約に基づく300万円の代金債務と**相殺する**。」旨の主張 「形成権」❶

3　「本件売買契約は、Aの詐欺に基づき締結したものであるから、これを**取り消す**。」旨の主張 「形成権」❶

08 □□□　口頭弁論終結前に生じた損害につき**定期金による賠償を命ずる判決**が確定した場合においては、口頭弁論終結後に**損害額の算定の基礎となった事情に著しい変更**が生じたときは、当該判決の変更を求める訴えを提起することができる。 117条1項本文 ○

09 □□□　（①選定当事者を選定した者、②訴訟から脱退した者）にも、**確定判決の効力は及ぶ**。 ➡2**2**「訴訟担当の場合の利益帰属主体」、「訴訟脱退者」 ① ②

10 □□□　土地の所有者Aが、その土地を不法占拠して建物を所有しているBに対して建物収去土地明渡請求訴訟を提起し、その勝訴の判決が確定した場合において、その事実審の（①口頭弁論終結前、②口頭弁論終結後）にBがCに対して**建物を譲渡**したときは、この判決の効力はCに対しても及ぶ。 ➡2**2**「口頭弁論終結後の承継人」 ②

11 □□□　別荘の明渡請求訴訟について、その別荘の**管理人**には、確定判決の効力は及ばない。 ➡2**2**「請求の目的物を所持する者」 ×

12 □□□　建物収去土地明渡請求訴訟について、その建物の所有者からこれを**賃借している者**には、確定判決の効力は及ばない。 ➡2**2**「請求の目的物を所持する者」 ○

2 既判力

1 既判力の意義等

意 義	確定した終局判決の判断内容が後訴の判断を拘束する効力
基準時	事実審の口頭弁論終結時 (民執 35 Ⅱ参照) ▶4
調 査	既判力が及んでいるかどうかは、職権調査事項 → 当事者が既判力を援用しない場合でも、判決の基礎とすることができる

▶4 【遮断効】

意 義		基準時における判断と矛盾する基準時前において生じていた事実を、後訴において主張することができないこと
形成権	遮断される	①詐欺による取消権 (最判昭 55.10.23)、②解除権
	遮断されない	❶相殺権 (最判昭 40.4.2)、❷建物収去土地明渡請求に対して行使する建物買取請求権 (最判平 7.12.15)

2 既判力の主観的範囲

	具 体 例
原 則	対立する当事者(原告・被告)間 (民訴 115 Ⅰ①)
訴訟担当の場合の利益帰属主体	①選定当事者の制度における選定者、②債権者代位訴訟における被代位者 (大判昭 15.3.15) (115 Ⅰ②)
口頭弁論終結後の承継人 ▶5	①債務不存在確認訴訟の口頭弁論終結後に、被告から訴訟の目的たる債権を譲り受けた場合の譲受人、②建物収去土地明渡請求訴訟において、口頭弁論終結後、被告から建物を譲り受けた者 (115 Ⅰ③)
請求の目的物を所持する者	家族、同居人、管理人、受寄者 (115 Ⅰ④) cf. 賃借人や質権者は、該当しない (大決昭 7.4.19 参照)
訴訟脱退者	第三者が独立当事者参加 (47)、参加承継 (49、51)、引受承継 (50、51) によって当事者となったため、従来の当事者の一方が訴訟から脱退した場合における脱退者 (48 後)

▶5 「承継」は、一般承継であるか、特定承継であるかを問わない。

民事訴訟の当事者は、事実審の口頭弁論終結時までに訴訟資料を提出することができ、裁判所はその資料を基礎に裁判をします。すなわち、事実審の口頭弁論終結時とは、**言いたいことを言い尽くした時点**と捉えることができます。

第 10 章 終局判決による訴訟の終了 | 179

13 □□□　所有権に基づく抹消登記手続請求を認容した確定判決は、その**理由中で原告の所有権の存在を認定**していても、所有権の存否について既判力を有しない。

→ **2 3** 「原則」　○

14 □□□　甲が乙に対して貸金 100 万円を有することを理由にして、その返還請求訴訟を提起した場合において、乙が「甲から借り受けた 100 万円は、既に弁済した。仮にその事実が認められない場合には、乙が甲に対して有する売掛代金債権 200 万円をもってその対当額につき相殺する。」と主張し、甲がその反対債権の存在及びそれが相殺適状にあることを認めたときには、裁判所は、乙が主張する**弁済の有無につき証拠調べをすることなく**直ちに甲の請求を棄却することができる。

→ **2 3** ▶7　×
弁済の抗弁の審理が優先する

15 □□□　判決理由中で、反対債権が存在しないとして**相殺の抗弁**を排斥した判決が確定した場合には、後にこの債権を行使することができない。

→ **2 3** ▶8　○
事 例①

16 □□□　100 万円の請求に対して被告が 100 万円の反対債権をもって相殺をする旨の抗弁を主張したところ、裁判所がその反対債権は 50 万円のみ存在すると認定し、その限度でその抗弁を認めた場合には、反対債権については、**50 万円の限度**でしか既判力が生じない。

→ **2 3** ▶8　×
事 例③
残り 50 万円についても「不存在である」との判断に既判力が生じる

裁判所は、Ｙが相殺で対抗しようとしている反対債権の 100 万円分について審理しているため、その中で、**相殺により消滅した部分**のほか、**不存在と判断した部分**についても既判力が生じるとしているわけです。

3 既判力の客観的範囲

原　則	**判決主文**（訴訟物の判断に相当する部分）に包含するものについてのみ生じる（114 Ⅰ）
例　外	相殺のために主張した抗弁の成立又は不成立の判断については、**判決理由中の判断**であるが、相殺をもって対抗した額について既判力が生じる（114 Ⅱ） ▶6、7、8

▶6　相殺の抗弁は、他の抗弁と異なり、**請求とは別個独立の権利を持ち出す**ものであり、**実質的に反訴の提起に等しい**ため、相殺の抗弁の判断に対して既判力が認められる。

▶7　当事者の主張するいずれの抗弁を審理するかは、原則として裁判所の自由であるが、被告が**弁済の抗弁**と**相殺の抗弁**の2つを主張しているときは、裁判所は、まず、被告に有利な弁済の事実の有無から審理しなければならない。相殺の抗弁が認められると、反対債権の不存在についても既判力が生じるため（114 Ⅱ）である。

▶8　**【相殺の抗弁について既判力が生じる範囲】**
　　原告の100万円の請求に対し、被告が150万円の反対債権をもって相殺する旨の抗弁を提出した場合

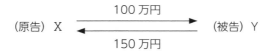

```
                        100 万円
(原告) X  ←─────────────────→  (被告) Y
                        150 万円
```

事例①　**反対債権が存在しない**として、相殺の抗弁が排斥された場合

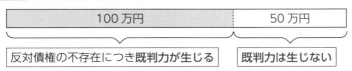

100 万円	50 万円
反対債権の不存在につき**既判力が生じる**	**既判力は生じない**

事例②　**反対債権が全額存在する**として、相殺の抗弁が全部認容された場合

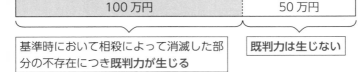

100 万円	50 万円
基準時において相殺によって消滅した部分の不存在につき**既判力が生じる**	**既判力は生じない**

事例③　**反対債権が50万円のみ存在する**として、その限度で相殺の抗弁が認容された場合

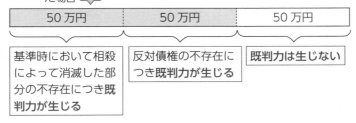

50 万円	50 万円	50 万円
基準時において相殺によって消滅した部分の不存在につき**既判力が生じる**	反対債権の不存在につき**既判力が生じる**	**既判力は生じない**

17 　Aは、Bに対して有する 1,000 万円の貸金債権のうちの**一部の請求であることを明示**して、Bに対し、200 万円の支払を求める訴えを提起した。この事例に関する次の記述のうち、正しいものには○、正しくないものには×で答えよ。

1 ☐☐☐　裁判上の請求としての**時効の完成猶予**の効力は、200 万円の範囲についてのみ生ずる。

➡ 2 **4**【関連判例】
1－○

2 ☐☐☐　裁判所は、審理の結果、AのBに対する貸金債権が 400 万円の限度で残存していると認めた場合であっても、**200 万円**の支払を命ずる判決をしなければならない。

2－○
➡ 3 **1**
処分権主義

18 ☐☐☐　**売買代金支払請求訴訟**において、売買代金債権は存在するが、その履行期が未到来であることが明らかになった場合には、裁判所は、原告が当該債権を有する旨を**確認する判決**をすることができる。

➡ 3 **1**②　×
給付判決を求めている場合に、確認判決をすることはできない

19 ☐☐☐　AがBに対して **100 万円の支払を求める損害賠償請求訴訟**を提起したところ、Bは、Aの損害は 20 万円であると主張して争った。ところが、裁判所は、証拠調べの結果、**Aの損害は 60 万円であったと認定**して、Bに 60 万円の支払を命ずる判決を言い渡した。この裁判所の措置は処分権主義に反する。

➡ 3 **2**「具体例」②　×
参照
一部認容判決として許される

20 ☐☐☐　原告が被告に対して 200 万円の売買代金の残代金債務が **100 万円を超えては存在しない旨の確認を求める訴訟**において、裁判所は、売買残代金債務が **150 万円を超えては存在しない旨を確認する判決**をすることはできない。

➡ 3 **2**「具体例」③　×
一部認容判決として許される

▶9

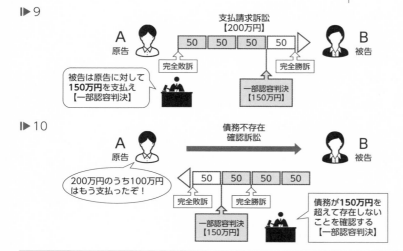

▶10

4 一部請求と訴訟物

問題点	500万円の貸金返還請求権のうち、300万円の貸金返還請求を求める訴えを提起した場合、訴訟物は、① 300万円の貸金返還請求権か、② 500万円の貸金返還請求権か
判例の立場	① 原告が一部請求であることを**明示** → 訴訟物はその（300万円）一部に限定され、前訴判決の既判力は残部請求の後訴には及ばない（最判昭37.8.10明示説） ② 原告が一部請求であることを**明示しない** → 訴訟物は債権全額（500万円）

【関連判例】

> 明示のある一部請求の場合には、債権のその部分についてのみ裁判上の請求としての時効の完成猶予の効力が生じ（最判昭34.2.20）、明示がないときは、時効の完成猶予の効力は債権全額に及ぶ（最判昭45.7.24）。

3 申立事項と判決事項

1 申立事項に関する処分権主義

> 判決事項は、①訴訟物、②権利救済の種類（確認・給付・形成）、審判順位（主位請求・予備的請求）ないし併合形態（単純併合・選択的併合・予備的併合）、③救済を求める範囲において、原告の申立事項と一致しなければならない（246）。

2 一部認容判決

意義	申立事項と判決事項が、形式的には一致していなくとも、量的又は質的に申立事項を超えない請求認容判決をいう
具体例	① 給付請求訴訟において、被告が同時履行の抗弁権や留置権等の権利抗弁を主張した場合における引換給付判決（大判明44.12.11、最判昭33.3.13） ② 原告が200万円の支払を求めて訴えを提起した場合に、裁判所が150万円の支払請求を認める判決（最判昭24.8.2参照）▶9 ③ 200万円の売買代金の残代金債務が100万円を超えては存在しない旨の確認を求める債務不存在確認の訴えにおいて、売買代金の残代金債務は150万円を超えて存在しない旨を確認する判決（最判昭40.9.17）▶10 ④ 建物明渡請求訴訟において、裁判所が、原告の明示の申立額を超える立退料の支払と引換えに明渡しを命じる判決（最判昭46.11.25）

> 一部認容判決とは、原告にとって**完全勝訴と完全敗訴の中間**に位置する判決です。**2**「具体例」②の判決は、「完全勝訴：200万円全額の支払請求を認める判決／完全敗訴：棄却判決（0円）」の中間に当たるので、一部認容判決に当たります。また、③の判決は、「完全勝訴：残代金債務が100万円を超えては存在しない旨の確認／完全敗訴：棄却判決（200万円の存在が認められる）」の中間に当たるので、一部認容判決に当たります。

01 □□□　簡易裁判所が財産権上の請求を認容する判決をするときは、請求の性質上仮執行ができない場合を除き、職権で仮執行の宣言を**しなければならない**。

➡**■** 「手続」「原則」　✕
裁判所の裁量

02 □□□　仮執行の宣言については、当事者に**申立権**がない。

➡**■** 「手続」「原則」　✕
申立権あり

03 □□□　AがBに対して貸金返還請求訴訟を提起した。裁判所は、Aの請求を認めて、Bに金銭の支払を命ずる判決をするに当たり、Aの**申立てがない**にもかかわらず、当該判決につき仮執行宣言を付すことができる。

➡**■** 「手続」「原則」　〇
職権でも可

04 □□□　当事者が**裁判上の和解**をした場合において、和解の費用について特別の定めをしなかったときは、裁判所は、申立てにより又は職権で、和解費用の負担の裁判をしなければならない。

➡**❷ⓐ** 「和解」「原則」　✕
各自が負担する

05 □□□　**証拠保全**に関する費用は、**訴訟費用の一部**となる。

➡**❷ⓑ** 「証拠関係」　〇

1 仮執行宣言 ランク B

意　義		財産権上の請求に関する判決について、確定前の判決に執行力を付与する形成的裁判
手続	原　則	申立て又は職権により、仮執行宣言を付すことができる（259 Ⅰ）
	例　外	以下の場合は、裁判所は、職権で、仮執行宣言を付さなければならない ①　手形又は小切手による金銭の支払の請求及びこれに附帯する法定利率による損害賠償の請求に関する判決（259 Ⅱ） ②　少額訴訟における請求認容判決（376 Ⅰ）
不服申立て		独立して不服申立てをすることはできない

2 訴訟費用 ランク C

ⓐ 訴訟終了の場合における訴訟費用の負担方式

		訴訟費用の負担方式
判　決		敗訴当事者が負担する（61）
和　解	原　則	各自が負担する（68）
	例　外	負担について特別の定めをした場合 →　定めに従う（68）
その他 ▶1		申立てにより、第一審裁判所が決定で訴訟費用の負担を命じる（73 Ⅰ前）

▶1　訴えの取下げ、請求の放棄・認諾など。

ⓑ 訴訟費用等

上　訴	訴訟費用の負担の裁判のみに対する独立した上訴は許されない（282、313）
証拠関係	証拠保全に関する費用：訴訟費用の一部となる（241）▶2

▶2　cf. 訴え提起前の証拠収集の処分（132の4）の申立てに関する裁判の費用は、申立人の負担となる（132の9）。

仮執行宣言は、**独立した不服申立てができないこと**、**職権でしなければならない場合がある**ことの2つを優先的に押さえましょう。

01 □□□　控訴の提起は、**控訴状を控訴裁判所に提出**してしなければならない。

➡**1 2**「方式」　　✕
第一審裁判所に提出

02 □□□　控訴は、**判決の言渡しがあった日から2週間内**にしなければならない。

➡**1 2**「控訴期間」　　✕
送達から2週間

03 □□□　（①第一審の終局判決中の訴訟費用の負担の裁判、②中間判決、③一部判決、④仮執行宣言）に対しては、**独立して不服を申し立てる**ことができる。

➡**1 3**①②⑤　　③

04 □□□　被告は、予備的に提出した**相殺の抗弁が認められて勝訴**した場合には、訴求債務の成立を争って控訴する利益を有しない。

➡**1 4** ▶1　　✕
控訴の利益あり

05 □□□　被告は、**訴えを却下**した判決に対しては、請求棄却の申立てをしている場合でも、控訴を提起することはできない。

➡**1 4** ▶2　　✕
控訴の利益あり

控訴は第一審の終局判決に対する上訴ですが、決定・命令に対する上訴は**抗告**といいます。抗告には、通常抗告と即時抗告があります。**通常抗告**とは、原裁判の取消しを求める利益がある限り、いつでも提起できる抗告です。これに対し、**即時抗告**とは、裁判の性質上、特に迅速に確定させる必要がある場合の抗告で、裁判の告知を受けた日から**1週間以内**に提起しなければなりません（332）。また、即時抗告は、法令に特別の定めがある場合（ex. 移送の決定、文書提出命令）に限りすることができることに注意しておきましょう（21等）。

1 控訴の要件 💬

1 要件

① 控訴の提起が、控訴期間中（285）に、適式・有効にされていること（→**2**）
② 控訴の許される判決に対する控訴であること（→**3**）
③ 不控訴の合意、控訴権の放棄（281Ⅰ但、284、規173Ⅰ）がないこと
④ 不服の利益（控訴の利益）があること（→**4**）

2 要件①について

方 式	控訴状を、**第一審裁判所に提出して行う**（民訴286Ⅰ）
控訴期間 （285）	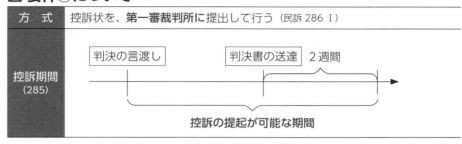

3 要件②について（独立して控訴ができない裁判の例）

①**訴訟費用の負担の裁判**（282）、②**中間判決**（245）、③**訴えの変更を許さない決定**（143Ⅳ）、④**弁論の制限・分離・併合**（152Ⅰ）、⑤**仮執行の宣言**（259）

4 要件④について

○：控訴の利益あり　×：なし

	第一審判決	原 告	被 告
本案判決	全部認容した判決	×	○
	一部認容し一部棄却した判決	○	○
	全部棄却した判決	○	×▶1
	訴訟判決（訴えを却下した判決）	○	○▶2

▶1　被告の**相殺の抗弁**が認められ原告の請求が全部棄却された場合は、被告にとって実質的には敗訴であるため、被告は、他の理由による請求棄却判決を得るために、例外的に不服の利益が認められる。

▶2　被告が、**請求棄却を求めていたとき**には、本案判決を得られなかったことで被告にも不利益であるから、控訴することができる（最判昭40.3.19）。

06 □□□　控訴審における口頭弁論は、当事者が第一審判決の**変更を求める限度**においてのみ行われる。 | ➡ 2 ❶「利益・不利益変更禁止の原則」| ○

07 □□□　控訴審においては、**弁論準備手続**をすることができない。 | ➡ 2 ❶「審理」「方式」第一審と同じ | ×

08 □□□　被控訴人は、（①控訴権を放棄又は喪失した後、②控訴期間を経過した後）であっても、控訴審の口頭弁論の終結に至るまで、**附帯控訴**をすることができる。 | ➡ 2 ❷「期間制限」| ① ②

09 □□□　控訴の取下げをするには、**相手方の同意**を得ることを要しない。 | ➡ 2 ❸「要件」「相手方の同意」| ○

10 □□□　第一審で敗訴した原告が控訴した後、**控訴を取り下げた**ときは、第一審判決も遡及して失効する。 | ➡ 2 ❸「効果」第一審判決が確定する | ×

11 □□□　控訴が不適法であり、その不備を補正することが不可能であるときは、控訴裁判所は、**口頭弁論を経ないで**、**判決で**、控訴を却下することができる。 | 290 条 | ○

2 控訴審の審理

ランク B

1 控訴審の審理

利益・不利益 変更禁止の原則		審判対象は、当事者が申し立てた不服の範囲に限られ（296 I）、原判決の取消し・変更もこの範囲に限られる（304　処分権主義の表れ）▶3
審 理	続審制	第一審の資料に控訴審での新資料を加えて、第一審判決の当否を審査する
	方　式	原則として、第一審手続に関する規定が準用される（297）

▶3　ただし、被控訴人からの附帯控訴（→**2**）があると、控訴人に不利益な原判決の変更が可能になる。

2 附帯控訴

意　義		控訴審の手続の開始に付随して、被控訴人が、自己の不服について控訴審の審判範囲を拡大し、原判決を自己に有利に変更するように求めること（293）
期間制限		控訴権が消滅した後であっても、口頭弁論の終結に至るまで可能（293 I）
控訴との 関係	原　則	控訴の取下げ又は不適法却下により控訴審の手続が終了したときは、その効力を失う（293 II本）
	例　外	控訴の要件を備えるときは、独立した控訴とみなされる（293 II但）

3 控訴の取下げ（控訴審における訴えの取下げとの比較）

		控訴の取下げ（292）	訴えの取下げ（261）
要 件	時　期	控訴審の終局判決があるまで	終局判決が確定するまで
	相手方 の同意	不　要 （292 IIによる261 IIの不準用）	必　要
	効　果	控訴の遡及的消滅 →　控訴期間の経過により、 **第一審判決が確定**	訴訟係属の遡及的消滅 →　**第一審判決の失効**

附帯控訴は上訴ではなく、公平の観点から認められた攻撃的申立てであり、控訴審における**不利益変更禁止の原則**の制限をはずすものです。名前が煩わしいのですが、**附帯控訴は控訴ではない**と覚えておきましょう。そうすれば、控訴権が消滅した後であっても附帯控訴をできることが理解しやすくなるでしょう。

Q p130の問17に関して、なぜこのような結論になるのかわかりません。

A 当事者の合意に基づく**必要的移送**に関して、被告が本案について弁論をし、若しくは弁論準備手続において申述をした後に申立てがされたものであるときには移送することができないとされています(19Ⅰ但)。これは、主観的な事情により裁判官を交代させる事態を防止する趣旨ですが、**簡易裁判所から地方裁判所への移送**は、地方裁判所における慎重な審理を望む目的で行われるため、この趣旨が妥当せず、このような制限はないのです(19Ⅰ但)。

Q p144の問20に関して、本訴である債務不存在確認の訴えが確認の利益を欠くことになるとされていますが、そうなると原告にとって不利になるのではないでしょうか?

A 本問の事例において、本訴である債務不存在確認の訴えが確認の利益を欠くとされているのは、債務者の本訴の目的(債務不存在についての既判力)は、反訴請求の棄却判決を得ることによって達成できるところ、反訴の審理に一本化するべきだからです。このように、原告にとっては、**反訴請求の棄却判決により債務不存在についての既判力を得ることができる**ため、本訴が却下されるからといって、原告が不利になるわけではありません。

Q 主要事実・間接事実・補助事実の区別がわかりません。

A **主要事実**とは、権利の発生・変更・消滅という法律効果を判断するのに直接必要となる事実をいいます。例えば、貸金債権の発生を導く主な主要事実は、①「返還合意の事実」、②「金銭の授受の事実」です。民法587条が、「消費貸借は、当事者の一方が……同じ物をもって返還をすることを約して相手方から金銭その他の物を受け取ることによって、その効力を生ずる。」と規定しているため、この要件に沿った事実が必要となるのです。
間接事実とは、主要事実の存否を推認するのに役立つ事実をいいます。上記の貸金債権の返還請求の訴訟が提起された場合において、上記②「金銭の授受の事実」に関して「被告の金回りが良くなった」という事実が間接事実に当たり、これが「金銭の授受」の要件に関する判断材料になるわけです。
補助事実とは、証拠の信用性に関する事実をいいます。上記の貸金債権の返還請求の訴訟が提起され、証拠として借用書が提出された場合において、上記①「返還の合意の事実」に関して「借用書が偽造された」という事実が補助事実に当たり、これが「返還の合意の事実」の要件に関する判断材料になるわけです。

第2編
複雑訴訟及び略式訴訟手続

●**体系MAP**

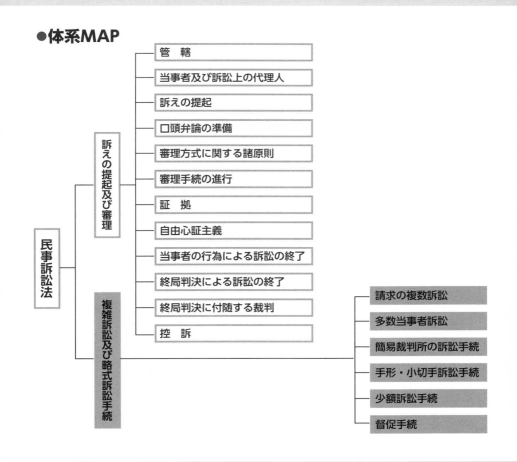

第1章	請求の複数訴訟	第2章	多数当事者訴訟
第3章	簡易裁判所の訴訟手続	第4章	手形・小切手訴訟手続
第5章	少額訴訟手続	第6章	督促手続

01 □□□ 訴えの変更が**著しく訴訟手続を遅滞させる場合**であっても、相手方が同意し、又は異議を述べなければ、訴えの変更は許される。 　➡1**2**② 　×

02 □□□ 訴えの変更は、**事実審の口頭弁論の終結に至るまで**、することができる。 　➡1**2**③ 　○

03 □□□ 旧請求と新請求との間に**請求の基礎の同一性がない場合**には、**被告が同意**したときであっても、請求又は請求の原因の変更をすることはできない。 　➡1**2** ▶2 　×

04 □□□ 簡易裁判所においてする場合を除き、請求の趣旨又は請求の原因の変更は、**書面**でしなければならない。 　➡1**3**「方式」 請求原因は口頭でも変更可 　×

05 □□□ 裁判所は、請求又は請求の原因の変更を不当であると認めるときは、申立てにより又は職権で、その**変更を許さない旨の決定**をしなければならない。 　➡1**3**「裁判所の対応」 　○

1 訴えの変更

1 意義及び類型

意　義	訴訟係属後に、原告が当初からの手続を維持しつつ、当初の審判対象（請求の趣旨又は原因）を変更すること（143）
類　型	① 旧請求を維持しつつ、新請求を加える「訴えの追加的変更」 ② 旧請求と交換して新請求を提起する「訴えの交換的変更」

2 要　件

訴えの併合の一般的要件を具備していること（7、13、136）の他に、以下の要件が必要となる。
① 請求の基礎に変更がないこと（143 I 本）▶2
② 著しく訴訟手続を遅滞させないこと（143 I 但）
③ 事実審の口頭弁論終結前であること（143 I 本）
④ 交換的変更の場合には、相手方の同意があること ▶1

▶1　交換的変更の法的性質は、追加的変更と**訴えの取下げ**の複合形態である（最判昭32. 2.28）。

▶2　**①の要件について**

> ①の要件は、訴えの変更による被告の防御の困難を防止するという、被告の利益保護を目的とする要件である。
> → ❶被告が同意し又は応訴したとき、❷原告が、被告の提出した防御方法（抗弁や否認）に立脚して新たに請求を付加するときは、被告の利益保護は問題とならないので、①の要件の具備を要しない（大判昭11. 3.13、最判昭39. 7.10）。

3 手　続

方式	簡裁以外	原　則	書面でしなければならない（143 II）
		例　外	請求原因のみの変更の場合 → 書面ですることを要しない（最判昭35. 5.24）
	簡　裁		口頭による変更も可能（271）
裁判所の対応			訴えの変更が不当であると判断したときは、申立て又は職権で、**訴えの変更を許さない旨の決定**をする（143 IV）

> 訴えの変更は、訴訟物の変更を意味するため、攻撃防御方法の変更だけをした場合には、訴えの変更とはいえません。例えば、売買契約が無効であることを主張して、所有権移転登記の抹消を求める訴えにおいて、その主張を詐欺による取消しに変更することは**訴えの変更ではありません**。この事例では攻撃防御方法が変更されただけで、訴訟物は抹消登記請求権のままだからです。

06 □□□ 反訴の提起後に**本訴が取り下げられ、又は本訴が却下されたとき**は、反訴は、初めから係属しなかったものとみなされる。

→2**1**「意義」参照
反訴を提起するためには本訴の訴訟係属が必要だが、それは反訴係属の要件ではない

×

07 □□□ 反訴は、その目的である請求が**本訴の目的である請求又はこれに対する防御の方法**と関連する場合に限り、提起することができる。

→2**2**①

○

08 □□□ 反訴は、**その請求が本訴の係属する裁判所の管轄に属さない場合**であっても、請求と本訴が関連し、かつ、他の裁判所の専属管轄に属さないものであるときは、提起することができる。

→2**2**③

○

09 □□□ 本訴の審理の終結間際に反訴が提起されたときでも、裁判所は、**著しく訴訟を遅滞させること**を理由にして、それを却下することはできない。

→2**2**④

×

10 □□□ 控訴審で（①反訴を提起、②訴えの変更を）するには、**相手方の同意**が必要である。

→2**2** ▶3

①

11 □□□ ＡのＢに対する甲土地の明渡請求訴訟の**第一審**において、Ｂの**賃借権の抗弁**が認められた場合に、**控訴審**においてＢが**賃借権確認の反訴**を提起するときは、Ａの同意を得なければならない。

→2**2** ▶4

×

12 □□□ 簡易裁判所においてする場合を除き、反訴の提起は**書面**でしなければならない。

→2**3**「方式」

○

|2|反　訴

1 意義及び類型

意　義	係属中の本訴の手続内で、関連する請求につき、被告（反訴原告）が原告（反訴被告）に対して提起する訴えをいう（146）
類　型	**単純反訴**：請求を無条件に定立する反訴 **予備的反訴**：本訴の棄却・却下を解除条件とする反訴

2 要　件

訴えの併合の一般的要件を具備していること（7、13、136）の他に、以下の要件が必要となる。
① 反訴請求が**本訴請求又はこれに対する防御方法と関連する**こと（146Ⅰ本）
② 本訴の事実審の口頭弁論終結前であること（146Ⅰ本）▶3
③ 反訴請求について**他の裁判所の専属管轄**（専属的合意管轄を除く）に属さないこと（146Ⅰ但①）
④ 著しく訴訟手続を遅滞させないこと（146Ⅰ但②）

▶3 【控訴審における相手方の同意の要否】

反訴	原　則	必　要（300Ⅰ）
	例　外	以下の場合は不要 ① 相手方が異議を述べないで反訴の本案について弁論をした場合（300Ⅱ） ② 反訴請求につき**第一審において実質的には審理**していたといえる場合 ▶4
訴えの変更		不　要

▶4　ex. 土地明渡請求訴訟の第一審において、被告の賃借権の抗弁が認められ、控訴審で被告が賃借権確認の反訴を提起した場合等（最判昭38. 2.21）。

3 手　続

方式	原　則	書面でしなければならない（146Ⅳ）
	例　外	簡易裁判所では、口頭でもよい（271）
審　判		反訴が適法に提起されると、反訴の審判は本訴の審判と併合してされる
反訴の取下げに対する同意		① 相手方（反訴被告）が本案について準備書面を提出し、弁論準備手続において申述をし、又は口頭弁論をした後 → **必要**（261Ⅱ本） ② 本訴の取下げがあった場合の反訴の取下げ → **不要**（261Ⅱ但）

01 ☐☐☐ **通常共同訴訟**においては、**共同訴訟人の一人が提出した証拠**は、それが他の共同訴訟人に不利なものである場合には、当該他の共同訴訟人に異議がないときに限り、当該他の共同訴訟人との関係でも証拠となる。

➡1**1**「審理」「修正」 ✕
当然に証拠となる

02 ☐☐☐ Aが、被告Bに対しては貸金の返還を、被告Cに対しては保証債務の履行を、それぞれ求めている共同訴訟において**BがAに対する弁済を主張**したときは、**Cがその弁済の主張をしなくても**、裁判所は、AのCに対する請求において、その弁済の事実を認定することができる。

➡1**1**「審理」「修正」 ✕
cf.
主張共通は認められない

03 ☐☐☐ Aが、被告Bに対しては貸金の返還を、被告Cに対しては保証債務の履行を、それぞれ求めている共同訴訟においてBに**中断事由**が生じたときは、**AB間**の訴訟手続は中断するが、**AC間**の訴訟手続は中断しない。

➡1**1** ▶1 ◯

04 ☐☐☐ Aが、被告Bに対しては貸金の返還を、被告Cに対しては保証債務の履行を、それぞれ求めている共同訴訟においてAのBに対する**請求をBが認諾**しても、Cが共に認諾しない限り、**Bの認諾の効力**は生じない。

➡1**1** ▶1 ✕
Bについて生じる

05 ☐☐☐ 共同被告の一方に対する訴訟の目的である権利と共同被告の他方に対する訴訟の目的である権利とが法律上併存し得ない関係にある場合には、裁判所は、矛盾抵触する判断を避けるため、**弁論及び裁判を分離**することができない。

➡1**2**「要件」②
原告の申出がなければ分離できる ✕

通常共同訴訟は、**個別訴訟を便宜上一緒の訴訟手続で審判するだけのタイプの**共同訴訟です。通常共同訴訟では、**共同訴訟人独立の原則**が働くため、共同訴訟にするメリットが乏しいように思えますが、**証拠共通の原則**により、統一的な事実認定を期待することができ、この点に通常共同訴訟を選択するメリットがあります。

1 通常共同訴訟 💬

共同訴訟 ─┬─ 通常共同訴訟
         └─ 必要的共同訴訟 ─┬─ 固有必要的共同訴訟
                            └─ 類似必要的共同訴訟

1 意義及び具体例

意　義		各共同訴訟人と相手方との間の複数の請求相互間に38条所定の関連性がある場合に、本来別個に訴訟を提起し審判することができる数個の請求につき、便宜上、共同訴訟とすることが認められることをいう（38）
審理	原　則	各共同訴訟人が他の共同訴訟人の訴訟追行に制約されず、それぞれ独自に訴訟を追行しその効果を受ける（39　共同訴訟人独立の原則）▶1
	修　正	共同訴訟人間の証拠共通は認められる（最判昭45.1.23）▶2 cf. 共同訴訟人間の主張共通は、認められない（最判昭43.9.12）
具体例		①数人の連帯債務者に対する債権者の支払請求、②債権者が主たる債務者に対して主債務の履行を請求し、保証人に対して保証債務の履行を請求する場合等

▶1　　具体的には、①共同訴訟人の一人に中断事由が生じても他の者の訴訟は中断せず、②他の共同訴訟人とは無関係に、請求の放棄・認諾や上訴をすることができ、その効果は他の共同訴訟人には及ばない。

▶2　　自由心証主義（247）の下では、証拠に対する心証は1つしかあり得ないからである。

2 同時審判申出共同訴訟 (41条)

意　義	共同被告と原告との間の実体法上両立しない請求（ex. 本人に対する契約上の請求と無権代理人に対する請求〔民117Ⅰ〕）につき、通常共同訴訟ではあるが、弁論及び裁判の分離を禁じる場合をいう▶3
要　件	①　共同被告の一方に対する訴訟の目的である権利と共同被告の他方に対する訴訟の目的である権利とが法律上併存し得ない関係にある場合であること ②　控訴審の口頭弁論終結時までに、原告が同時審判の申出をすること

▶3　【弁論の分離・裁判の分離の可否】　　　　　　　　　　　　　　　○：可　×：不可

通常共同訴訟	同時審判申出共同訴訟	必要的共同訴訟
○	×	×

06 □□□ 　固有必要的共同訴訟と**類似必要的共同訴訟**のいずれにおいても共同して訴え、又は訴えられなければならない。

→2❷
類似の場合は一部の
者のみでも可

✕

07 □□□ 　**固有必要的共同訴訟**において、共同訴訟人となるべき者の全員が共同して訴えを提起しなかった場合、共同訴訟人となるべきその他の者は**共同訴訟参加**をして原告となることはできない。

→2❷ ▶5

✕

08 □□□ 　**必要的共同訴訟**において、**共同訴訟人の一人について訴訟手続の中断事由があるとき**は、その中断は、他の共同訴訟人に対しても効力を生ずる。

→2❸「中断事由の
発生」

〇

09 □□□ 　ＡがＢ及びＣを共同被告として訴えている訴訟において、**Ｂが口頭弁論期日において請求を認諾**する旨の意思表示をした。ところが、裁判所は、当該訴訟が**固有必要的共同訴訟であることを理由として**Ｂの請求の認諾を認めず、証拠調べを実施した上で、Ａ敗訴の判決を言い渡した。この裁判所の措置は処分権主義に反する。

→2❸「訴訟行為」
認諾は不利な行為な
ので効力を生じない

✕

10 □□□ 　**必要的共同訴訟**において、**共同訴訟人の一人に対する相手方の訴訟行為**は、他の共同訴訟人に対しても効力を生ずる。

→2❸「訴訟行為」
「共同訴訟人の相手方
の行為」

〇

11 □□□ 　**訴えの取下げ**は、**固有必要的共同訴訟**においては、全員が共同してしなければならないが、**類似必要的共同訴訟**においては、単独でもすることができる。

→2❸ ▶6

〇

必要的共同訴訟では、紛争の合一確定の要請から、共同訴訟人の１人がした訴訟行為に効力を認めるべきではありませんが、共同訴訟人全員について有利なものであれば、その全員に効力を生じさせても差し支えないため、全員に効力が生じます。

【不利な行為】

Ａ
被告

負けました…
【請求の認諾】

Ｂ
被告

ＡＢに不利な行為
→ＡＢどちらにも
効力は生じない

【有利な行為】

Ａ
被告

控訴するぞ！
【控訴】

Ｂ
被告

ＡＢに有利な行為
→ＡＢどちらにも
効力が生じる

2 | 必要的共同訴訟

1 意義及び類型

意　義	判決が共同訴訟人ごとに区々となることは許されず、法律上、合一確定が要求される共同訴訟（民訴 40）▶4
類　型	① 固有必要的共同訴訟　　② 類似必要的共同訴訟

▶4　通常共同訴訟では合一確定が事実上実現し得るにすぎないが、必要的共同訴訟は、法律上、合一確定が義務付けられている。

2 固有必要的共同訴訟及び類似必要的共同訴訟

固有必要的共同訴訟	類似必要的共同訴訟
数人が共同して初めて、ある請求をめぐる訴えにつき当事者適格が認められ、個別に訴え又は訴えられたのでは本案判決をすることができない必要的共同訴訟▶5	当事者適格を有する者の全員が訴え又は訴えられることが不可欠でなく、一部の者のみで訴えを提起することも許されるが、各共同訴訟人と相手方間に訴訟が係属した以上、合一確定が要請される必要的共同訴訟

▶5　共同訴訟人となるべき者が欠落していた場合において、**共同訴訟参加**（52）をすることにより、その瑕疵が治癒される（大判昭 9.7.31）。

3 審　判

中断事由の発生		手続は、共同訴訟人全員について停止する（40 Ⅲ）
訴訟行為	共同訴訟人の一人の行為	共同訴訟人全員に有利なもの：全員に効力を生じる（40 Ⅰ） 上記以外：その訴訟行為を行った者も含めて、効力は生じない▶6
	共同訴訟人の相手方の行為	共同訴訟人全員に効力を生じる（40 Ⅱ）
弁論の分離 一部判決		許されない ∵ 合一確定の要請が働くため

▶6　【共同訴訟人の一人による訴えの取下げの効力】

	固有必要的共同訴訟	類似必要的共同訴訟
効　力	生じない（最判昭 46.10.7）	生じる

12 □□□ 補助参加は、参加する他人間の訴訟が控訴審に係属中であってもすることができるが、**上告審**においてはすることができない。

→3**1**「要件」①
上告審でも可能
×

13 □□□ 補助参加の申出は、**口頭**ではすることができない。

→3**1**「手続」「申出」①
口頭でも可能
×

14 □□□ 補助参加の申出は、**参加の趣旨及び理由**を明らかにして、補助参加により訴訟行為をすべき裁判所にしなければならない。

→3**1**「手続」「申出」②
○

15 □□□ 補助参加の申出人は、当事者が参加につき異議を述べない場合には、**参加の理由を疎明**することを要しない。

→3**1**「手続」「許否」
○

16 □□□ 補助参加の申出は、参加人としてすることができる**訴訟行為とともに**することができる。

43条2項
○

17 □□□ 補助参加人は、**参加について当事者が異議を述べた場合**には、**参加を許す裁判が確定するまでの間**は、訴訟行為をすることができない。

→3**1** ▐▶7
できる
×

18 □□□ 補助参加人は、**上訴の提起**をすることはできるが、**訴えの変更や反訴の提起**をすることはできない。

→3**1**
上訴の提起はできる
○

19 □□□ 当事者は、補助参加について**異議を述べないで弁論**をし、又は弁論準備手続において申述をした後には、裁判所に対し、補助参加について異議を述べることはできない。

→3**1** ▐▶8
○

20 □□□ **訴訟告知を受けた**者が告知を受けた訴訟に補助参加しなかった場合には、当該訴訟の裁判の効力は、その者には**及ばない**。

→3**2**「効果」
参加的効力が及ぶ
×

21 □□□ 訴訟告知は、**書面**を裁判所に提出してしなければならない。

→3**2** ▐▶9
○

3 訴訟参加

1 補助参加 💬

意 義		他人間の訴訟の結果につき利害関係を有する第三者（補助参加人）が、当事者の一方（被参加人）を**勝訴させる**ことによって、**間接的に自己の利益を守る**ために当該訴訟に参加する参加形態（42）
要 件		① 他人間の訴訟であること（訴訟がいかなる審級にあるかを問わない） ② 第三者が訴訟の結果について法律上の利害関係を有すること
手続	申 出	①書面又は口頭により（規1Ⅰ）、②**参加の趣旨及び理由**を明らかにして、補助参加により訴訟行為をすべき裁判所にする（民訴43Ⅰ）
	許 否	当事者から異議が述べられた場合にのみ、裁判所が決定の形式で判断する → 補助参加人は、参加の理由を疎明しなければならない（44Ⅰ）▶7、8
参加的効力		46条1号〜4号の場合を除き、判決確定後、補助参加人が被参加人に対してその判決が不当であると主張することが禁止される（最判昭45.10.22）

▶7　補助参加人は、補助参加について異議があった場合においても、**補助参加を許さない裁判が確定するまでの間は、訴訟行為をすることができる**（45Ⅲ）。
▶8　当事者が異議を述べないで弁論をし、又は弁論準備手続で申述した後は、異議を述べることができない（44Ⅱ）。

2 訴訟告知

意 義	訴訟係属中、当事者が、当該訴訟に法律上の利害関係を有し参加することができる第三者に対して、法定の方式▶9により、訴訟係属の事実を通知すること
要 件	① 訴訟係属中であること（53Ⅰ） ② 当該訴訟の当事者、補助参加人、あるいは当事者・補助参加人から告知を受けた者からの告知があること（53Ⅰ、Ⅱ） ③ 被告知者が、当該訴訟に参加（補助参加のみならず、当事者参加を含む）できる第三者であること（53Ⅰ）
効 果	被告知者は、参加しない場合でも、46条の限度で**参加的効力**を受ける（53Ⅳ）

▶9　告知の理由と訴訟の程度を記載した告知書を受訴裁判所に提出して行う（53Ⅲ）。

補助参加により訴訟に参加する者（補助参加人）は、当事者としてではなく、あくまでも**助っ人として訴訟に参加**するのがポイントです。補助参加人は、原則として、独自の判断で一切の訴訟行為をすることができますが（45Ⅰ本）、以下の制限があります。
① 被参加人ができない訴訟行為はすることができない（45Ⅰ但）。また被参加人の行為と矛盾・抵触する訴訟行為は、その効力を有しない（45Ⅱ）。
② 補助参加は、他人間の訴訟を前提とするため、その処分をもたらす訴えの変更や**反訴の提起**、**訴えの取下げ**、請求の放棄・認諾、和解をすることができない。

22 □□□　独立当事者参加の申出は、**第一審の口頭弁論終結の時まで**にしなければならない。
➡4「要件」①参照　×

23 □□□　独立当事者参加の申出においては、参加の趣旨だけでなく、その**理由**も、明らかにしなければならない。
➡4「手続」　○

24 □□□　訴訟の当事者の一方を相手方とする独立当事者参加の申出があったときは、**参加の申出の書面**は、当該当事者の（①一方、②双方）に**送達**する。
➡4「手続」　②
一方を相手方とする場合でも、当事者双方に送達する

25 □□□　独立当事者参加をした者がある場合において、参加前の原告又は被告が口頭弁論をしたときは、その原告又は被告は、当該**訴訟から脱退することができない**。
➡4「脱退」　×
相手方の承諾を得れば脱退可

26 □□□　当事者が死亡した場合において、その相続人は、**相続の放棄ができる間**であっても、訴訟手続を受け継ぐことができる。
124条3項　×
相続放棄ができる間は、訴訟手続を受け継ぐことができない

27 □□□　参加承継によって新たに原告となった者は、従前の原告で**訴訟から脱退した者が自白した事実に反する主張**をすることができる。
➡5**1**「効果」　×

28 □□□　訴訟の係属中、第三者がその訴訟の目的である義務の全部又は一部を承継したときは、裁判所は、当事者の申立てにより、決定で、その**第三者に訴訟を引き受けさせる**ことができる。
➡5**2**「意義」　○

29 □□□　訴訟引受けの申立ては、事実審の口頭弁論終結前にしなければならない。
➡5**2**「要件・効果」、　○
5**1**「要件」

独立当事者参加の具体例として、以下の事例を押さえておきましょう。
①　AのBに対する土地所有権移転登記の抹消登記手続請求訴訟において、Bがいい加減な訴訟追行をしていたところ、Bからその土地について抵当権設定登記を受けたCが参加する場合（大判昭 12.4.16）
②　AがBに対し土地所有権確認とその引渡請求訴訟を提起したところ、Cが当該土地所有権は自己に帰属する旨を主張して、Aに対し土地所有権確認、及びBに対し同確認と引渡しを求める場合

4 独立当事者参加 💬

意 義	第三者が原告・被告間の訴訟の結果により権利が害されること、又はその訴訟の目的が自己の権利であることを主張して、その訴訟の**当事者の双方又は一方を相手方として**、当事者としてその訴訟に参加する参加形態をいう（47）
要 件	① 他人間に訴訟が係属していること ▶10　　② 参加の理由があること ③ 係属する他人の訴訟の当事者の双方又は一方を相手方とすること
手 続	・参加の申出は、**参加の趣旨**及び**理由**を明らかにして行う（47Ⅳ・43） ・参加の申出は書面によらなければならず（47Ⅱ）、この書面は、**当事者双方に送達**しなければならない（47Ⅲ）
脱 退	独立当事者参加をした者がある場合には、参加前の原告又は被告は、**相手方の承諾**を得て訴訟から脱退することができる（48前）

▶10　上告審では独立当事者参加をすることはできない（最判昭44.7.15）。

5 参加承継と引受承継

1 参加承継

意 義	第三者がその訴訟の目的である権利又は義務を承継した場合に、その第三者が自らその訴訟に当事者として参加すること（49、51）
要 件	訴訟係属後、**事実審の口頭弁論終結前**に、権利を譲り受けたこと又は義務を承継したこと
手 続	参加人が独立当事者参加をすることによって行われる（49、47Ⅰ）
効 果	・訴訟係属の初めに、時効の完成猶予に関する裁判上の請求があったものとみなされ、また、訴訟係属の初めに遡って法律上の期間遵守の効力を生じる（49） ・従前の訴訟においてなされた当事者の訴訟行為は、**承継後の訴訟**においても効力を有する

2 引受承継

意 義	第三者がその訴訟の目的である権利又は義務を承継した場合に、被承継人の相手方が、権利又は義務の承継人にその訴訟を引き受けさせること（50Ⅰ、51）
手 続	当事者が引受申立てをすることによって行われ、裁判所が**決定**で裁判する（50Ⅰ）▶11
要件・効果	参加承継と同様

▶11　この場合、裁判所は、当事者及び第三者を**審尋**しなければならない（50Ⅱ）。

01 ☐☐☐ 簡易裁判所においては、**当事者双方**は、いつでも任意に裁判所に出頭し、**直ちに口頭で訴えを提起**し、口頭弁論をすることができる。

→**1**「訴え提起の方式」　○

02 ☐☐☐ 簡易裁判所においては、原告又は被告が口頭弁論の**続行期日**に欠席しても、その者が提出した**準備書面を陳述したものとみなす**ことができる。

→**1**「陳述擬制」　○

03 ☐☐☐ 簡易裁判所においては、当事者の**双方**が最初の口頭弁論期日に**欠席**した場合には、裁判所は、原告の訴状及び被告の答弁書に記載した事項を陳述したものとみなして弁論を続行することができる。

→**1**「陳述擬制」参照　×
簡易裁判所でも当事者双方が欠席した場合には陳述擬制は認められない

04 ☐☐☐ 裁判所は、証人尋問においては、証人の尋問に代えて書面の提出をさせることができるが、**当事者尋問**においては、**簡易裁判所の訴訟手続に限り**、当事者本人の尋問に代えて書面の提出をさせることができる。

→**1**「尋問等に代わる書面の提出」　○
当事者尋問で尋問等に代わる書面の提出ができるのは簡易裁判所のみ

05 ☐☐☐ （①地方裁判所、②簡易裁判所）において、裁判所は、**当事者に異議のないときに限り**、証人の尋問に代えて書面の提出をさせることができる。

→**1**「尋問等に代わる書面の提出」▶4　①

06 ☐☐☐ 簡易裁判所において、調書は、**当事者に異議がある場合を除き**、裁判官の許可があるときは、**証人の陳述の記載を省略して記載**することができる。

→**1**「調書記載の省略及び判決書の簡略化」　×
当事者は異議を申し立てることはできない

07 ☐☐☐ 簡易裁判所において、裁判所は、必要があると認めるときは**和解**を試みるについて**司法委員に補助**させることができる。

→**1**「司法委員」　○

08 ☐☐☐ 簡易裁判所における訴訟においては、**反訴**を提起することができない。

そのような制限はない　×
cf. 手形小切手訴訟、少額訴訟

1 簡易裁判所と地方裁判所の比較

	簡易裁判所	地方裁判所
事物管轄	訴額が 140 万円を超えない事件 （裁判 33 Ⅰ①）▶1	訴額が 140 万円を超える事件 （裁判 24 ①）▶2
訴訟代理人	・弁護士（民訴 54 Ⅰ本文） ・裁判所に許可された弁護士でない者（54 Ⅰ但） ・認定司法書士（司書 3 Ⅰ⑥）	弁護士 （54 Ⅰ本文）
訴え提起の方式	・口頭による方式で可（民訴 271） ・当事者双方の出頭による方式（273）	訴状の提出による方式のみ（133 Ⅰ）
請求の特定	請求の原因に代え、紛争の要点を明らかにすれば足りる（272）	請求の趣旨及び請求の原因を訴状に必ず記載（133 Ⅱ②）
準備書面	不 要（276 Ⅰ）▶3	必 要（161 Ⅰ）
陳述擬制	続行期日でも可（277）	最初の期日のみ（158）
尋問等に代わる書面の提出	相当と認めるときは、証人・当事者の尋問に代えて、書面の提出をさせることができる（278）▶4	原則：尋問方式 例外：相当かつ当事者に異議がないときは、証人尋問に代えて、書面の提出をさせることができる（205）
司法委員	あ り（279）	な し
調書記載の省略及び判決書の簡略化	・裁判官の許可を得れば、証人等の陳述又は検証の結果の調書記載が省略できる（規 170 Ⅰ） ・判決書の簡略化も可能（民訴 280）	省略・簡略化は不可

▶1 　訴え提起前の和解及び督促手続は、簡易裁判所の専属管轄である（275、383）。

▶2 　訴額が 140 万円を超えない不動産事件は、簡易裁判所と地方裁判所の競合管轄となる（裁判 33 Ⅰ①、24 ①）。

▶3 　相手方が準備をしなければ陳述をすることができないと認めるべき事項は、書面で準備し、又は口頭弁論前直接に相手方に通知しなければならない（民訴 276 Ⅱ）。

▶4 　簡易裁判所では当事者に異議がないことは要件とはされていない。

01 □□□ 手形訴訟による審理及び裁判を求める旨の申述は、**訴状に記載**して行わなければならない。 ➡**1**「要件」② ○

02 □□□ 手形訴訟において、当事者が**手形の提示に関する事実について**（①当事者尋問、②在廷している証人の尋問）の申立てをした場合、裁判所はこの証拠調べを行うことができる。 ➡**1**「審理の特則」「証拠方法」「例外」 ①

03 □□□ 手形訴訟においては、**反訴を提起**することができない。 ➡**1**「審理の特則」「反訴」 ○

04 □□□ 手形訴訟において、手形債権の存在を立証するために**文書提出命令**の申立てをすることができる。 ➡**1** ▶1 ×

05 □□□ 手形訴訟において、当事者が手形の提示に関する事実についての手形交換所に対する**調査嘱託**の申立てをした場合、裁判所はこの証拠調べを行うことができる。 ➡**1** ▶1 ×

06 □□□ 原告の請求を棄却した**手形訴訟の終局判決**に対しては、**控訴**をすることができる。 ➡**2**「本案判決」異議申立てのみ可 ×

07 □□□ 手形訴訟の被告は、**原告の同意を得ないで**通常訴訟への移行を申し立てることができる。 ➡**3**「要件」「申立権者」原告のみ ×

08 □□□ 手形訴訟において、原告が訴訟を通常の手続に移行させる申述をするには、**被告の同意**を得なければならない。 ➡**3**「要件」「相手方の同意」 ×

09 □□□ 手形訴訟の判決に対する異議は、**相手方の同意**を得ないで取り下げることができる。 ➡**3** ▶2 ×

手形訴訟では証拠制限のある簡易な審査しか行われず、控訴を認めると、通常の第一審手続による審理を受ける利益を奪う結果になるため、控訴ではなく**異議の申立て**によるとされています。要するに、貴重な第一審を手形訴訟という簡易な審理で使い果たしてしまうのは酷だということです。異議審は上訴ではなく、同一審級での審理を行うため、第二審ではなく第一審であることがポイントです。

1 手形訴訟の要件・審理の特則

要 件		① 手形による金銭の支払請求、及びこれに附帯する法定利率による損害賠償請求であること（350Ⅰ） ② 手形訴訟による審理・裁判を求める旨を**訴状**に記載すること（350Ⅱ）
審理の特則	審 理		やむを得ない事由がない限り、最初にすべき口頭弁論の期日において、審理を完了しなければならない（規214 一期日審理の原則）
	証拠調べの方法	原 則	書証に限られる（民訴352Ⅰ）▶1
		例 外	①文書の成立の真否、及び②手形の提示に関する事実については、申立てにより、**当事者尋問**をすることができる（352Ⅲ） ＊ 職権による当事者尋問は不可
	反 訴		提起**できない**（351）

▶1 証拠調べの方法たる文書は、挙証者の所持するものに限られ、**文書提出命令**、送付嘱託は、認められない（352Ⅱ）。なお、証拠調べの嘱託、調査の嘱託も認められない（352Ⅳ）。

2 手形訴訟の判決

○：可 ×：不可

	判決の種類	不服申立ての可否	事後の手続
訴訟判決	手形訴訟の対象が不適格である場合	×：（356、357 参照）	通常訴訟提起
	一般の訴訟要件を欠く場合	控訴・上告：○（356但）	控訴審等
本案判決	請求を認容又は棄却した場合	異議申立て：○（357） 控訴：×（356本）	**通常訴訟へ移行**（361）

3 通常訴訟への移行（353条、361条）

		原告の申述による場合	手形判決に対する異議による場合
要件	申立権者	原 告	判決に不服のある当事者
	相手方の同意	不 要	不 要 ▶2
	時 期	手形訴訟提起後、口頭弁論終結まで	手形判決送達の日から2週間内
効 果		通常訴訟手続に移行	訴訟は手形訴訟の口頭弁論の終結前の審理状態に復し、通常訴訟手続による審理が続行される（361）

▶2 異議の取下げは、**相手方の同意**を得なければ、その効力を生じない（360Ⅱ）。

01 □□□　訴訟の目的の価額が **60 万円以下の金銭の支払の請求**を目的とする訴えについては、少額訴訟による審理及び裁判を求めることができる。

→ **1**「原告の少額訴訟手続選択」①　〇

02 □□□　**少額訴訟による審理及び裁判を求める旨の申述**は、最初にすべき口頭弁論の期日までにしなければならない。

→ **1**「原告の少額訴訟手続選択」③　✕

03 □□□　被告が、少額訴訟を通常の手続に移行させる旨の申述には、**原告の同意**を要する。

→ **1**「通常訴訟への移行」「被告」
原告の同意は不要　✕

04 □□□　少額訴訟において、（①被告の住所等の送達をすべき場所が知れないため、公示送達によらなければ被告に対する最初にすべき口頭弁論の期日の呼出をすることができない、②同一の簡易裁判所において同一の年に少額訴訟による審理及び判決を求めることができる回数の制限を超えてこれを求めた）ときは、裁判所は、訴訟を**通常の手続により審理及び裁判をする旨の決定**をしなければならない。

→ **1**「通常訴訟への移行」「職権」①③　①
②

05 □□□　少額訴訟においては、（①反訴の提起、②終局判決に対して控訴）をすることが**できない**。

→ **2**「審理」「反訴の提起」、**3 ⓐ**　①
②

06 □□□　少額訴訟において、証拠調べの申出があった場合には、**在廷している証人の尋問**をすることができる。

→ **2**「審理」「証拠調べ」　〇

07 □□□　少額訴訟の終局判決に対して**適法な異議の申立てがされた後の審理**において証人尋問を行うときには、裁判官が相当と認める順序で証人の尋問をすることができる。

→ **2** ▶1、**3 ⓑ**「審理手続」「特則」　〇

08 □□□　少額訴訟の終局判決に対する異議の取下げには、**相手方の同意**を要する。

→ **3 ⓑ** ▶2　〇

少額訴訟は、同じ簡易裁判所において、同一の年に 10 回まで利用することができます（368 Ⅰ、規 223）。利用回数に制限があるのは、特定の業者（ex. 貸金業者）が独占的に少額訴訟を利用することを防止し、一般市民が平等に利用する機会を保障するためです。

1 少額訴訟手続の選択と通常訴訟への移行 💬　ランク B

		要　件
原告の少額訴訟手続選択（368）		① 訴額が **60 万円以下の金銭支払請求**であること ② 少額訴訟手続の利用回数が、同一の簡易裁判所において**同一の年に 10 回以内**であること（規 223） ③ **訴え提起の際**に、少額訴訟による審理及び裁判を求める旨の申述をすること
通常訴訟への移行	被告（373 Ⅰ）	最初の口頭弁論期日において弁論をし、又はその期日が終了するまでに訴訟を通常の手続に移行させる**移行申述権**を行使すること
	職　権（373 Ⅲ）	① 368 条 1 項所定の少額訴訟の**要件を満たさない場合** 💬 ② 相当の期間を定めた催告があったにもかかわらず、原告が利用回数の届出をしない場合 ③ **公示送達**によらなければ、被告に対する最初にすべき口頭弁論の期日の呼出しをすることができない場合 ④ 少額訴訟により審理及び裁判をするのを相当でないと認める場合

2 審理手続の特則　ランク B

審　理	一期日審理の原則	特別の事情がある場合を除き、最初にすべき口頭弁論の期日において、審理を完了しなければならない（370 Ⅰ）
	証拠調べ	**即時に取り調べることができる証拠**に限られる（371）▶1
	反訴の提起	**禁止**されている（369）
判　決	時　期	原則として、口頭弁論終結後直ちにする（374 Ⅰ）
	方　式	判決書の原本によらないですることができる（374 Ⅱ　調書判決）

▶1　証拠調べの方式は、①証人の宣誓の省略、②証人尋問・当事者尋問の尋問順序の柔軟化、③同時通話方式による尋問によって、柔軟なものとなっている（372 Ⅰ～Ⅲ）。

3 不服申立て　ランク B

ⓐ 控訴の可否

少額訴訟手続の終局判決に対しては、**控訴することができない**（377）。その判決をした裁判所に対する異議の申立てのみが認められている（378 Ⅰ）。

ⓑ 異議後の審理

審理手続	原　則	通常の手続により審理される（379 Ⅰ）▶2
	特　則	①反訴提起の禁止（369）、②証人尋問・当事者尋問の尋問順序の柔軟化（372 Ⅱ）等は、**異議審にも準用されている**（379 Ⅱ）
控　訴		**禁止**されている（380 Ⅰ）

▶2　異議を取り下げるには、**相手方の同意が必要**となる（378 Ⅱ・360 Ⅱ）。

01 ☐☐☐ **建物の明渡し**を目的とする請求についても、支払督促を発することができる。 → **1** 「要件」① 金銭、有価証券のみ ✕

02 ☐☐☐ 支払督促は、日本において**公示送達によらないで送達**することができる場合に限り、発することができる。 → **1** 「要件」② ◯

03 ☐☐☐ 支払督促の申立ては、請求の目的の価額が **140万円を超える**ときは、することはできない。 → **1** 「申立手続」「申立先」 制限なし ✕

04 ☐☐☐ **1,000万円**の貸金返還請求について支払督促の申立てをするためには、債務者の普通裁判籍の所在地を管轄する**地方裁判所**の裁判所書記官にその申立てをしなければならない。 → **1** 「申立手続」「申立先」 簡易裁判所 ✕

05 ☐☐☐ 支払督促の申立書には、請求の趣旨及び原因を記載しなければならず、請求の原因に代えて**紛争の要点**を明らかにすることで**足りるものではない**。 → **1** 「申立手続」「記載事項」 ◯

06 ☐☐☐ 裁判所書記官は、必要があると認めるときは、支払督促を発するに当たり、**債務者の審尋**をすることができる。 → **2** 「債務者の審尋」 ✕

07 ☐☐☐ 債権者が仮執行の宣言の申立てをすることができる時から **30日以内**にその申立てをしないときは、支払督促は、その効力を失う。 → **2** ▶2 ◯

08 ☐☐☐ 仮執行の宣言を付した支払督促に対し督促異議の申立てがされないときは、支払督促は、**既判力**を有する。 → **2** ▶3 ✕

09 ☐☐☐ 支払督促は、（①債権者、②債務者）に**送達**しなければならない。 → **3** 「支払督促」 ②

少額訴訟、手形訴訟のような略式訴訟手続と異なり、督促手続は**裁判によらずに債務名義を取得**する手続です。もちろん、債務者は心当たりのない請求であれば、異議の申立てをして通常の裁判に持ち込むことができます。

【督促手続の流れ】

1 支払督促の申立て 💬 B

要件		① 金銭その他の代替物又は有価証券の一定の数量の給付を目的とする請求であること（382本） ② 日本において公示送達によらずに送達できる場合であること（382但）
申立手続	申立先	請求の目的の価額にかかわらず、債務者の普通裁判籍所在地の簡易裁判所書記官に対して行う（383 Ⅰ）▶1
	記載事項	①請求の趣旨及び原因、②当事者及び法定代理人（387 ②、③） ＊ 紛争の要点を明らかにする（272）だけでは足りない

▶1 管轄違いに基づく移送はできず、管轄違いがあるときは申立てが却下される（385）。

2 支払督促の発付 B

債務者の審尋		行わない（386 Ⅰ）
仮執行宣言		債務者が支払督促の送達を受けた日から2週間以内に督促異議の申立てをしないときは、債権者の申立てにより、裁判所書記官は、仮執行宣言を行う（391 Ⅰ本）▶2
確定 支払督促の	時点	① 仮執行宣言を付した支払督促が債務者に送達されてから2週間の異議申立期間内に督促異議の申立てがないか、又は ② 申立てがあっても督促異議を却下する決定が確定したとき（396）
	効力	確定判決と同一の効力を有する（396）▶3

▶2 債権者が仮執行宣言の申立てをすることができる時から30日以内にその申立てをしないときは、支払督促はその効力を失う（392）。

▶3 督促手続では実体的な審理は行われないので、執行力は認められるが、**既判力は認められない**。

3 支払督促等の送達の要否　　　　○：必要 ×：不要 C

	債権者	債務者
支払督促	×	○（388 Ⅰ）
仮執行宣言付支払督促	○（391 Ⅱ）	○（391 Ⅱ）

10 □□□　支払督促の申立てを却下した処分に対する異議申立てを却下した裁判に対しては、**即時抗告**をすることができる。

➡**4**「再度」　✕

11 □□□　簡易裁判所は、支払督促に対する督促異議が不適法であると認めるときは、請求が地方裁判所の管轄に属する場合においても、その督促異議を**却下**しなければならない。

➡**5**「不適法な場合」　○

12 □□□　債務者が支払督促の送達を受けた日から２週間以内に督促異議の申立てをせず、仮執行の宣言がされた**後**であっても、債務者は、**仮執行の宣言を付した支払督促の送達を受けた日から２週間の不変期間内**であれば、督促異議の申立てをすることができる。

➡**5** ▶4「期間」　○

13 □□□　支払督促に**仮執行宣言が付される前に債務者が督促異議を申し立てたとき**は、支払督促は、その督促異議の範囲内において効力を失う。

➡**5** ▶4「効果」　○

14 □□□　仮執行宣言を付した支払督促に対して**適法な督促異議があったとき**は、その支払督促に基づいて強制執行をすることができない。

➡**5** ▶4「効果」
執行力は当然には失われない　✕

15 □□□　適法な督促異議の申立てがあったときは、督促異議に係る請求については、**督促異議の申立ての時**に、訴えの提起があったものとみなされる。

➡**5** ▶4「効果」
支払督促の申立時　✕

4 債権者による不服申立て

 ランク C

	支払督促の申立てが却下された場合	仮執行宣言の申立てが却下された場合
初　度	申立ての却下の告知を受けた日から1週間内に、当該裁判所書記官の所属する裁判所に対する異議申立て（121、385 Ⅲ）	申立ての却下の告知を受けた日から1週間内に、当該裁判所書記官の所属する裁判所に対する異議申立て（391 Ⅲ・385 Ⅲ、121）
再　度	不　可（385 Ⅳ）	即時抗告ができる（391 Ⅳ）

5 督促異議 ランク B

意　義	支払督促を発した裁判所書記官の所属する簡易裁判所に対する、債務者の不服申立て
類　型	①　仮執行宣言前の督促異議　　②　仮執行宣言後の督促異議 ▶4
不適法な場合	簡易裁判所は、督促異議に係る請求が地方裁判所の管轄に属するときでも、決定で、その督促異議を却下しなければならない（394 Ⅰ）

▶4 【比　較】

		仮執行宣言前の督促異議	仮執行宣言後の督促異議
期　間		支払督促の送達を受けた日から、44日内（2週間〔14日〕＋30日）（391 Ⅰ、392 参照）	仮執行宣言付支払督促の送達を受けた日から、**2週間内**（393）
効　果		支払督促は、その督促異議の限度で**効力を失う**（390）	支払督促の確定は阻止されるが、仮執行宣言の**執行力は当然には失効しない**
		督促異議に係る請求の目的の価額に従い、**支払督促の申立時**に、支払督促を発した裁判所書記官の所属する簡易裁判所又はその所在地を管轄する地方裁判所に訴えの提起があったものとみなされる（395 前）	

督促手続による支払督促は、❶支払督促→❷仮執行宣言付支払督促の2段階を経て、確定判決と同一の効力を有するに至ります。これに対して、債務者には、❶と❷の段階でそれぞれ督促異議を行う機会が与えられています。

第Ⅲ部　民事訴訟法

Q 「訴訟物」とは何のことですか?

A 訴訟物とは、端的にいえば、審判対象の権利のことです。例えば、100万円の貸金返還訴訟であれば、訴訟物は100万円の貸金返還請求権です。また、甲土地の明渡請求訴訟であれば、訴訟物は甲土地の明渡請求権です。訴訟物という言葉に惑わされず、権利に着目するようにしましょう。

Q 控訴審で反訴をするには相手方の同意が原則として必要とされているのに対し、控訴審で訴えの変更をするには相手方の同意が不要とされていますが、これはなぜでしょうか?

A 反訴は同一の訴訟手続で行うものの、別訴の実質を有するため、控訴審から裁判を受ける反訴請求の相手方の審級の利益を保護するため、控訴審における反訴では、原則として相手方の同意が必要になります（下図参照）。これに対し、訴えの変更では、請求の基礎の同一性が要件とされていることから、第一審で実質的に審理があったといえ、控訴審での訴えの変更がされても相手方の審級の利益は害されないため、相手方の同意は不要です。

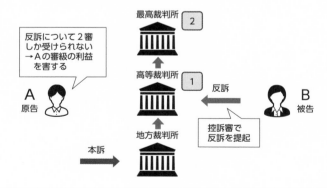

第Ⅳ部
民事執行法

民 事 執 行 法

● 体系MAP

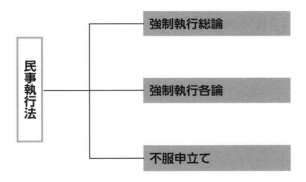

民事執行法
- 強制執行総論
- 強制執行各論
- 不服申立て

第1章 強制執行総論　　第2章 強制執行各論
第3章 不服申立て

01 ☐☐☐ **特定の動産の引渡し**を目的とする請求について公証人が作成した公正証書で、**債務者が直ちに強制執行に服する旨の陳述**が記載されているものは、債務名義となる。 ➡1 ▶1 ✕

02 ☐☐☐ （①仮執行の宣言を付した支払督促、②和解調書、③確定した執行判決のある外国裁判所の判決）は**債務名義**となる。 ➡1「種類」③⑤ ▶2 ① ② ③

03 ☐☐☐ **執行証書**により強制執行を行う場合には、執行証書に表示された当事者に承継があるときに限り、その正本に執行文の付与を受けることを必要とする。 ➡2❶「執行文の要否」「原則」 ✕

04 ☐☐☐ **少額訴訟における確定判決**に表示された当事者に対し、その正本に基づいて強制執行の申立てをする場合には、執行文の付与を受ける必要がない。 ➡2❶「執行文の要否」「例外」① 〇

05 ☐☐☐ **仮執行の宣言を付した支払督促**により、これに表示された当事者に対し、又はその者のために強制執行をするには、執行文の付与を受けることを要しない。 ➡2❶「執行文の要否」「例外」③ 〇

06 ☐☐☐ **確定判決**により強制競売の申立てをする債権者は、強制競売の**執行裁判所**の裁判所書記官に対し、執行文の付与の申立てをしなければならない。 ➡2❶「執行文の付与機関」「執行証書以外」 ✕

07 ☐☐☐ **執行証書**についての執行文は、その原本を保存する公証人が付与する。 ➡2❶「執行文の付与機関」「執行証書」 〇

08 ☐☐☐ 差押えは、**承継執行文の付与**を受ければ、債務名義に表示された**当事者の承継人**の財産に対してもすることができる。 ➡2❷「承継執行文」 〇

09 ☐☐☐ 差押えは、**債務名義が債務者に送達された以後**でなければすることができない。 ➡3【代表的なもの】① 〇

10 ☐☐☐ 債務者の給付が反対給付と引換えにすべきものである場合には、**執行文**は、債権者が反対給付のあったことを証明したときに限り、付与することができる。 ➡3【代表的なもの】③ 執行開始要件である ✕

執行文は、債権の完全な弁済を受けるために執行文の付された債務名義の正本が**数通必要**であるとき、又はこれが**滅失**したときに限り、**更に付与**することができます（28Ⅰ、規16Ⅰ③参照）。債権者は一度の執行で完全な弁済が得られるとは限らないし、執行文の付された債務名義の正本を紛失した場合にも、再度の執行文の付与を認めた方が債権者にとって便利だからです。

1 債務名義

意　義	強制執行実施のための執行債権（強制執行により実現される給付請求権）の存在その他執行の実体的基礎を公証する文書をいう
種　類 （代表例）	①確定判決　②仮執行の宣言を付した判決　③**仮執行の宣言を付した支払督促**　④執行証書 ▶1　⑤確定した執行判決のある**外国裁判所の判決**　⑥確定判決と同一の効力を有するもの ▶2

▶1　債務名義である執行証書とは、**金銭の一定の額の支払又はその他の代替物若しくは有価証券の一定の数量の給付を目的とする請求**について公証人が作成した公正証書で、**債務者が直ちに強制執行に服する旨の陳述**が記載されているものをいう（22 ⑤）。

▶2　ex. 和解調書（民訴 267）、請求の認諾調書（民訴 267）。

2 執行文付与の手続

1 執行文の要否及び付与機関

執行文の要否	原　則	必要（25 本）
	例　外	以下の債務名義については**不要**（25 但）▶3 ①　**少額訴訟における確定判決**　　②　**仮執行宣言付少額訴訟の判決** ③　**仮執行宣言付支払督促**
執行文の付与機関	執行証書以外	**事件の記録の存する裁判所の裁判所書記官**（26 Ⅰ）
	執行証書	その原本を保存する**公証人**（26 Ⅰ）

▶3　表示された当事者に承継がある場合の**承継執行文は必要**である。

2 執行文の種類

	付与の要件
単純執行文	①　債務名義の執行力の発生及び現存
条件成就執行文 （27 Ⅰ）	①　債務名義の執行力の発生及び現存 ②　債権者が一定事実の到来したことを証する文書を提出したこと
承継執行文 （27 Ⅱ）	①　債務名義の執行力の発生及び現存 ②　債務名義に表示された当事者以外の者を当事者とする強制執行が可能であることが裁判所書記官若しくは公証人に明白であること、又は債権者がそのことを証する文書を提出したこと

3 執行開始の要件

【代表的なもの】

① あらかじめ又は同時に債務名義が債務者に**送達**されること（29 前）
② 確定期限が到来したこと（30 Ⅰ）
③ 反対給付の証明をしたこと（31 Ⅰ）

01 ☐☐☐ **不動産に対する強制執行**は、債務者の普通裁判籍 の所在地を管轄する地方裁判所が執行裁判所となる。

➡1 **1**「不動産執行」 「執行機関」 ✕

02 ☐☐☐ **動産に対する強制執行**は、債務者の普通裁判籍の 所在地を管轄する地方裁判所が執行裁判所となる。

➡1 **1**「動産執行」 「執行機関」 ✕

03 ☐☐☐ 債務者の普通裁判籍の所在地を管轄する地方裁判 所は、**債権に対する強制執行**の執行裁判所となり得る。

➡1 **1**「債権執行」 「執行機関」① ○

04 ☐☐☐ **債権執行の申立て**は、債務者の普通裁判籍がない ときは、差し押さえるべき債権の債務者（第三債務者） の**普通裁判籍又はその事務所若しくは営業所**の所在地の 地方裁判所にすることができる。

➡1 **1**「債権執行」 「執行機関」② ✕ ✕事務所又は営業所

05 ☐☐☐ 担保権の実行としての**競売の開始決定がされた不 動産について強制競売の申立てがあったとき**は、執行裁 判所は、強制競売の開始決定を留保しなければならない。

➡1 **1**「不動産執行」 「二重差押え」▶1 二重開始決定がされ る ✕

06 ☐☐☐ 目的物を**二重に差し押さえること**は、不動産執行 において認められるが、動産執行においては認められな い。

➡1 **1**「動産執行」 「二重差押え」 ○

07 ☐☐☐ **金銭債権に対する強制執行**において、差押命令は、 差し押さえられた金銭債権に対しても、更に発すること ができる。

➡1 **1**「債権執行」 「二重差押え」 ○

08 ☐☐☐ 強制競売の開始決定がされた不動産について強制 競売の申立てがあったときは、執行裁判所は、更に強制 競売の開始決定をするものとされているが、**先の開始決 定に係る強制競売の手続**が取り消されたときは、執行裁 判所は、**後の開始決定に係る強制競売の手続**も取り消さ なければならない。

➡1 **1**「不動産執行」 「二重差押え」 ✕

09 ☐☐☐ **動産の差押え**は、差押債権者の債権及び執行費用 の弁済に必要な限度を超えてすることができない。

➡1 **2**「動産執行」 ○

10 ☐☐☐ **差し押さえるべき債権が金銭債権**である場合には、 差押債権者の債権額及び執行費用の額を超えて差押えを することはできない。

➡1 **2**「債権執行」* cf. 動産執行 ✕

1 各強制執行の比較

1 強制執行手続の比較

○：できる ×：できない

		執行機関	二重差押え
不動産執行	強制競売 ▶1	① 不動産の所在地を管轄する地方裁判所 ② 不動産の共有持分、登記された地上権及び永小作権並びにこれらの権利の共有持分については、その登記をすべき地を管轄する地方裁判所（44）	○ （47 Ⅰ）
	強制管理		○ （93の2）
動産執行		動産の所在地を管轄する地方裁判所の執行官 （122 Ⅰ、執行官4）	× （125 Ⅰ）
債権執行		① 債務者の普通裁判籍の所在地を管轄する地方裁判所 （144 Ⅰ） ② ①の普通裁判籍がないときは、第三債務者の普通裁判籍の所在地を管轄する地方裁判所（144 Ⅰ、Ⅱ）	○ （144 Ⅲ、149、 156 Ⅱ参照）

▶1 担保不動産競売も同じである（188）。

2 無益執行禁止の原則

不動産執行	《超過売却の禁止》（73 Ⅰ） 数個の不動産を売却した場合において、あるものの買受けの申出の額で各債権者の債権及び執行費用の全部を弁済することができる見込みがあるときは、執行裁判所は、**他の不動産についての売却許可決定を留保しなけれ**ばならない
動産執行	《超過差押えの禁止》（128 Ⅰ） 差押債権者の債権及び執行費用の弁済に必要な限度を超えて差し押さえてはならない
債権執行	《超過差押えの禁止》（146 Ⅱ） 既に差し押さえた債権の価額が差押債権者の債権及び執行費用の額を超えるときは、**他の債権を差し押さえてはならない** ＊ 執行すべき債権の額が、差し押さえるべき債権の額より少額である場合でも、被差押債権全額を差し押さえることはできる（146 Ⅰ）

強制競売の債務者に対して債務名義を有する他の債権者が、強制競売の開始決定がされた不動産について更に強制競売の申立てをしたときは、執行裁判所は、更に強制競売の開始決定をします（二重開始決定 47 Ⅰ、188）。二重開始決定がされた場合において、先行事件の強制競売の申立てが取り下げられたとき、又は取り消されたときは、執行裁判所は、**後の強制競売に基づいて手続を続行**しなければなりません（47 Ⅱ）。すなわち、**二重開始決定の後行手続は補欠の役割を果たす**ということです。二重開始決定がされても先行事件の手続が中心に進行しますが、先行事件の手続が効力を失ったときに、補欠の後行手続が代わって手続を続行するわけです。

11 □□□　**不動産の強制競売**において、（①差押えの登記前に登記された抵当権を有する債権者、②差押えの登記後に登記された仮差押えの債権者）は、**配当要求**によって配当を受けることができる。

→ **1 3**「不動産執行」「強制競売」　②

12 □□□　**不動産の強制競売**において、配当要求の終期までに先取特権の存在を証する確定判決の謄本を提出して、**配当要求をした一般の先取特権を有する債権者**は、配当を受けることができる。

→ **1 3**「不動産執行」「強制競売」③
一般の先取特権者は配当要求権者　○

13 □□□　**債務名義を有する一般の債権者**は、不動産執行においても、動産執行においても配当要求をすることができる。

→ **1 3**「動産執行」
動産執行では、債務名義を有する債権者が配当要求権者から除外されている　×

14 □□□　強制競売の開始決定が**債務者に送達される前**に、**差押えの登記**がされたときは、差押えの効力は、当該登記がされた時に生ずる。

→ **2 1 a**「効力」「発生時期」　○

15 □□□　**強制競売の開始決定後**に、債務者が当該不動産について価格減少行為をするときには、当該行為を禁止し、又は一定の行為を命ずる保全処分をすることができる。

→ **2 1 a** ▷ **2**　○

16 □□□　**担保権の実行としての不動産競売**は、債務名義はなくとも担保権の登記に関する登記事項証明書の提出があれば開始されるが、**不動産の強制競売**は、債務名義により行われる。

→ **2 1 a** cf.「債務名義」　○

17 □□□　金銭債権についての不動産に対する強制執行の方法には、**強制競売と強制管理**とがあり、これらの方法は**併用**することができる。

→ **2 1 a** cf.「収益執行との併用」　○

18 □□□　**開始決定前の保全処分**の制度は、担保権の実行としての不動産競売にはあるが、不動産の強制競売にはない。

→ **2 1 a** cf.「開始決定前の保全処分」　○

不動産執行については、**①目的不動産の差押債権者、②差押登記前に仮差押えの登記をした仮差押債権者、③差押登記前に登記された担保権者**は、当然に配当を受けることができます。これらの者の存在は、差押えの際に執行裁判所が把握することができるからです（87Ⅰ①③④）。これらの者以外の、差押えの際に執行裁判所が把握することができない一定の債権者（配当要求権者）は、配当要求をしなければ、配当を受けることができません（87Ⅰ②）。

3 配当要求権者の比較

不動産執行	強制競売 (51 I)	① 執行力ある債務名義の正本を有する債権者 ② 差押登記後に登記された仮差押債権者 ③ 一般の先取特権者（181条1項の書面で権利を証明した者）
	強制管理 (105 I)	① 執行力ある債務名義の正本を有する債権者 ② 一般の先取特権者（181条1項の書面で権利を証明した者）
動産執行（133）		① 質権者（文書により権利を証明した者） ② 一般及び特別の先取特権者（文書により権利を証明した者）
債権執行（154 I）		① 執行力ある債務名義の正本を有する債権者 ② 一般及び特別の先取特権者（文書により権利を証明した者）

2 不動産執行（強制競売）

1 開始の手続

ⓐ 差押え

手続		執行裁判所による強制競売の開始決定（45 I）、及び裁判所書記官による差押えの登記の嘱託（48 I）
効力	発生時期	開始決定が債務者に送達された時、又は差押えの登記がされた時（46 I）
	使用収益	開始決定による差押後も、債務者は、通常の用法に従った目的不動産の使用収益が可能（46 Ⅱ）▶2 cf. 動産執行の場合は原則として不可

▶2　ただし、債務者又は占有者が不動産価格を減少させる行為、又はそのおそれがある行為をする場合、執行裁判所は保全処分を命ずることができる（55）。

cf.【担保不動産競売との比較】　　　　　　　　　　　　　　　　○：可　×：不可

	債務名義	収益執行との併用	開始決定前の保全処分
強制競売	必要	○（強制管理　43 I）	×
担保不動産競売	不要	○（担保不動産収益執行　180）	○（187）

ⓑ 地代等の代払い許可

　借地上の建物に対し、強制競売の開始決定がされた場合において、債務者がその地代等を支払わなかったときは、差押債権者は、執行裁判所に対し、その不払の地代等についての代払の許可の申立てをすることができる（56 I）。

19 □□□ **不動産の強制競売**において、**仮差押えの執行**は、売却により効力を失わない。

→ 2 ② ⓐ「消滅する権利」「処分禁止」 ✕

20 □□□ **不動産の強制競売**において、（①使用収益しない旨の定めのある質権、②留置権、③抵当権に後れる賃借権）は、売却により消滅しない。

→ 2 ② ⓐ「担保権」「用益権」 ②

21 □□□ 不動産の強制競売手続において、債務者は、**買受けの申出**をすることができない。

→ 2 ② ⓑ「買受申出人」 ○

22 □□□ 不動産の強制競売における**買受人**は、売却許可決定が確定した時に、不動産の**所有権**を取得する。

→ 2 ② ⓑ「代金」「納付の効果」 ✕
代金納付時に取得

23 □□□ 買受人が**代金を納付した後**は、担保権のないことを証する確定判決の謄本を提出しても、担保不動産競売の手続を停止することはできない。

→ 2 ② ⓑ「代金」「納付の効果」参照 ○
代金納付により、買受人が所有権を取得
→この効果は担保権の不存在又は消滅によって妨げられない（184）

24 □□□ 強制執行の**目的物が動産**の場合、申立てにおいて**目的物を特定**しなければならない。

→ 3 ▶ 3 ✕

25 □□□ **動産を目的物とする強制執行**は、**第三者が目的物を占有する場合**には、することができない。

→ 3 ▶ 4「要件」 ✕
第三者が任意に提出する場合には可能

26 □□□ 強制執行の**目的物が動産**の場合、債務者は、**差押物を使用**することができない。

→ 3 ▶ 4「方法」「例外」 ✕

ここでは引受主義をとる代表的な次の4つの権利を記憶して、他は消除主義だと覚えておきましょう。①留置権、②最優先順位で使用収益権のある質権、③最優先順位の用益権、④最優先順位の仮処分の執行

2 売却の実施

ⓐ 法定売却条件 （59条）

	担保権	用益権	処分禁止
消滅する権利	① 先取特権 ② 不動産質権 ⅰ 使用収益しない旨の定めあるもの ⅱ 使用収益しない旨の定めなく最優先順位でないもの ③ 抵当権	差押え・仮差押えや消滅する権利に対抗できない ① 地上権 ② 永小作権 ③ 賃借権等	① 差押え ② 仮差押え ③ 仮処分
権利 消滅しない	① 留置権 ② 不動産質権 → 使用収益しない旨の定めなく最優先順位のもの	最優先順位の ① 地上権 ② 永小作権 ③ 賃借権等	最優先順位の仮処分

ⓑ 買受けの申出

買受申出人		債務者以外の者 （68）
代金	納付の効果	代金の納付時に所有権を取得する （79）
	不納付の効果	① 売却許可決定は失効する （80Ⅰ前） ② 買受人は、買受けの申出にあたって提供した保証の返還を請求することができない （80Ⅰ後）

ⓒ 不動産引渡命令 （83条1項）

原 則	執行裁判所は、代金を納付した買受人の申立てにより、債務者又は不動産の占有者に対し、不動産を買受人に引き渡すべき旨を命ずることができる
例 外	事件の記録上から、買受人に対抗できる権原により占有していると認められる者に対しては、引渡命令を発することはできない

3 動産執行

ランク
B

手続開始	執行力のある債務名義の正本を有する債権者による申立て （25） ▶3
執行方法	執行官による差押え ▶4

▶3 債権者は対象となる動産を特定する必要はなく、執行官が選択する （規100参照）。

▶4 【執行官による差押え】 （民執123、124）

		動産の占有者	
		債務者	債務者以外の第三者
要 件		―	第三者が任意に動産を提出すること
方 法	原 則	執行官が動産を占有して行う	
	例 外	執行官が相当と認めるときは、債務者等による保管・使用が可能	

27 □□□　金銭債権に対する差押命令を発する場合には、**第三債務者を審尋**することができる。 　➡ 4 1 「審尋」　×

28 □□□　金銭債権に対する**差押えの効力**は、差押命令が第三債務者に送達された時に生ずる。 　➡ 4 1 「効力」「発生時期」　○

29 □□□　金銭債権を差し押さえた債権者は、差押命令が債務者に送達されれば、**直ちに**、差し押さえた債権を取り立てることができる。 　➡ 4 1 「効力」「取立て」　×

30 □□□　一般債権者のAが債権の一部について差押えをした後、他の一般債権者のBが、当該債権の全部を更に差し押さえる場合には、Aを債権者とする**先の差押えの執行の効力**は、当該債権の全部に及ぶ。 　➡ 4 1 「効力」「競合した場合」　○

31 □□□　AとBが婚姻中に子Cをもうけた後、①親権者をAとすること及び②Bが毎月のCの**養育費**を支払う旨の合意をして離婚をした場合において、**Bが給料に係る債権として月額40万円の給付を得ている**ときは、Aは、Bの毎月の給付の額のうち**10万円**を超える部分を差し押さえることはできない。 　➡ 4 2 ＊ 20万円まで差押え可　×

32 □□□　転付命令が第三債務者に送達される時までに、転付命令に係る金銭債権について**他の債権者が差押えをしたとき**は、転付命令は、その効力を生じない。 　➡ 4 3 「要件」②　○

33 □□□　転付命令の効力が生じた時点において、**転付命令に係る債権が存在しなかったとき**は、差押債権者の債権及び執行費用が弁済されたものとみなされる効力は生じない。 　➡ 4 3 「効力」「内容」 債権の存在が必要　○

転付命令は、**①債権譲渡**（債務者から債権者に被差押債権が移転する）と**②債権による代物弁済**（執行債権が被差押債権により満足を得る）を強制的に実現する手続です。転付命令のメリットは、このように債権を独り占めできる点にあります。

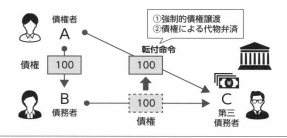

4 債権執行

1 差押命令

内　容	① 債務者に対し債権の取立てその他の処分を禁止し、かつ、 ② 第三債務者に対し債務者への弁済を禁止する (145 Ⅰ) ▶5
審　尋	債務者及び第三債務者を審尋しないで発令する (145 Ⅱ)
送　達	債務者及び第三債務者に送達しなければならない (145 Ⅲ)

効力	発生時期	第三債務者への差押命令送達時 (145 Ⅴ)
	取立て	差押債権者は、**債務者に差押命令が送達された日から1週間**▶6を経過したときは、その債権を取り立てることができる (155 Ⅰ)
	競合した場合	各差押えの効力は**債権全部に及ぶ** (149) → 第三債務者は供託しなければならない (156 Ⅱ　義務供託)

▶5　cf. 仮差押命令は、第三債務者への弁済禁止を内容とする (民保 50 Ⅰ)。

▶6　被差押債権が差押禁止債権である場合には、債務者に対して差押命令が送達された日から「4週間」を経過したときである (民執 155 Ⅱ)。

2 差押禁止債権

　給料、退職手当及びこれらの性質を有する給与に係る債権等は、原則としてその支払期に受ける給付の**4分の3**に相当する額につき差押えが禁止される (152 Ⅰ、Ⅱ)。

*　扶養義務等に係る定期金債権を請求する場合には、差押禁止範囲が**2分の1**に相当する部分まで縮小される (152 Ⅲ、151 の 2 Ⅰ)。

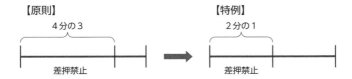

3 転付命令 💬

手　続	差押債権者の申立てに基づいて発令され、債務者及び第三債務者に送達される (159 Ⅰ、Ⅱ)
要　件	① 被差押債権が金銭債権で、かつ券面額があること▶7 ② 他の債権者が**競合しないこと**

効力	発生時期	**確定**しなければ効力を生じない (159 Ⅴ)
	内　容	転付命令の効力が生じた場合、債権者の債権及び執行費用は、**転付命令に係る金銭債権が存する限り**、その券面額で、転付命令が第三債務者に送達された時に弁済されたものとみなされる (160)

▶7　譲渡制限特約の付された債権 (最判昭 45. 4. 10)、質権の目的となっている債権も転付命令の対象となる (最判平 12. 4. 7)。

01 ☐☐☐ 執行裁判所の執行処分で、**執行抗告することができないもの**に対しては、執行裁判所に**執行異議**を申し立てることができる。

→1②「不服申立てが可能な場合」「執行異議」① ○

02 ☐☐☐ **強制競売の開始決定に対する執行異議**の申立てにおいては、債務名義に表示された請求権の不存在又は消滅を理由とすることができる。

→1② 「執行異議」「主張」「原則」 ✕

03 ☐☐☐ **開始決定に対する執行異議**の申立ては、**担保権の実行**としての不動産競売では担保権の不存在又は消滅を理由としてすることができるが、**不動産の強制競売**では請求権の不存在又は消滅を理由としてすることはできない。

→1② 「執行異議」「主張」 ○

04 ☐☐☐ (①執行抗告、②執行異議) は、**執行処分を受けた日から1週間**の不変期間内にしなければならない。

→1② 「手続」「申立期間」 ①

05 ☐☐☐ **不動産の強制競売**において、(①不動産の滅失による強制競売手続の取消決定、②売却許可決定、③強制競売の開始決定) に対しては、**執行抗告**をすることができない。

→1② ▶1①③ ③は執行異議による ③

06 ☐☐☐ (①不動産の強制管理の開始決定、②債権執行における差押命令の申立てについての裁判) に対しては、**執行抗告**を提起することができる。

→1② ▶1 ① ②

07 ☐☐☐ **動産に対する強制執行の申立て**を受けた執行官が、その申立てを却下したときは、申立債権者は、当該却下に対して**執行異議**を申し立てることができる。

→1② ▶1 「動産執行」 ○

08 ☐☐☐ **不動産の強制競売の申立てを却下**する裁判に対しては、**執行異議**を申し立てることができる。

→1② ▶1 「不動産強制競売」 ✕

執行抗告ができるものとして定められたものは、その段階で不服申立てを認めなければ、大きな損害が生じる場合や、上級審の判断を得る機会がなくなる場合です。▶1に関しては、強制競売の申立てが却下されると民事執行の手続そのものが開始せず、手続中で争うことができなくなるため、執行抗告が認められています。これに対して、強制競売の開始決定の場合には、その後の売却許可決定及び不許可の決定の際に執行抗告が認められるため、最終処分となる裁判とはいえず、執行抗告は認められません。

1 違法執行に対する不服申立手段

1 違法執行と不当執行の相違点

違法執行	執行行為が強制執行の手続法規に違反する執行
不当執行	執行法上は適法であるが、実体法上の根拠が欠けている執行

2 執行抗告と執行異議の比較 💬

		執行抗告 (10)	執行異議 (11、規8)
不服申立てが可能な場合		個別に法令に定めがある ▶1	① 執行裁判所の執行処分で執行抗告をすることができないもの ② 執行官の執行処分及びその遅怠
主張	原則	手続法規違反	
	例外	担保権実行の場合 → 担保権の消滅・不存在も主張できる (182 等)	
管轄		抗告裁判所	執行裁判所
手続	申立方式	抗告状を原裁判所に提出	原則 書面を執行裁判所に提出 例外 期日では口頭でも可
	申立期間	裁判の告知日から1週間以内	なし
	審理方式	口頭弁論を経ないですることができる (4)	
執行停止		当然にはせず、執行停止命令 (10 Ⅵ、11 Ⅱ・10 Ⅵ) が必要	

▶1　執行抗告の申出が可能なもの（代表例）
①　民事執行の手続を取り消す旨の決定 (12)
②　債権差押命令の申立てについての裁判 (145 Ⅵ)
③　売却許可決定及び不許可決定 (74 Ⅰ)

【強制執行の開始決定・却下決定に対する不服申立方法】

	開 始	却 下
不動産強制競売	執行異議	執行抗告 (45 Ⅲ)
不動産強制管理 (93 Ⅴ)	執行抗告	執行抗告
動産執行 💡	執行異議	執行異議
債権執行 (差押え等) (145 Ⅵ)	執行抗告	執行抗告

💡動産執行の執行機関は、執行官であるため (122 Ⅰ)、それに対する不服申立ては執行異議による (11 Ⅰ)。

09 □□□ 債権者は、**第三者異議の訴えにおいて敗訴**しても、同一の債務名義に基づいて、債務者の責任財産に属する他の財産に対し、強制執行をすることができる。

➡ 2 **1** ▶ 2
敗訴しても「執行力」は否定されない
○

10 □□□ **第三者異議の訴え**は、**強制執行が終了した後**であっても提起することができる。

➡ 2 **1** ▶ 2
×

11 □□□ **請求異議の訴え**は、**債権者が強制執行の申立てをしなければ**、提起することができない。

➡ 2 **2 ⓐ**
債務名義成立後であれば提起可
×

12 □□□ **請求異議の訴え**は、債務名義の正本に**執行文が付与される前**であっても提起することができる。

➡ 2 **2 ⓐ**
債務名義成立後であれば提起可
○

13 □□□ 公正証書を債務名義として不動産に対し強制執行がされた場合、債務者は、**当該公正証書の作成後に当該公正証書に係る債務を任意に弁済**したことを理由として請求異議の訴えを提起することができる。

➡ 2 **2 ⓑ**「原則」
○

14 □□□ **公正証書**を債務名義として不動産に対し強制執行がされた場合、債務者は、**当該公正証書が無権代理人の嘱託に基づき作成されたものであることを理由として**請求異議の訴えを提起することができる。

➡ 2 **2 ⓑ** ▶ 4
○

15 □□□ 売買代金の支払請求を認容した**確定判決を債務名義として**不動産に対し強制執行がされた場合、債務者は、当該売買契約を債権者の詐欺によるものとして取り消したことを理由として請求異議の訴えを提起することができる。

➡ 2 **2 ⓑ** ▶ 3
この主張は既判力によって遮断される
×

16 □□□ **確定判決についての請求異議の訴え**において主張することができる異議事由は、**口頭弁論終結後**に生じたものに限られる。

➡ 2 **2 ⓑ** ▶ 3
○

2 不当執行に対する不服申立手段

1 請求異議の訴えと第三者異議の訴えの比較

	請求異議の訴え（35）	第三者異議の訴え（38）
意義	債務名義に表示された請求権の内容が実体関係と一致しないことを理由として、その債務名義の持つ**執行力の排除**を目的とする訴え	執行の目的物が、債務者の責任財産に属さないことを理由に、**執行の排除**を求める訴え ＊ 債務名義の執行力を争うわけではない ▶2
管轄	債務名義により異なる（33 II）	執行裁判所

▶2 執行の対象が違うという争い方をする。また、強制執行の終了後は、第三者異議の訴えの余地はない。

2 請求異議の訴えに関する論点

ⓐ 請求異議の訴えの提訴期間

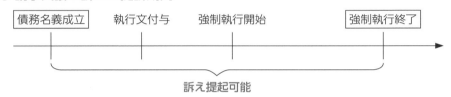

ⓑ 異議事由

	主張可能な異議事由
原則	請求権の存在又は内容（ex. **弁済による債務消滅**）（35 I 前） ▶3
例外	裁判以外により成立した債務名義（執行証書、和解調書など）の成立（35 I 後） ▶4

▶3 確定判決について主張できる事由は、事実審の口頭弁論終結後に生じたものに限られる（35 II 既判力の遮断効）。

▶4 ex. 執行証書が無権代理人の嘱託に基づき作成された。

請求異議の訴えが提起されても、**当然には執行手続は停止しません**。これは、請求異議の訴えが執行妨害として悪用されることを防ぐ趣旨です。同様の観点から、請求異議の事由が複数ある場合には、債務者は**同時にこれらを主張**しなければならないとされています（35 III・34 II）。

よくある質問 Q&A ── 民事執行法

Q 不動産の強制競売において、「強制競売の開始決定に係る差押登記『前』に登記された仮差押債権者」は当然に配当を受けることができるのに対して、「強制競売の開始決定に係る差押登記『後』に登記された仮差押債権者」は配当要求をした場合に限り配当を受けることができるとしているのはなぜですか?

A この違いのポイントは、差押えの際に執行裁判所が把握することができるかです。「強制競売の開始決定に係る差押登記前に登記された仮差押債権者」は、差押えの際に執行裁判所が目的不動産の登記事項証明書から把握することができるので、当然に配当を受けることができますが、「強制競売の開始決定に係る差押登記後に登記された仮差押債権者」は、差押えの際に執行裁判所が目的不動産の登記事項証明書から把握することができないので、配当要求をして執行裁判所に名乗りを上げなければ配当を受けることができません。

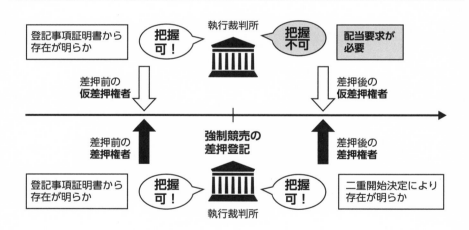

Q 債務名義と執行文の関係がよくわかりません。

A **債務名義**とは、強制執行によって実現されるべき請求権の存在や範囲を証明する公の文書をいいます(22)。すなわち、強制執行は、債務名義がなければ行うことができず、債務名義に表示された内容を基準として進められるわけです。

執行文とは、確定判決がその執行力を失っていないことを証明する文言であり、事件の記録のある裁判所の裁判所書記官により債務名義 (ex. 判決書) の末尾に付記されます(26)。すなわち、執行文とは裁判所からの強制執行のゴーサインです。例えば、判決が出された後の事情 (確定の有無) は判決書を見ただけでは判断できないので、執行力があることを確認した上で強制執行を行い、その証が執行文なのです。

そして、強制執行は、原則として執行文の付与された債務名義の正本に基づいて行われます(25)。「強制執行の開始には『債務名義＋執行文』が必要」と押さえておきましょう。

第Ⅴ部
民事保全法

民 事 保 全 法

● **体系MAP**

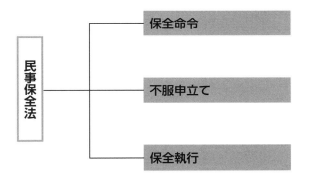

01 ☐☐☐　**仮差押命令の申立て**は、管轄裁判所が簡易裁判所である場合には、**口頭**ですることができる。

➡1 「申立ての方式」　✕
書面で行う

02 ☐☐☐　**民事保全の手続に関する裁判**は、口頭弁論を経ないですることができるが、口頭弁論を開いたときは、**判決**によらなければならない。

➡1 「審理方式」「原則」　✕
オール決定主義

03 ☐☐☐　**本案の訴え**につき、債権者の住所地を管轄する裁判所を管轄裁判所とする**合意をしたとき**には、その裁判所にその本案に係る仮差押命令を求める申立てをすることができる。

➡2❶「管轄」①　○
本案の管轄裁判所なので可

04 ☐☐☐　**仮の地位を定める仮処分命令の申立て**においては、保全すべき権利又は権利関係及び保全の必要性は、**証明**しなければならない。

➡2❶「明らかにすべき事項」　✕
疎明で足りる

05 ☐☐☐　保全命令の申立てについての決定には、**口頭弁論を経ないでする**場合であっても、**理由**を付さなければならない。

➡2❷「決定の理由」「例外」　✕
理由の要旨で足りる

06 ☐☐☐　保全命令は、裁判所が**相当と認める方法で告知**しなければならない。

➡2❷「送達」　✕
当事者に送達する

07 ☐☐☐　仮処分命令の申立ては、保全異議又は保全取消しの申立てがあった後でも、**債務者の同意を得ることなく**、取り下げることができる。

➡2❷「申立ての取下げ」　○

08 ☐☐☐　**仮の地位を定める仮処分命令**は、これを発することにより債務者に著しい損害が生ずるおそれがあるときに限り、口頭弁論又は債務者が立ち会うことができる**審尋の期日**を経なければならない。

➡2❷ ▶1　✕
原則として口頭弁論又は審尋の期日を経る必要あり

証明でなく**疎明**で足りるとしているのは、民事保全手続の特色である**暫定性**と**迅速性**の表れです。すなわち、民事保全の裁判は、本案訴訟の確定までの暫定的な措置にすぎず、また、手続を迅速に進める必要があるので、手続が軽量化されているのです。

1 保全手続総論

申立ての方式	書面で行う（規1）	
審理方式	原 則	任意的口頭弁論（民保3） → 裁判はすべて**決定**で行われる（**オール決定主義**）
	例 外	以下の手続を行う場合には、口頭弁論又は当事者双方（若しくは債務者）が立ち会うことができる審尋の期日を経ることを要する ・仮の地位を定める仮処分命令（23 Ⅳ） ・保全異議（29）、保全取消し（40・29）、保全抗告（41 Ⅳ・29）等

2 保全命令総論

1 申立て

保全命令の類型	① **仮差押命令** ② 仮処分命令
管 轄	① **本案の管轄裁判所** ② 仮に差し押さえるべき物若しくは係争物の所在地を管轄する**地方裁判所**（12 Ⅰ）
明らかにすべき事項（13 Ⅰ）	① 申立ての趣旨 ② 保全すべき権利又は権利関係（被保全権利） ③ 保全の必要性
疎明の方法	即時に取り調べることができる証拠によって行う（7・民訴188）

疎明すべき事項 (13 Ⅱ)

2 審理及び裁判

審理方式		任意的口頭弁論（民保3）▶1
決定の理由 （16）	原 則	付さなければならない
	例 外	口頭弁論を開かなかった場合 → 理由の要旨を示せば足りる
送 達		当事者に送達しなければならない（17）
申立ての取下げ		債務者の同意は**不要**（18）

▶1 「仮の地位を定める仮処分命令」の発令の際は、原則として、**口頭弁論又は債務者が立ち会うことのできる審尋の期日を経る**必要がある（23 Ⅳ本）。ただし、その期日を経ることにより仮処分命令の申立ての目的を達することができない事情があるときは、この限りでない（23 Ⅳ但）。

第V部

民事保全法

09 □□□　仮差押命令は、**支払期限が到来していない**金銭債権を保全する場合には発することができない。

→**3 1** 「条件付又は期限付債権を被保全権利とすること」　✕

10 □□□　裁判所は、（①仮差押命令、②係争物に関する仮処分命令）を発する場合には、その執行の停止を得るため、又は既にした執行の取消しを得るために債務者が**供託すべき金銭の額を定めなければならない。**

→**3 1** 「解放金」「定めの要否」　①
仮差押の解放金：必要的
係争物に関する仮処分の解放金：任意的

11 □□□　裁判所は、**仮の地位を定める仮処分命令**において、仮処分解放金を定めることができる。

→**3 1** 「解放金」「定めの要否」　✕

12 □□□　裁判所は、**仮処分命令**において、仮処分の執行の停止を得るため、又は既にした仮処分の執行の取消しを得るために債務者が供託すべき金銭の額を定める場合には、**債権者の意見**を聴く必要はない。

→**3 1** ▶3　✕
意見を聴かなければならない

13 □□□　債務者が仮差押解放金を供託したことを証明した場合は、裁判所は**仮差押命令**を取り消さなければならない。

→**3 1** ▶4　✕
「執行」を取り消す

14 □□□　債権の仮差押命令は、その目的債権を特定して発しなければならないが、**動産**の仮差押命令は、目的物を**特定しないで**発することができる。

→**3 2**　○

15 □□□　**占有移転禁止の仮処分命令**であって、**係争物が不動産**であるものについては、その執行前に債務者を特定することを困難とする特別の事情があるときは、裁判所は、**債務者を特定しないで**、これを発することができる。

→**3 3**　○

16 □□□　債務者を特定しないで発した占有移転禁止の仮処分命令に基づく**執行**は、係争物である不動産の占有を解く際にその**占有者を特定することができない**場合であっても、することができる。

→**3 3** 💡　✕
特定できない場合には、執行は不可

解放金の定めの要否のポイントは、**お金で解決できる話かどうか**です。**仮差押え**は、被保全権利が金銭債権であり、お金で解決できる話なので**必要的**ですが、**係争物に関する仮処分**はお金で解決できる場合とそうでない場合があるので**任意的**です。

1 保全命令の比較 ▶2

	仮差押命令 (20)	仮処分命令 (23)	
		係争物に関する 仮処分	仮の地位を定める 仮処分
目 的	金銭債権の保全	特定物に関する給付請求権の保全	権利関係の確定の遅延による著しい損害、又は急迫の危険の回避
条件付又は期限付債権を被保全権利とすること	可 能	可 能	可 能
解放金 — 定めの要否	必要的 (22 I)	任意的 (25 I)	不 可
解放金 — 債権者の意見聴取	不 要 (22 I 参照)	必 要 (25 I) ▶3	—
解放金 — 解放金供託の効果 ▶4	仮差押執行の停止、又は取消し	仮処分執行の停止、又は取消し	—

▶2 　裁判所が保全命令を出す場合には、その申立てをした債権者に担保を立てさせることができる（14 I）。

▶3 　「係争物に関する仮処分」は、非金銭債権の保全のために行うものであり、必ずしも金銭で解決できるとは限らないため、**債権者の意見を聴く**ことが要件となっている。

▶4 　仮差押命令、仮処分命令は取り消されない。
　　→ 「命令」自体の取消しを求める方法は、保全異議、保全取消し、保全抗告である。

2 仮差押命令の対象財産の特定 (21条)

原 則	必 要
例 外	目的物が動産の場合　→　特定しなくてよい

3 債務者を特定しない占有移転禁止の仮処分 (25条の2)

　占有移転禁止の仮処分命令であって、係争物が不動産であるものについては、その執行前に債務者を特定することを困難とする特別の事情があるときは、裁判所は、**債務者を特定しないで、これを発する**ことができる。

💡ただし、仮処分の**係争物である不動産の占有を解く**際に占有者を特定することができない場合は、仮処分の**執行はできない**（54の2）。

01 □□□ 債権者は、**保全命令の申立てを却下する決定に対して**、（①即時抗告、②保全異議、③保全取消し）を申し立てることができる。 → 1 **1** 「対象」 ①

02 □□□ 保全命令の申立てが却下された場合は、債権者は、その告知を受けた日から **1週間以内**に**即時抗告**をすることができる。 → 1 **1** 「期間制限」 ×
2週間以内

03 □□□ **保全異議の申立て**は、債務者が保全命令の送達を受けた日から **2週間以内**にその命令を発した裁判所に対してしなければならない。 → 1 **1** 「期間制限」 ×
期間制限なし

04 □□□ 裁判所は、**保全異議の手続**において、口頭弁論又は当事者双方が立ち会うことができる**審尋の期日**を経なければ、申立てについての決定をすることができない。 → 1 **2** 「審理方式」 ○

05 □□□ 裁判所は、口頭弁論又は当事者双方が立ち会うことができる審尋の期日においては、**直ちに保全異議事件の審理を終結**する旨を宣言することができる。 → 1 **2** 「審理の終結」 ○
「例外」

06 □□□ 保全異議又は保全取消しの申立てを取り下げるには、**債権者の同意**を要する。 → 1 **2** 「申立ての取下げ」 ×

07 □□□ **事情の変更による保全取消し**は、**保全命令を発した裁判所**又は**本案の裁判所**のいずれに対しても申立てをすることができる。 → 2 **1** 「管轄」 ○

1 | 総　論

ランク **B**

1 不服申立ての横断整理

	対　象	主張する事由	申立権者	期間制限
即時抗告 (19)	保全命令の申立てを却下する裁判	保全命令の発令の要件の存在	債権者	告知日より2週間
保全異議 (26)	保全命令	保全命令自体の不当	債務者	な　し
保全取消し (37～39)	保全命令	保全命令発令後の事情	債務者	な　し
保全抗告 (41)	①保全異議、又は ②保全取消しの裁判	異議・取消事由の存在・不存在	債権者 債務者	裁判の送達を受けた日から2週間

2 保全異議・保全取消し（40条1項▶1）・保全抗告の審理（41条4項）

審理方式		口頭弁論又は当事者双方が立ち会うことができる審尋の期日を開くことが必要（29）
審理の終結	原　則	相当の猶予期間を置いて、審理を終結する日を決定する（31本）
	例　外	口頭弁論又は当事者双方が立ち会うことができる審尋の期日では、直ちに審理を終結する旨を宣言することができる（31但）
決定の理由、送達		必要（32Ⅳ・16本、32Ⅳ・17）
申立ての取下げ		相手方の同意は不要（35、保全抗告につき7・民訴331・292）

▶1　起訴命令（民保37Ⅰ）は除く（40Ⅰ但）。

2 | 各　論

ランク **B**

1 保全異議及び保全取消しの管轄等

	保全異議	保全取消し		
		事情の変更	特別の事情	本案の訴え不提起等
管　轄	発令裁判所（26）	①発令裁判所、又は ②本案の裁判所（38、39）		発令裁判所（37）
移　送	管轄権を有する他の裁判所に移送可（40Ⅰ本・28）			―

> 抗告は上訴の申立てを意味するため、**即時抗告・保全抗告**では上級裁判所で審理しますが、**保全異議・保全取消し**は原裁判所での再審理の申立てを意味するため、同一審級の裁判所でもう一度審理します。

第2章　不服申立て　**243**

08 ☐☐☐ **起訴命令**において、本案の訴えの提起又はその係属を証する書面を提出すべき期間として定められる期間は、**1月以上**でなければならない。

➡ **2 2** 「本案の訴えの不提起等」 ✕
2週間以上

09 ☐☐☐ 起訴命令が発せられた場合において、債権者が、起訴命令に定められた期間内に**本案の訴えを提起したことを証する書面を提出**したが、その後その**本案の訴えを取り下げた**ときは、保全命令を発した裁判所は、債務者の申立てにより、保全命令を取り消さなければならない。

➡ **2 2** ▶2 ◯

10 ☐☐☐ 仮差押命令に対して保全異議の申立てをした債務者も、仮差押えの**必要性が消滅**したことを理由として、仮差押命令の取消しの申立てをすることができる。

➡ **2 2** 「事情の変更」 ◯

11 ☐☐☐ **起訴命令**が発せられた場合において、（①本案に関し仲裁合意があるときは、債権者が仲裁手続の開始の手続をとれば、②民事調停の申立てがされた場合には）、**本案の訴えを提起**したものとみなされる。

➡ **2 2** ▶3参照 ①
民事調停は本案の訴え提起とはみなされない

12 ☐☐☐ **抗告裁判所が発した保全命令**に対する（①保全取消し、②保全異議）の申立てについての裁判に対しては、**保全抗告**をすることができる。

➡ **2 3 ⓐ** 「例外」 ①
💬

13 ☐☐☐ （①保全抗告、②即時抗告）を受けた裁判所は、**当該抗告の理由の有無につき判断しないで**、事件を抗告裁判所に送付しなければならない。

➡ **2 3 ⓑ** 「再度の考案」 ①

14 ☐☐☐ （①保全抗告の、②即時抗告を却下する）裁判に対しては、**更に抗告**をすることができない。

➡ **2 3 ⓑ** 「再抗告」 ①
②

2 保全取消しの類型

	要　件	取消しの要否
本案の訴えの不提起等 (37)	債権者が 37 条 1 項の期間内（2 週間以上）に本案の訴えの提起を証する書面等を提出しないこと ▶2、3	必要的
事情の変更 (38)	保全すべき権利若しくは権利関係又は保全の必要性の消滅その他の事情の変更の疎明があること	任意的
特別の事情 (39)	① 仮処分命令により償うことができない損害を生ずるおそれがあるときその他の特別の事情の疎明があること ② 担保を立てること	任意的

▶2 当該書面が提出された後に、本案の訴えが取り下げられ、又は却下された場合、その書面を提出しなかったものとみなされる（37 Ⅳ）。

▶3 【本案の訴えの提起とみなされるもの】（37 Ⅴ）
　　①調停前置事件についての家事調停の申立て、②仲裁契約がある場合の仲裁手続の開始の手続等。
　　＊　民事調停の申立ては本案の訴え提起とはみなされない。

3 保全抗告
ⓐ 保全抗告のできる裁判

原　則	保全異議又は保全取消しの申立てについての裁判（41 Ⅰ本）
例　外	抗告裁判所が発した保全命令に対する保全異議の申立てについての裁判に対しては不可（41 Ⅰ但）

ⓑ 即時抗告との比較

	保全抗告	即時抗告
再度の考案	不　可（41 Ⅱ）	可（7・民訴 333）
再 抗 告	不　可（41 Ⅲ）	即時抗告を却下する裁判　→　不　可（民保 19 Ⅱ）

民事保全手続では、保全命令の裁判は暫定的なものであることを考慮して、二審制がとられています。この観点から次の知識を押さえましょう。
　① 即時抗告を却下する裁判に対して抗告することはできない（19 Ⅱ）。
　② 保全抗告についての裁判に対して抗告することはできない（41 Ⅲ）。
　③ 債権者による即時抗告がされた裁判所（抗告裁判所）が発した保全命令に対して、債務者から保全異議の申立てがあったときは、この裁判に対して保全抗告をすることはできない（41 Ⅰ但）。
　＊　保全取消しの申立ては、保全命令の存在を前提とした別個の事件なので、これに保全抗告を認めても二審制が保たれるため、除外されている。

01 □□□　保全執行は、**執行文**の付された保全命令の正本に基づいて実施する。
→**1**「執行文の要否」「原則」　×

02 □□□　保全執行は、**債務者に対して**保全命令が送達された日から2週間を経過したときは、してはならない。
→**1**「執行期間制限」債権者に対して　×

03 □□□　保全執行は、保全命令が債務者に**送達された後で**なければ、これをすることができない。
→**1**「送達前の執行」　×

04 □□□　**不動産**に対する仮差押えの執行は、これを**強制管理の方法**によりすることができる。
→**2**「不動産」　○

05 □□□　**金銭債権**に対する仮差押えの執行は、保全執行裁判所が債務者に対し債権の**取立て**その他の**処分を禁止**する命令を発する方法により行う。
→**2**「債権」　×

06 □□□　債権者は、占有移転禁止の仮処分の執行がされたことを**知らないで**債務者の占有を**承継**した者に対しても、本案の債務名義に基づき目的物の引渡しの強制執行をすることができる。
→**3a**「善意」「承継」　○

07 □□□　占有移転禁止の仮処分命令の執行後に債務者からの占有の**承継によらないで**目的物を占有した第三者は、その執行がされたことを**知らずに**占有したことを証明した場合であっても、当該仮処分命令の効力が及ぶことを免れることができない。
→**3a**「善意」「非承継」　×

08 □□□　土地の売買に基づく所有権移転登記手続請求権を被保全権利として、当該土地について処分禁止の仮処分を得た債権者は、当該売買が無効であっても、当該売買によって当該土地の占有を開始し仮処分後にこれを**時効により取得**したときは、時効完成後に当該土地を債務者から取得した第三者に対し、当該仮処分が**時効取得に基づく所有権移転登記手続請求権を保全**するものとして、その効力を主張することができる。
→**3b**「関連判例」　○

3b「関連判例」は、売買に基づく所有権移転登記手続請求権を被保全権利とする処分禁止の効力は有しないが、取得時効の完成時以降は、時効取得に基づく所有権移転登記手続請求権を被保全権利とする処分禁止の効力を有すると解するものです。

1 保全執行の要件

		保全執行（43）	民事執行
執行文の要否	原　則	不　要	必　要（民執25本）
	例　外	承継執行文は**必要**	
執行期間制限		債権者に送達後2週間以内	な　し
送達前の執行		債務者への**送達前**でも可	不　可（民執29前）

2 仮差押えの執行

対象物	執行方法	執行機関
不動産	①　仮差押えの登記（民保47 I 前） ②　強制管理（47 I 前） ③　①と②の併用（47 I 後）	①　発令裁判所（47 II） ②　不動産所在地の地方裁判所 　　（47 V・民執44 I）
動　産	執行官の占有（49 I）	執行官（49 I）
債　権	第三債務者に対する**弁済禁止命令**（50 I）	発令裁判所（50 II）

3 占有移転禁止の仮処分の執行

ⓐ 本案の債務名義の執行力が及ぶ占有者の範囲 ▶1

占有 善意・悪意	承　継	非承継
善　意	及ぶ（62 I ②）	及ばない ▶1
悪　意	及ぶ（62 I ①）	

▶1　占有移転禁止の仮処分命令の**執行後**に**目的物を占有**した者は、その執行がされたことを知って占有したものと推定されるため（62 II）、**占有者の側で**自己が善意であることを証明しなければならない。

ⓑ 効　力

内容	処分禁止の登記に後れる登記に係る権利は、保全すべき登記と抵触する限度で債権者に対抗することができない（58 I）
関連 判例	売買に基づく所有権移転登記請求権を保全するために処分禁止の仮処分の登記がなされた場合に、その後の本案訴訟で当該売買が無効であるが仮処分後に仮処分債権者による**取得時効が完成**したと認められたときは、当該仮処分は、買主の取得時効の完成時以後は**時効取得に基づく所有権移転登記請求権**を被保全権利として処分禁止の効力を有する（最判昭59.9.20）

よくある質問 Q&A ── 民事保全法

Q 仮の地位を定める仮処分のイメージが湧きません。

A 仮の地位を定める仮処分とは、争いのある権利関係から生じている現在の危険や不安を取り除き、救済が手遅れにならないように、本案訴訟による解決までの間、暫定的な措置(仮の地位)を定めるための手続です(23Ⅱ)。
例えば、Aが勤めていたB会社から理由なく解雇されたため、B会社を被告として、現在も従業員であることの確認と賃金の支払を求める訴えを提起しようとしている場合に、Aが訴訟中、B会社の賃金不払により生活に困ってしまうときは、裁判所は、仮の地位を定める仮処分により、暫定的にAに従業員である地位を認め、B会社に賃金を支払わせることができます。

Q 「証明」と「疎明」はどう違うのでしょうか?

A 証明は合理的疑いを差し挟まない程度に真実らしいと裁判官に確信を抱かせること(裁判官が「これは本当だな」と確信を得た状態)をいいます。疎明はこれより確信の度合いが低く、一応確からしいとの推測を裁判官が得た状態(裁判官が「これは本当らしいな」と推測してよい状態)をいいます。
次のようにまとめて押さえるとよいでしょう。
証明:裁判官が「そうに違いない!」と思う。
疎明:裁判官が「たぶんそうなのかな」と思う。

Q 民事保全における不服申立ての「保全異議」「保全取消し」「保全抗告」「即時抗告」の区別がつきません。

A 保全命令を受ける債務者と、保全命令を発令してもらう債権者のいずれも、保全命令の申立てに関する裁判に不服がある場合のために、次の不服申立ての制度が用意されています。誰が申立人となるのかに注意しましょう。
①保全命令の申立てが認容された場合の保全命令の発令に対する不服申立て
　→　債務者は**保全異議**又は**保全取消し**の申立てをすることができる(26、37)。
②保全異議又は保全取消しの申立てについてされた裁判に対する不服申立て
　→　債権者及び債務者共に**保全抗告**をすることができる(41)。
③保全命令の申立てを却下した裁判に対する不服申し立て
　→　債権者は**即時抗告**をすることができる(19Ⅰ)。

第VI部
司法書士法

● **体系MAP**

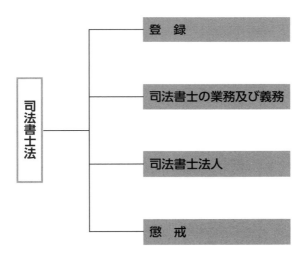

第1章 登 録　　　第2章 司法書士の業務及び義務

第3章 司法書士法人　　　第4章 懲 戒

01 ☐☐☐　司法書士となる資格を有する者が司法書士となるには、**日本司法書士会連合会に、直接**、登録の申請をしなければならない。

➡**1**「登録の申請」
事務所を置こうとする地の司法書士会を経由する
×

02 ☐☐☐　司法書士名簿への登録の申請があった場合において、**その申請の日から3か月を経過しても当該申請に対して何らの処分がされないとき**は、当該登録がされたものとみなされる。

12条2項参照
拒否されたものとして、審査請求をすることができる
×

03 ☐☐☐　司法書士は、**事務所の移転**に伴い所属する司法書士会を変更する場合には、新たに所属する司法書士会を経由して、日本司法書士会連合会に対して変更の登録の申請をすれば足り、**現に所属する司法書士会**に対して、変更の登録の申請をする旨を併せて届け出る必要はない。

➡**1**「事務所の移転」
現に所属する書士会への届出必要
×

04 ☐☐☐　**所属する司法書士会の変更の登録を申請**する司法書士は、その申請とともに、申請を経由すべき司法書士会に入会する手続をとらなければならない。

➡**1**「事務所の移転」
○

05 ☐☐☐　司法書士が（①氏名、②住所、③本籍）を変更した場合には、遅滞なく、**日本司法書士会連合会**にその旨を届け出なければならない。

➡**1** ▶2
①
②
③

06 ☐☐☐　**司法書士名簿への登録が拒否された場合**には、日本司法書士会連合会から申請者に対して登録が拒否された旨及びその理由が通知され、**司法書士名簿への登録が行われた場合**には、日本司法書士会連合会から申請者に対して登録が行われた旨が通知される。

➡**3**「登録申請の場合」
○

すなわち、司法書士の業務を行うためには、事務所を設ける地の**司法書士会に所属**しなければならないのです。これは、司法書士会による指導を通じて、司法書士の品位を保持すると共に、業務の改善進歩を図るためです（52）。

1 登録等の手続

	提出先	経由先	同時に行うべきこと (57)
登録の申請 (9) ▶1	日本司法書士会連合会	事務所を置こうとする地の司法書士会	事務所を置こうとする地の司法書士会への入会
事務所の移転 (13)	日本司法書士会連合会	移転しようとする地の司法書士会	①現に所属する司法書士会への届出、②申請を経由すべき司法書士会への入会
登録事項の変更 (14) ▶2	日本司法書士会連合会	所属する司法書士会	―

▶1 **【登録の拒否事由】**(10 I)
　　①無資格者・欠格者であるとき、②司法書士会への入会手続が未了であるとき、③身体又は精神の衰弱により業務を行うことができないとき、④司法書士の信用又は品位を害するおそれがあるとき。

▶2 　代表的な登録事項は、氏名、生年月日、本籍、住所、事務所の所在地、所属する司法書士会、司法書士となる資格の取得の事由及び年月日、登録番号。

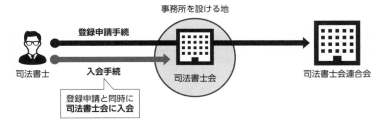

　　　　　　　　　　　　事務所を設ける地
　　　　　　　登録申請手続
司法書士　　　　　　　　　　　司法書士会　　　　　司法書士会連合会
　　　　　　　入会手続
　　　　登録申請と同時に
　　　　司法書士会に入会

2 登録の取消し

B

必要的取消事由 (15 I)	①業務を廃止したとき、②死亡したとき、③司法書士となる資格を有しないことが判明したとき、④欠格事由に該当するに至ったとき▶3
任意的取消事由 (16 I)	❶引き続き2年以上業務を行わないとき、❷身体又は精神の衰弱により業務を行うことができないとき

▶3 　必要的取消事由に該当する場合には、当該司法書士又はその法定代理人・相続人に、日本司法書士会連合会（司法書士会経由）への届出義務が課される (15 II)。

3 通　知

C

登録申請の場合	①登録を受理：書面により、その旨を通知 (11) ②登録を拒否：書面により、その旨及び理由を通知 (11)
任意的登録取消しの場合	書面により、その旨及びその理由を通知 (16 II)

第VI部
司法書士法

01 □□□　司法書士は、法務局又は地方法務局の長に対する**審査請求**の手続について、それが（①登記、②供託）に関するものである場合には、代理をすることができる。

➡**1**「代理」②　① ②

02 □□□　司法書士Ａは、**Ｂの依頼を受けてＣを相手方とする訴えの訴状を作成**した。この場合、Ａは、Ｂの同意があれば、**Ｃの依頼を受けて、当該訴状を作成した事件についての裁判書類作成関係業務を行うことができる。**

➡**3**「個人」**❶**
Ｂの同意があっても不可
×

03 □□□　司法書士は、不動産の**仮差押命令の申立書の作成**の依頼を受けた場合であっても、その仮差押えの登記が完了した後であれば、仮差押えの本案訴訟の**被告からの答弁書の作成の依頼**に応じることができる。

➡**3**「個人」**❶**
×

04 □□□　**司法書士法人**が、ＡからＢに対する貸金返還請求訴訟に係る**訴状の作成業務**を受任した。この業務に使用人として関与した司法書士Ｃは、（①当該司法書士法人を離職した後、②Ａの同意がある場合）であっても被告Ｂの依頼を受け、当該訴訟の**答弁書の作成業務**を受任することはできない。

➡**3**「法人」1段目、3段目　① ②

05 □□□　司法書士Ａが、Ｂの依頼を受けてＣを相手方とする訴え（以下「本件訴え」という。）に係る訴訟における**訴訟代理業務を受任**した場合、Ａは、Ｂの同意があっても、Ｃの依頼を受け、**本件訴えに係る訴訟以外の訴訟**においてＣが提出すべき訴状を作成することはできない。

➡**3**「個人」**❹**
Ｂの同意があれば可
×

06 □□□　司法書士Ａが、Ｂの依頼を受けて債権者不確知を理由とする**弁済供託の手続**をしていたときは、当該供託の被供託者Ｃから供託物払渡請求権の確認訴訟に係る**裁判書類の作成**について依頼を受けることはできない。

➡**3**参照
裁判関係でない登記業務や供託業務であれば、行い得ない事件とはならない
×

相談業務としてできるのは、**すべての司法書士が行うことができる業務**としては登記手続の代理等の事務に関する相談ですが、**簡裁訴訟代理等関係業務**としては民事に関する紛争に関する相談です。民事に関する紛争に関する相談は認定司法書士でないとできないので、注意しましょう。

1 すべての司法書士が行える業務　　ランク B

代　理	①	登記又は供託に関する手続の代理
	②	登記又は供託に関する審査請求の手続の代理
書類作成	①	（地方）法務局に提出（提供）する書類（電磁的記録）の作成
	②	裁判所若しくは検察庁に提出する書類、又は筆界特定の手続において（地方）法務局に提出（提供）する書類（電磁的記録）の作成
相談業務	上記の事務について相談に応ずること	

2 簡裁訴訟代理等関係業務（認定司法書士のみ）　　ランク B

①民事訴訟法の規定による手続、②訴え提起前の和解、支払督促の手続、③訴え提起前における証拠保全手続等、④民事調停法の規定による手続、⑤少額訴訟債権執行の手続、⑥筆界特定の手続の相談又は代理すること、⑦民事に関する紛争について、相談に応じ、又は仲裁事件の手続若しくは裁判外の和解について代理すること 等▶1

▶1　目的の価額が 140 万円を超えないものに限る。

3 業務を行い得ない事件　　ランク A

対象	前　件		禁止される後件
	公務員として職務上取り扱った事件（22 Ⅰ）		すべて
個人	❶　相手方の依頼を受けて裁判所又は検察庁に提出する書類を作成する業務を行った事件（22 Ⅱ①）		すべての司法書士 裁判書類作成関係業務 認定司法書士 裁判書類作成関係業務 及び 簡裁訴訟代理等関係業務
	簡裁訴訟代理等関係業務に関するものとして	❷　相手方の協議を受けて賛助し、又はその依頼を承諾した事件（22 Ⅲ①）	
		❸　相手方の協議を受けた事件で、その協議の程度及び方法が信頼関係に基づくと認められるもの（22 Ⅲ②）	
		❹　受任している事件の相手方からの依頼による他の事件（22 Ⅲ③）▶2	
法人	関与形態：法人の社員又は使用人として自ら関与 前件業務：❶又は❷若しくは❸（22 Ⅱ②、Ⅲ④、⑤）		
	関与形態：法人の使用人として自ら関与 前件業務：❹（22 Ⅲ⑥）▶2		
	関与形態：法人の使用人である場合 前件業務：法人が相手方から簡裁訴訟代理等関係業務に関するものとして受任している事件（22 Ⅱ③）		

▶2　受任している事件の依頼者が同意した場合は、規制されない（22 Ⅲ柱但）。

司法書士の業務及び義務 ②

07 ☐☐☐ 司法書士は、登記権利者及び登記義務者の双方から登記申請の代理を受けて当該申請に必要な書類を受領した場合において、当該申請をする前に**登記義務者から当該書類の返還を求められたとき**は、登記権利者に対する関係では、登記権利者の同意がある等特段の事情のない限り、その**返還を拒むべき義務**を負う。　→4 💬　○

08 ☐☐☐ 司法書士は、登記手続の代理業務や裁判書類の作成業務について、**病気や事故**のため業務を遂行することができないときは、業務の依頼に応じないことができる。　→4「依頼応諾義務」「正当理由」①　○

09 ☐☐☐ 司法書士は、依頼（簡裁訴訟代理等関係業務に関するものを除く。）を拒むことについて**正当な理由**がある場合であっても、依頼者の請求があるときは、その**理由書を交付**しなければならない。　→4「依頼応諾義務」「依頼拒絶後の対応」　○

10 ☐☐☐ 司法書士は、**司法警察職員から犯罪捜査のために事件簿の閲覧を求められたとき**は、正当な事由がある場合として、これに応じることができる。　→4「秘密保持」「正当事由」「肯定例」　○

11 ☐☐☐ 司法書士は、**民事事件の証人として裁判所から尋問を受けた場合**、業務上知り得た事実で依頼者の秘密に関するものについては、証言を拒むことができない。　→4「秘密保持」「正当事由」「否定例」拒むことができる　×

12 ☐☐☐ 司法書士会は、**補助者に関する届出**があった場合は、その旨を（①日本司法書士会連合会、②当該司法書士会の事務所の所在地を管轄する法務局又は地方法務局の長）に、**通知**しなければならない。　→4「補助者」「通知」　②

13 ☐☐☐ 司法書士は、業務の依頼をしようとする者から求めがあったときは、**報酬の基準**を示さなければならないが、その**求めがなかったとき**は、当該基準を示すことを要しない。　→4「その他」「報酬の基準」求めがなくても必要　×

4 司法書士の義務  ランク A

事務所	表示		事務所に司法書士の事務所である旨の表示をしなければならない（規20 Ⅰ）
	設置	個人	2個以上の事務所を設けることができない（規19）
		法人	主たる事務所の他に、従たる事務所を設けることができる（司書32 Ⅲ③）
依頼応諾義務	内容		正当な理由がある場合でなければ、業務依頼を拒むことができない（21） cf. 簡裁訴訟代理等関係業務に関する依頼については、対象から除かれている
	正当理由		①病気や事故、②業務が同時に集中することにより業務遂行が困難な場合、③当該依頼が「業務を行い得ない事件」に該当する場合
	依頼拒絶後の対応		通常業務：依頼者の請求があるときに限り、理由書を交付（規27 Ⅰ） 簡裁訴訟代理等関係業務：速やかに、その旨を依頼者に通知（規27 Ⅱ）
秘密保持義務	内容		司法書士又は司法書士であった者は、正当な事由がある場合でなければ、業務上取り扱った事件について知ることのできた秘密を他に漏らしてはならない（司書24）
	正当事由	肯定例	依頼者の承諾がある場合、刑事事件の証人として証言する場合、犯罪捜査のため司法警察職員から事件簿の提示を求められた場合
		否定例	民事事件の証人として裁判所の尋問を受けた場合 → 証言を拒むことができる（24、民訴197 例示列挙）
補助者	届出 （規25 Ⅱ）		補助者を置いたとき、又は置かなくなったとき → 司法書士は、遅滞なく、その旨を所属の司法書士会に届出
	通知 （規25 Ⅲ）		補助者に関する届出が司法書士会にあったとき → 司法書士会は、その旨をその司法書士会の事務所の所在地を管轄する（地方）法務局長に通知
領収証	作成 （規29 Ⅰ）		依頼者から報酬を受けたときは、領収証正副2通を作成し、副本は、作成の日から3年間保存しなければならない
	交付 （規29 Ⅰ）		正本はこれに記名し、職印を押して依頼者に交付しなければならない
その他	事件簿 （規30）		事件簿を調製しなければならず、事件簿は、その閉鎖後7年間保存しなければならない
	報酬の基準 （規22）		事務を受任しようとする場合、あらかじめ、依頼しようとする者に対し、報酬額の算定の方法その他の報酬の基準を示さなければならない

> 登記権利者及び登記義務者の双方から登記申請の委託を受け、その手続に必要な書類の交付を受けた司法書士は、手続の完了前に**登記義務者から書類の返還を求められても**、登記権利者との関係では、登記権利者の同意があるなど特段の事情のない限り、その**返還を拒む義務**を負います（最判昭53. 7.10）。

第Ⅵ部 司法書士法

01 □□□　司法書士法人が**業務の一部停止の処分を受けた場合**には、その処分を受けた日以前 30 日内に当該司法書士法人の社員であった者は、当該業務の一部の停止の期間を経過しない限り、他の司法書士法人の社員となることができない。

➡**1**「社員」「欠格事由」②参照 ✕
業務の一部停止は欠格事由に該当しない

02 □□□　司法書士法人は、定款で定めるところにより、当事者その他関係人の依頼により、**後見人の地位に就き**、他人の法律行為について代理する業務を行うことができる。

➡**2**「業務範囲」② ◯

03 □□□　司法書士法人は、定款の定めによって、一部の社員について、出資のみを行い、**業務執行権を有しない**ものとすることができる。

➡**2**「業務の執行」 ✕
業務執行権の剥奪は認められない

04 □□□　司法書士法人の社員は、簡裁訴訟代理等関係業務に関して依頼者に対して負担することとなった債務以外の司法書士法人の債務について、司法書士法人の財産をもって完済することができないときは、**連帯して**、その弁済の**責任を負う**。

➡**2**「社員の責任」 ◯

05 □□□　司法書士法人は、従たる事務所を新たに設ける場合において、当該事務所の所在する地域の司法書士会の許可を得て、**社員が常駐しない従たる事務所を設けること**ができる。

➡**2**「社員の常駐」 ✕
社員の常駐が必要

06 □□□　司法書士法人の社員は、**他の社員全員の承諾**がある場合には、自己若しくは第三者のためにその**司法書士法人の業務の範囲に属する業務**を行い、又は他の司法書士法人の社員となることができる。

➡**2**「競業の禁止」 ✕
全員の承諾があっても不可

07 □□□　簡裁訴訟代理等関係業務を行うことを目的とする司法書士法人にあっては、司法書士法第 3 条第 2 項に規定する司法書士である**社員**が常駐していない事務所においても、司法書士法第 3 条第 2 項に規定する司法書士である**使用人**を常駐させれば、簡裁訴訟代理等関係業務を取り扱うことができる。

➡**2** ▶ 4 ✕
「社員」が常駐していなければならない

1 設立の手続 ランク B

成立要件		主たる事務所の所在地における設立の登記（33）
社員	資　格	司法書士に限られる（28Ⅰ）▶1
	欠格事由（28Ⅱ）	① 業務停止の懲戒処分を受け、当該業務停止の期間を経過しない者 ② 司法書士法人が解散又は業務全部の停止の処分を受けた場合において、その処分を受けた日以前30日内に社員であった者で、その処分を受けた日から3年（業務全部の停止を命じられた場合にあっては、当該業務全部の停止期間）を経過しないもの ③ 司法書士会の会員でない者

▶1　改正により、社員が1人の司法書士法人が認められるようになった。そのため、司法書士法人の社員の欠亡は、司法書士法人の解散事由であるが（44Ⅰ⑦）、社員が1人となったことは解散事由とはならない（一人司法書士法人の許容）。

2 業務等 ランク A

業務範囲	①登記手続代理等業務（3Ⅰ①～⑤）、②附帯業務（法務省令で定める業務の全部又は一部〔ex. 成年後見業務　規31〕）、③簡裁訴訟代理等関係業務 ▶2
業務の執行（36）	原則：社員は、**すべて業務執行権を有し**、業務執行義務を負う 例外：簡裁訴訟代理等関係業務については、認定司法書士である社員のみが、業務を執行する権利を有し、義務を負う
社員の責任（38）	業務に関する債務を司法書士法人が完済することができない場合、各社員は、連帯して、無限責任を負う ▶3
社員の常駐（39）	司法書士法人は、その事務所に、当該事務所の所在地の司法書士会の会員である社員を常駐させなければならない ▶4
競業の禁止（42）	司法書士法人の社員は、自己若しくは第三者のためにその**司法書士法人の業務の範囲に属する業務**を行い、又は他の司法書士法人の社員となることはできない（他の社員全員の承諾があっても同様である）
法定脱退理由（43）	①司法書士の登録の取消し、②定款に定める理由の発生、③総社員の同意、④社員の欠格事由に該当することとなったこと、⑤除名

▶2　司法書士法人が簡裁訴訟代理等関係業務を行うには、その旨の定款規定があり、かつ、社員に3条2項の司法書士が1人以上いることが必要である（29Ⅰ②、Ⅱ）。

▶3　簡裁訴訟代理等関係業務に関する債務を司法書士法人が完済することができない場合の補充責任は、3条2項の司法書士である特定社員（脱退した特定社員を含む）のみが、連帯して負う（38Ⅳ本）。

▶4　特定社員が常駐していない事務所においては、簡裁訴訟代理等関係業務を取り扱うことはできない（40）。

処分を受けた日以前30日内としたのは、社員が処分の直前に法人を辞めることで、この規定の制限を免れようとする脱法行為を防ぐためです。

08 □□□　司法書士法人Ａの使用人である司法書士Ｂが、**Ｃの依頼を受けてＤを相手方とする簡裁訴訟代理等関係業務に関する事件を受任**している。この場合、Ａは、**Ｄの依頼を受けて、当該事件についての裁判書類作成関係業務**を行ってはならない。

➡**3**
41条1項2号

○

09 □□□　簡裁訴訟代理等関係業務を行う旨の定款の定めがある司法書士法人Ｃは、ＡからＢに対する貸金返還請求訴訟に係る訴えの提起について、**Ａから相談を受け**、Ａとの間で、本件訴えの提起に向け、Ａから本件訴えに係る紛争の背景事情等を詳しく聞き、Ａに**法的な助言**をするなどして、**協議を重ねた**。この場合、Ｃは、Ａから当該訴訟における訴訟代理業務を受任しなかったとしても、Ｂの依頼を受け、当該訴訟においてＢが提出すべき答弁書を作成することはできない。

➡**3**
41条2項2号

○

10 □□□　簡裁訴訟代理等関係業務を行う旨の定款の定めがある司法書士法人Ｃが、ＡからＢに対する貸金返還請求訴訟代理業務を受任した。この場合、Ｃは、**Ａの同意**があっても、Ｂの依頼を受け、本件訴えに係る訴訟以外の訴訟においてＢが提出すべき訴状を作成することはできない。

➡**3** ▶5
Aの同意があれば可

✕

3 業務の制限

対象	前　件	禁止される後件
すべての法人	相手方の依頼を受けて裁判所又は検察庁に提出する書類を作成する業務を行った事件（41 Ⅰ①）	裁判書類作成関係業務
	使用人が相手方から簡裁訴訟代理等関係業務に関するものとして受任している事件（41 Ⅰ②）	
	社員の半数以上の者が裁判書類作成関係業務を行い得ない事件（41 Ⅰ③）	
簡裁訴訟代理等関係業務を行う旨の定款の定めがある法人	相手方の協議を受けて賛助し、又はその依頼を承諾した事件（41 Ⅱ①）	
	相手方の協議を受けた事件で、その協議の程度及び方法が信頼関係に基づくと認められるもの（41 Ⅱ②）	
	受任している事件の相手方からの依頼による他の事件（41 Ⅱ③）▶5	
	司法書士法人が裁判書類作成関係業務を行ってはならない事件（41 Ⅲ①）	簡裁訴訟代理等関係業務
	特定社員の半数以上の者が簡裁訴訟代理等関係業務を行ってはならないこととされる事件（41 Ⅲ②）	

▶5　受任している事件の**依頼者が同意**した場合は、規制されない（41 Ⅱ柱但）。

01 □□□　司法書士法第2条は、「司法書士は、常に品位を保持し、業務に関する法令及び実務に精通して、公正かつ誠実にその業務を行わなければならない。」と司法書士の職責について定めているが、これは**訓示規定**であるので、**同条違反を理由に懲戒処分を受けることはない。**

➡**1**「懲戒事由」
司法書士法違反として懲戒事由になり得る　×

02 □□□　**司法書士法人の社員**である司法書士が当該司法書士法人の業務について**司法書士法に違反する行為**を行った場合には、当該行為について、当該**司法書士法人が懲戒処分を受ける**ことはあるが、当該行為を行った当該司法書士法人の社員である司法書士が**重ねて懲戒処分**を受けることはない。

➡**1**「懲戒事由」
重ねて懲戒処分を受けることがある　×

03 □□□　法務大臣は、司法書士又は司法書士法人の懲戒処分をしたときは、遅滞なく、その旨を**官報をもって公告**しなければならない。

➡**1**「懲戒処分の公告」　○

04 □□□　法務大臣は、司法書士の懲戒処分をするに当たって必要がある場合には、その**司法書士の保存する関係資料を調査**することができる。

➡**1**「調査」　○

05 □□□　法務大臣は、司法書士に対して、2年以内の業務の停止の処分を行った場合は、その旨を**日本司法書士会連合会及び**当該**司法書士の所属する司法書士会**に**通知**することを要する。

➡**2ⓐ** ▶4　×

06 □□□　**法務大臣**は、**司法書士法人**に対する懲戒処分として、当該**司法書士法人の解散を命ずる処分**をすることができる。

➡**2ⓑ❸**　○

07 □□□　**懲戒処分**が（①戒告、②2年以内の業務の停止、③業務の禁止）である場合において、当該司法書士が**公開による聴聞**の請求をしたときは、これを行わなければならない。

➡**3**「聴聞期日の審理」
①
②
③

1 懲戒事由等

懲戒事由	司法書士法又は司法書士法に基づく政令・法務省令に違反したこと [1] ＊　会則遵守義務 (23) により、会則に違反した場合も懲戒事由となる
懲戒権者	法務大臣
懲戒処分の公告	官報で公告する
調　査	法務大臣（権限の委任を受けた（地方）法務局長を含む）は、必要があると認めるときは、懲戒処分に関し、司法書士（法人）の保存する事件簿等を調査し、又は当該（地方）法務局の職員にこれをさせることができる [2、3]
除斥期間	懲戒の事由があったときから 7 年を経過 　→　懲戒処分の手続を開始できない

[1]　司法書士会は、所属の会員が司法書士法等に違反すると思料するときは、その旨を法務大臣に報告しなければならない (60)。

[2]　法務大臣（権限の委任を受けた（地方）法務局長を含む）は当該調査を司法書士会に委嘱できる（規 42 II）。

[3]　司法書士又は司法書士法人は、正当な理由がなければ、当該調査を拒むことができない（規 42 IV）。

2 懲戒の種類

ⓐ 司法書士に対する懲戒処分の種類 (司書 47 条) [4]

① 戒　告	② 2 年以内の業務の停止	③ 業務の禁止

ⓑ 司法書士法人に対する懲戒処分の種類 (48 条) [4]

❶ 戒　告	❷ 2 年以内の業務の全部又は一部の停止	❸ 解　散

[4]　法務大臣が、①②❶❷の処分をしたときは、その旨を対象者の所属する司法書士会に通知し（規 38）、③❸の処分をしたときは、その旨を日本司法書士会連合会及び対象者の所属する司法書士会に通知する（規 38）。

3 懲戒手続における聴聞 (司書 49 条)

	戒告処分	業務停止処分	業務禁止・解散処分
聴聞の要否	○	○	○
聴聞期日の審理	司法書士（法人）から請求があったときは、公開により行わなければならない		

改正により、懲戒権者が「法務局又は地方法務局の長」から「法務大臣」に変更されたのは、多様な事案について、法務大臣の一元的な指揮の下で、より適正な懲戒を実現しようとするものです。

よくある質問 Q&A ── 司法書士法

Q 司法書士の業務を行い得ない事件の判断基準がわかりません。

A 司法書士法では、司法書士の業務の範囲内であっても、依頼人同士で利益が相反する事件など、業務を行い得ない事件が定められています (22)。その趣旨は主に**①司法書士への信用保持、②依頼人の利益保護**にあります。このどちらの観点においても問題がない事件であれば、その業務を行うことができます。この2点をクリアできているかを判断基準として、それぞれの知識を見ていくとよいでしょう。

例えば、p254の問02の事例は、**同じ事件**に関して双方の依頼人から依頼を受けるものであるため、①司法書士への信用保持、②依頼人の利益保護の両方の観点から、Cの依頼を受けることは認められません。そのため、相手方の同意があったとしても、①の問題が残るため、業務を行い得ない事件となります。

それに対し、問05の事例は、**他の事件**に関して依頼を受けるものであるため、②依頼人の利益保護の観点のみが問題となります（他の事件について業務を行う分には①の観点からは問題ない）。そのため、受任している事件の依頼者であるBが同意した場合には、②の観点からも問題がないため、その業務を行うことができます。

Q 「業務停止の処分を受け、業務停止の期間が経過していない者」は司法書士法人の社員の欠格事由とされていますが、司法書士が業務禁止処分を受けた場合には、欠格事由とならないのでしょうか？

A 業務禁止処分を受けた場合は、欠格事由には該当しませんが、登録の取消事由 (15 Ⅰ ④) となり、当然に司法書士でなくなるため (5 ⑤)、司法書士法人の社員となることができません。

第VII部
供託法

供 託 法

●**体系MAP**

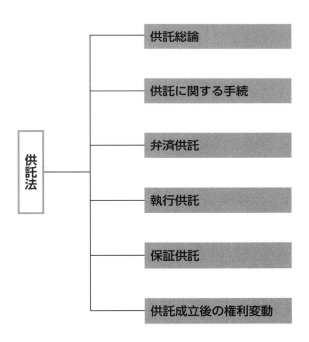

供託法
- 供託総論
- 供託に関する手続
- 弁済供託
- 執行供託
- 保証供託
- 供託成立後の権利変動

01 ☐☐☐ 借地上の建物の賃借人は、当該借地の賃貸人が反対の意思を表示していない限り、**借地人のために受領不能を原因とする地代の弁済供託**をすることができる。 → **1** **1** 「弁済供託」 ○

02 ☐☐☐ （①営業保証供託、②没取供託）においては、**第三者**が供託者となることはできない。 → **1** **1** 「営業上の保証供託」「没取供託」 ① ②

03 ☐☐☐ **裁判上の保証供託**においては、**相手方の同意を得なければ**、当事者以外の**第三者**が供託者となることはできない。 → **1** **1** ▶1 ×

04 ☐☐☐ 仮差押解放金の供託は、**第三者**によってすることも、**有価証券**ですることもできない。 金銭に限られ、第三者による供託は不可 昭42 全国供託課長会同決議 ○

05 ☐☐☐ **弁済供託**において、**振替国債**の譲渡を債務の内容とする場合において、債権者が振替国債の振替を受けるための口座を開設しないため弁済することができないときは、債務者は、当該振替国債を供託することができる。 → **1** **2** 「弁済供託」 ×

06 ☐☐☐ **保全命令**に係る担保供託は、**振替国債**によってすることができる。 → **1** **2** 「保証供託」 ○

07 ☐☐☐ **裁判上の保証供託**は、**裁判所が相当と認める有価証券**を供託する方法によってすることができる。 → **1** **2** ▶3 ○

08 ☐☐☐ **外国の通貨**は、法務局、地方法務局又はその支局若しくは法務大臣の指定した出張所において供託することができる。 → **1** **2** ▶2、**2** **1**「その他の有体物」 ×

第三者が債務者本人の代理人として供託する意思で、**本人のためにすることを表示せずに**弁済供託をした場合には、被供託者が、本人のために供託されたことを知り、又は知ることができたときは、その供託は本人から被供託者に対してされた供託として有効となります（最判昭50.11.20）。ここでは民法上の**顕名がない場合の代理行為と同じ扱い**になるわけです（民100参照）。

1 供託当事者、供託物

❶ 当事者適格

【第三者による供託の可否】　　　　　　　　　　○：供託できる　×：できない

	弁済供託	営業上の保証供託	裁判上の保証供託	執行供託	没取供託
第三者供託の可否	○	×	○ [▶1]	×	×

▶1　相手方の同意がなくても認められる。

❷ 供託の種類と供託物

　　　　　　　　　　　　　　　　　　○：供託できる　×：できない

	弁済供託	保証供託	執行供託	没取供託
金　銭 [▶2]	○	○	○	○
有価証券	○	○ [▶3]	×	○
振替国債	×	○	×	△ [▶4]
その他の有体物	○	×	×	×

▶2　「金銭」とは、本国の通貨をいい、外国通貨は含まれない。
　　→　外国通貨は、その他の有体物（動産）として供託することになる。
▶3　裁判上の保証供託は、担保を立てるべきことを命じた**裁判所が相当と認める有価証券**に限って供託することができる（民訴76、民執15Ⅰ、民保4Ⅰ）。
▶4　選挙供託の場合は、振替国債も供託することができる。

2 管　轄

❶ 事物管轄

金銭・有価証券・振替国債	法務局、地方法務局、これらの支局、又は法務大臣の指定する出張所（供託1、社振278Ⅰ）	
その他の有体物	原　則	法務大臣の指定する**倉庫営業者又は銀行**（供託5Ⅰ） [▶5]
	例　外	弁済供託の場合において、①債務履行地に5条の供託所がない場合、又は②供託物が取り扱わない又は取り扱うことができない種類・数量である場合 →　債務履行地の地方裁判所は、弁済者の請求により、供託所の指定及び供託物の保管者の選任をしなければならない（民495Ⅱ）

▶5　なお、倉庫営業者又は銀行は、その営業の部類に属する物で保管することができる数量に限り、保管する義務を負う（供託5Ⅱ）。

09 ☐☐☐　金銭債権について**弁済供託**をする場合において、**債務の履行地である市区町村内に供託所がない場合**は、裁判所が指定した供託所に供託しなければならない。　➡ **2 2**「弁済供託」「例外」　×

10 ☐☐☐　宅地建物取引業法の免許を受けた宅地建物取引業者は、**営業保証金**を主たる事務所の最寄りの供託所に供託しなければならない。　➡ **2 2**「保証供託」「営業上」　○

11 ☐☐☐　**訴訟費用の担保供託**は、担保を立てるべきことを**命じた裁判所**の所在地を管轄する地方裁判所の管轄区域内の供託所であれば、いずれの供託所にもすることができる。　➡ **2 2**「保証供託」「裁判上」「民事訴訟法上の担保供託」　○

12 ☐☐☐　強制執行による金銭債権の**差押えを原因として第三債務者がする供託**は、執行裁判所の所在地を管轄する地方裁判所の管轄区域内の供託所にしなければならない。　➡ **2 2**「執行供託」　×

13 ☐☐☐　**選挙供託**については、全国いずれの供託所にもすることができる。　➡ **2 2**「没取供託」　○

14 ☐☐☐　**家賃の弁済供託**は、特約がない限り、賃貸人の住所地の供託所にしなければならない。　➡ **2 2** ▶6　○

15 ☐☐☐　債務履行地を債権者の住所とする債権がAからBに譲渡され、その**いずれが債権者であるかを確知できない場合**の供託は、A又はBのいずれかの住所地の供託所にすることができる。　➡ **2 2**【重要先例】①　○

16 ☐☐☐　**交通事故の被害者が行方不明の場合**にする損害賠償債務の弁済供託は、債務者である加害者の住所地の供託所にすることができる。　➡ **2 2**【重要先例】②　×

17 ☐☐☐　**銀行の預金債務の弁済供託**は、預金者の住所地の供託所にしなければならない。　➡ **2 2**【重要先例】③　×

2 土地管轄

弁済供託 ▶6		原 則	債務履行地の属する最小行政区画（市区町村）内にある供託所
		例 外	債務履行地の市区町村内に供託所がない場合 → 市区町村を包括する行政区画（都道府県）内の「最寄りの供託所」
保証供託	営業上		旅行業者・宅地建物取引業者 → **主たる営業所等の最寄りの供託所**
	裁判上	民事訴訟法上の担保供託	**発令裁判所の所在地を管轄する地方裁判所の管轄区域内の供託所**（民訴76等）
		民事執行法上の担保供託	**発令裁判所又は執行裁判所の所在地を管轄する地方裁判所の管轄区域内の供託所**（民執15Ⅰ）
		民事保全法上の担保供託	**発令裁判所又は保全執行裁判所の所在地を管轄する地方裁判所の管轄区域内の供託所**（民保4Ⅰ）▶7
執行供託			被差押債権の**債務履行地**の供託所（民執156Ⅰ、Ⅱ）
没取供託			どこの供託所に供託してもよい

▶6 弁済の場所につき特約がない場合は、原則として、**債権者の現在の住所地**が債務履行地となる。

▶7 **保全命令**については、遅滞なくこの供託所に供託することが困難な事由があるときは、裁判所の許可により、債権者の住所地等その他裁判所が相当と認める地を管轄する地方裁判所の管轄区域内の供託所に供託することができる（民保14Ⅱ）。

【重要先例】

① 債権者不確知の場合、**いずれかの債権者の住所地**の供託所に供託することができる（昭38. 6.22民甲1794認）。

② 債権者の現住所が不明なため、受領不能を原因とする弁済供託は、**債権者の最後の住所地**の供託所にすることができる（昭39全国供託課長会同決議）。

③ 銀行の預金債務の場合は、取立債務となる（昭38. 5.18民甲1505認）。 → **債務者の住所地**の供託所に供託しなければならない。

3 管轄違反の効果

管轄違反の供託の申請があった場合、当該申請は却下される（規21の7）。

弁済供託においては、**管轄違いの申請**がされた場合であっても、供託者が供託物を取り戻す前に被供託者が供託受諾又は還付請求をしたときは、当初から**有効な供託**があったものとして取り扱われます（昭39. 7.20民甲2594回）。弁済供託の土地管轄は、当事者の便宜を考慮して定められたものであるため、被供託者からその管轄での供託を前提とした供託受諾又は還付請求があったときは、管轄違いの瑕疵は治癒されるからです。

01 ☐☐☐ 供託物が（①有価証券、②振替国債）である場合には、供託物の払渡請求者は、**供託物払渡請求書2通**を提出しなければならない。

→ 1 **1** 「提出通数」①
「払渡請求」②

02 ☐☐☐ **供託書**には、供託者又はその代表者若しくは管理人若しくは代理人が**記名押印**しなければならない。

→ 1 **1** 「記名押印」 ✕
「供託申請」
申請時には不要

03 ☐☐☐ 供託者は、**供託官が相当と認めるとき**は、当事者が異なる**数個の供託を一括して申請**することができる。

→ 1 **2** 「一括供託」 ○

04 ☐☐☐ 毎月継続的に家賃の弁済供託がされており、被供託者が数か月分の供託金について同時に還付請求をしようとする場合において、**払渡請求事由が同一**であるときは、被供託者は、**一括してその請求**をすることができる。

→ 1 **2** 「一括払渡」 ○
「払渡請求事由同一」

05 ☐☐☐ **被供託者を異にする数個の供託**について被供託者が供託金の還付を受けようとする場合において、その代理人が同一であるときは、一括してその請求をすることができる。

→ 1 **2** ▶2 ✕

06 ☐☐☐ 同一人が**供託金と供託有価証券**について、同時に払渡請求をしようとする場合において、払渡請求の事由が同一であるときは、一括してその請求をすることができる。

→ 1 **2** ▶3 ✕

07 ☐☐☐ **供託書**に記載した（①供託金額、②有価証券の枚数）は、**訂正**することができない。

→ 1 **3** 「訂正等できない書類」 ❶ 💬 ①
②

08 ☐☐☐ 供託官が、金融機関に供託金の振込みを受けることができる預金口座を開設しているときは、供託者は、当該**預金口座に供託金を振り込む方法**により供託することができる。

→ 1 **4** 「供託申請」 ○
②

09 ☐☐☐ 金銭供託の払渡しの場合における**供託金の交付**は、日本銀行あての記名式持参人払の**小切手**を払渡請求者に交付する方法による他、請求者が払渡請求書に記載して希望するときは、払渡請求者の**預貯金に振り込む方法**によることもできる。

→ 1 **4** 「払渡請求」 ○

10 ☐☐☐ **預貯金への振込みの方法**による供託金の払渡しについては、委任による代理人が請求したときには、供託金を、**当該代理人の預金**又は貯金に振り込むことができる。

→ 1 **4** ▶4 ○

供託書に記載した**供託金額、有価証券の枚数及び総額面**に関しては、**訂正・加入・削除が禁止**されています（規6Ⅵ）。これは、供託書と同一内容のものが供託書正本として供託所から供託者に渡されるところ、金額・枚数の改ざんによる不正行為を防止する必要があるからです。

1 総　論

以下、書面による手続の場合を前提とする。

1 供託申請方法、払渡請求方法

	供託申請	払渡請求
提出通数	原則：供託書 1 通（OCR 用）（規 13 Ⅰ）	金銭の払渡し：請求書 1 通（規 22 Ⅰ）
	例外：正副 2 通（規 16 の 2 Ⅰ）▶1	有価証券又は振替国債の払渡し：2 通
記名押印	不　要	必　要（規 22 Ⅱ柱）

▶1　金銭又は有価証券を供託しようとする場合で、やむを得ない事情があることが要件。

2 一括供託申請と一括払渡請求の要件の比較　　　○：必要　×：不要

	当事者同一	供託原因同一	払渡請求事由同一	供託官の承認
一括供託申請（準 26 の 2）	×	×	—	○
一括払渡請求（規 23）	○ ▶2	—	○ ▶3	×

▶2　**払渡請求権者が異なる場合**は、代理人が同一でも一括払渡請求をすることはできない。

▶3　供託金と供託有価証券については一括払渡請求をすることはできない。

3 供託書等に記載した金額等の訂正等の可否

訂正等できる書類	①供託金払渡請求書、②供託金利息請求書
訂正等できない書類（規 6 Ⅵ）	❶供託書 　　、❷供託通知書、❸代供託請求書、❹附属供託請求書、❺供託有価証券払渡請求書、❻供託有価証券利札請求書

4 供託金の受入れ、払渡し

	現金取扱庁	非現金取扱庁
供託申請	①　供託書と共に現金を提出（規 20 Ⅰ）	①　供託書を供託所に提出し、現金は日本銀行に納付（規 18 Ⅰ）
	②　供託官が、供託金の振込みのための預金口座を開設している場合 →　当該預金口座に**供託金を振り込む方法**によることができる（規 20 の 2 Ⅰ）	
払渡請求	①　小切手を交付する（規 28 Ⅰ） ②　請求者が希望する場合　→　預貯金振込み等（規 22 Ⅱ⑤、28 Ⅱ参照）▶4	

▶4　払渡請求者の**代理人**の預貯金口座に供託金を振り込むこともできる。

11 □□□ 供託物の払渡しを請求する場合に提出又は提示すべき**委任による代理人の権限を証する書面**は、その作成後3か月以内のものでなければならない。

→ 1 **5** 「代理権限証書」 ✕
私文書である場合は期限なし

12 □□□ 供託物の還付請求に際して払渡請求書に添付すべき**還付を受ける権利を有することを証する書面**は、その作成後3か月以内のものでなければならない。

→ 1 **5** 「上記以外の書面」 ✕
期間制限なし

13 □□□ 法人が**供託の申請**をする場合は、その代表者についての市区町村長の作成に係る印鑑証明書を添付しなければならない。

→ 1 **6** 「印鑑証明書」 ✕
供託申請時は不要

14 □□□ 委任による代理人によって**供託物の払渡請求**をする場合は、当該代理人の代理権限を証する書面に押された印鑑につき、市区町村長又は登記所の作成した印鑑証明書を添付しなければならない。

→ 1 **6** 「印鑑証明書」 ○

15 □□□ 法人が供託しようとするときは、その代表者の資格を証する書面が必要であるが、その書面が、**登記された法人**について登記所の作成したものであるときは、これを供託所に**提示**すれば足り、添付することを要しない。

→ 1 **6**
「資格証明書」「登記された法人」 ○

16 □□□ **委任による代理人**によって（①供託する、②供託物の払渡しを請求する）場合には、代理人の権限を証する書面を提示すれば足り、添付することを要しない。

→ 1 **6** 「代理権限証書」 ①
①：提示
②：添付

17 □□□ **登記された支配人**が、供託物の払渡請求をする場合には、登記所が作成した代理人の権限を証する書面を**添付**しなければならない。

→ 1 **6** 「代理権限証書」「登記された代理人」 ✕
提示で足りる

供託の申請手続では、供託所はただ財産を受け取る立場にあるため、供託所から財産を払い渡す払渡手続に比べて、それほど厳格な審査をする必要がありません。そのため、**供託申請手続の添付書面は多くありません。**

5 添付・提示書面の作成時期

	作成時期の定め	
印鑑証明書	作成後3か月以内のもの（規9）	
資格証明書	作成後3か月以内のもの（規9）	
代理権限証書	官公署が作成	作成後3か月以内のもの（規9）
	上記以外	なし
上記以外の書面	なし	

6 添付（提示）書面 （規14条、24条〜27条）

		供託申請手続	還付手続	取戻手続
払渡請求権を証する書面	原則	―	添付	添付
	例外		副本ファイルの記録により還付を受ける権利を有することが明らかな場合 → 添付不要	
反対給付をしたことを証する書面		×	反対給付が必要な場合 → 添付	×
印鑑証明書		×	添付	添付
資格証明書	登記された法人	提示	提示	提示
	登記なき法人	添付	添付	添付
	権能なき社団	定款等とともに添付	定款等とともに添付	定款等とともに添付
代理権限証書	登記された代理人	提示	提示	提示
	登記されていない代理人	提示	添付	添付

7 印鑑証明書、資格証明書、代理権限証書の省略（簡易確認手続）

	印鑑証明書	資格証明書	代理権限証書
要件	① 申請人が登記所に印鑑を提出している者であること（規26 I、II） ② 供託所が法務大臣の指定した法務局でないこと	申請人が登記された法人であること（規14 I、27 III）	申請人が登記のある代理人であること（規14 IV・14 I、27 II）
効果	当該書面の添付・提示に代えることができる		

18 □□□　供託者が**法人**である場合は、供託書にその名称、主たる事務所及び**代表者**の氏名を記載することを要する。

→ 2 **1**①　〇

19 □□□　代理人により供託する場合（公務員が職務上供託する場合を除く）には、**代理人の氏名及び住所**も記載することを要する。

→ 2 **1**②　〇

20 □□□　供託により抵当権又は質権が消滅する場合には、その**抵当権又は質権**の表示を記載することを要する。

→ 2 **1**④　〇

21 □□□　供託者が被供託者に供託の通知をしなければならない場合に**これを欠くとき**は、当該供託は**無効**となる。

→ 2 **2**ⓐ　×
供託通知は効力要件
ではない

22 □□□　**営業保証金の供託**においては、供託の通知をすることを要しない。

→ 2 **2**ⓐ　〇

23 □□□　供託者が被供託者に供託の通知をしなければならない場合には、**供託者自ら**供託通知書を発送しなければならない。

→ 2 **2**ⓑ　×
供託官に請求も可

24 □□□　供託者が被供託者に供託の通知をしなければならない場合には、供託者は、供託書に**供託通知書を**被供託者の数に応じて**添付**しなければならない。

→ 2 **2**ⓑ ▶5　×
供託通知書は原則と
して供託官が調製す
る

25 □□□　供託の申請についての供託官の審査権限は、形式的審査の範囲にとどまり、供託書に記載されている供託原因及び供託根拠法令に照らし当該供託が**実体法上有効なものであるか否か**という実体的要件には及ばない。

→ 2 **3**　×
提出された供託書等
から判断し得る限度
で、実体的要件にも
及ぶ

形式的審査権とは、書類による審査しかできないという意味にすぎず、書類の中では実体関係に立ち入って審査をすることができるのです。「形式的」という言葉に惑わされないようにしましょう。

2 | 供託申請

1 供託書の記載事項 (規13条2項各号) (代表的なもの)

① 供託者の氏名及び住所（供託者が法人等である場合は、その名称、主たる事務所、及び**代表者又は管理人の氏名**）（1号）
② **代理人**の氏名及び住所（2号本）
③ 被供託者の氏名及び住所（その者が法人等である場合は、その名称及び主たる事務所）（6号）（cf. 代表者の氏名の記載は不要である）
④ 供託により**質権又は抵当権**が消滅するときは、その質権又は抵当権の表示（7号）

2 供託通知

ⓐ 意 義

弁済供託（民494）及びそれに準ずる供託（準33 Ⅰ参照）をした供託者は、遅滞なく被供託者に対し、供託した旨の通知をしなければならない（供託通知 民495Ⅲ）。

なお、供託通知を欠く場合も、供託が直ちに**無効となるわけではない**（大判大13.4.2）。

* 民法466条の2又は同466条の3による供託をした場合には、譲渡人に対しても通知する（規16Ⅰ）。

ⓑ 手 続

① 供託者**自らが発送する方法**（民495Ⅲ）
② **供託官**に対し、被供託者に供託通知書を発送することを請求する方法 ▶5（規16Ⅰ）

▶5 【具体的な方法】

原 則	供託者は、被供託者の数に応じて、供託書に郵券等を貼った封筒を添付し（規16Ⅱ）、**供託官が、供託通知書を調製しなければならない**（規16Ⅳ）
例 外	正副2通の供託書を提出する方法によった場合は、供託者は、被供託者の数に応じて、供託規則に定める書式による**供託通知書を添付しなければならない**（規16の2Ⅳ、Ⅴ参照）

3 供託官の審査権限

審査の資料	供託書及び添付書類のみ （形式的審査権）
審査の対象	① 供託書の適式性、添付書類の存否等（**手続的要件**） ② 供託原因の存否等、当該供託が実体上有効なものであるか否か（**実体的要件**）（最判昭59.11.26）

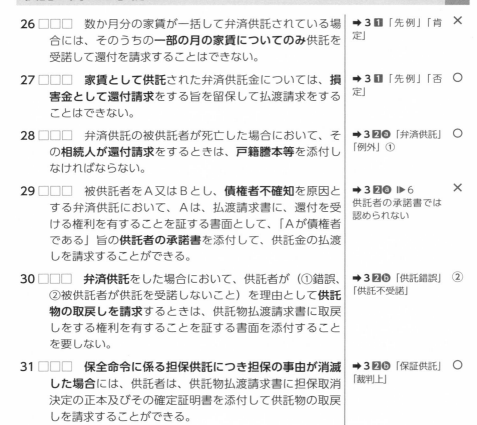

26 □□□　数か月分の家賃が一括して弁済供託されている場合には、そのうちの**一部の月の家賃についてのみ**供託を受諾して還付を請求することはできない。

　→ 3 **1**「先例」「肯定」　✕

27 □□□　**家賃として供託**された弁済供託金については、**損害金として還付請求**をする旨を留保して払渡請求をすることはできない。

　→ 3 **1**「先例」「否定」　〇

28 □□□　弁済供託の被供託者が死亡した場合において、その**相続人が還付請求**をするときは、**戸籍謄本等**を添付しなければならない。

　→ 3 **2 a**「弁済供託」「例外」①　〇

29 □□□　被供託者をA又はBとし、**債権者不確知**を原因とする弁済供託において、Aは、払渡請求書に、還付を受ける権利を有することを証する書面として、「Aが債権者である」旨の**供託者の承諾書**を添付して、供託金の払渡しを請求することができる。

　→ 3 **2 a** ▶6　✕
　供託者の承諾書では認められない

30 □□□　**弁済供託**をした場合において、供託者が（①錯誤、②被供託者が供託を受諾しないこと）を理由として**供託物の取戻し**を請求するときは、供託物払渡請求書に取戻しをする権利を有することを証する書面を添付することを要しない。

　→ 3 **2 b**「供託錯誤」「供託不受諾」　②

31 □□□　**保全命令に係る担保供託につき担保の事由が消滅した場合**には、供託者は、供託物払渡請求書に担保取消決定の正本及びその確定証明書を添付して供託物の取戻しを請求することができる。

　→ 3 **2 b**「保証供託」「裁判上」　〇

還付請求権を**代位行使**する場合には、還付請求権を証する書面として、債権を有する事実を証する書面及び債務者が**無資力であることの証明書**を添付しなければなりません（昭38.5.25 民甲1570 認）。被供託者の債権者が、債権者代位により還付請求権を行使するには、被保全債権の存在及び債務者の無資力が必要となり、これを立証する必要があるからです。

3 払渡請求

1 留保付還付請求

意 義	弁済供託において、債権額に争いがある場合、債権の全額であるとしてされた供託金を、**債権の一部として受諾する旨を留保して**還付請求をすること
先例	肯定	数か月分の家賃を一括して弁済供託した場合、その一部の月の家賃についてのみ還付請求をすること（昭 38. 6. 6. 民甲 1675 回）
	否定	家賃の弁済供託金につき、**損害賠償金として供託を受諾し、**還付請求をすること（昭 38. 6. 6. 民甲 1669 認）

2 払渡請求権を証する書面

ⓐ 還付を受ける権利を有することを証する書面（規 24 条 1 項 1 号）

弁済供託	原則	添付不要　∵　副本ファイルの記録により、還付を受ける権利を有することが明らか
	例外	① 被供託者の相続人が還付請求をする場合　→　戸籍謄本等を添付 ② 債権者不確知を原因とする場合において、真の被供託者であると確定した者が、還付請求をする場合▶6
保証供託		損害賠償請求権、被担保債権の存在を認める確定判決等
執行供託		官公署の作成に係る証明書（規 30 Ⅰ）、又は執行力ある裁判の謄本

▶6　**【被供託者がA又はBとされている場合で、Aが真の被供託者であると確定した場合】**
　　①Bの承諾書、又は②ＡＢ間の確定判決の謄本等（理由中で還付請求権を有することが確認できれば足りる）の添付が必要となる。なお、**供託者の承諾書**は、還付請求権を証する書面とならない。

ⓑ 取戻しをする権利を有することを証する書面（規 25 条 1 項）

供託錯誤		供託無効の確認判決その他の錯誤を証する書面▶7
保証供託	営業上	担保官庁の証明書等
	裁判上	担保取消決定の正本及びその確定証明書（民訴 79、民執 15 Ⅱ、民保 4 Ⅱ）、又は裁判所の供託原因消滅証明書等
供託不受諾		添付不要

▶7　管轄違いの弁済供託がされた場合等、供託が錯誤であることが供託所において明らかな場合は添付不要。

3 利害関係人の承諾書を添付する場合（規 24 条 2 項 1 号）

　還付請求権を証する書面等として、利害関係人の承諾書を添付する場合には、承諾書に押された印鑑についての市区町村長等作成の印鑑証明書（当該承諾書の作成前 3 か月以内又は当該承諾書の作成後に作成されたものに限る）を併せて添付しなければならない。

32 ☐☐☐　**供託金の受入れの月及び払渡しの月**については、日割り計算により算出した額の利息を請求することができる。

➡ 3 **4** 「付利期間」　✕
利息は付されない

33 ☐☐☐　供託金の**金額が1万円未満**の場合には、利息を請求することができない。

➡ 3 **4** 「端数処理」　◯
①

34 ☐☐☐　**保証として金銭を供託**した場合には、毎年供託した月に応当する月の末日後に、同日までの利息を請求することができる。

➡ 3 **4** 「払渡時期」　◯
「保証供託」

35 ☐☐☐　**保証供託以外の供託金の利息**は、元金の払渡しを受けた後でなければ、請求することができない。

➡ 3 **4** 「払渡時期」　✕
「保証供託以外」「原則」
原則は元金と同時

36 ☐☐☐　**営業により損害を受けた**として、営業保証金として供託された金銭の還付を請求する者は、供託金利息も併せて払渡しを受けることができる。

➡ 3 **4** ▶8　✕

37 ☐☐☐　供託物の払渡請求者が**個人**である場合において、その者が**提示**した（①運転免許証、②旅券、③在留カード）により、その者が本人であることを確認することができる、かつその**写しを添付**したときは、供託物払渡請求書に印鑑証明書を添付することを要しない。

➡ 3 **5**②参照　①
旅券には住所の記載　③
がないため、規則26
条3項2号の要件を
満たさない

38 ☐☐☐　**登記された法人**が営業保証供託に係る供託金について供託物払渡請求書に**官庁から交付を受けた支払証明書**を添付して還付請求をする場合において、その額が10万円未満であるときは、供託物払渡請求書又は委任状に押された**印鑑につき登記所の作成した証明書**を供託物払渡請求書に添付することを要しない。

➡ 3 **5**⑤　✕
登記された法人に適
用なし

5⑤の場合に印鑑証明書が省略可とされているのは、官公署から証明書を受けたということは、本人であることが確実であるからです。ただし、**登記された法人**については、代表者が印鑑を登記所に提出することができるところ、簡単に代表者の印鑑証明書を添付できるし、法人であれば従業員が勝手に代表者の承諾なく払渡請求してしまうケースが考えられるため、印鑑証明書の添付の省略は認められません。

4 供託金利息の払渡し

	付利期間	供託金受入れの月及び払渡しの月以外の月（規33Ⅱ前）
	端数処理	①供託金額が1万円未満の場合、②供託金の1万円未満の端数部分には利息は付されない（規33Ⅱ後）
払渡時期	保証供託	毎年、供託した月に対応する月の末日後▶8 （規34Ⅱ）
	上記以外 原則	供託金の元金払渡しと同時（規34Ⅰ本）
	上記以外 例外	元金の受取人と利息の受取人とが異なる場合等、元金と同時に払い渡すことができない場合 → 元金を払い渡した後（規34Ⅰ但）

▶8　保証供託の場合は、元金だけが担保の目的であり、利息には担保権が及ばない。

5 印鑑証明書の添付省略の可否

○：省略可　×：不可

	要　件	取戻請求	還付請求
①	払渡請求者が官公署（規26Ⅲ①）	○	○
②	払渡請求者が個人である場合において、その者が運転免許証、個人番号カード、在留カードその他の官公署から交付を受けた書類その他これに類するもの（氏名、住所及び生年月日の記載があり、本人の写真が貼付されたものに限る）であって、その者が本人であることを確認することができるものを提示し、かつ、その写しを添付したとき（規26Ⅲ②）	○	○
③	委任による代理人によってした供託について供託物の取戻請求をする場合において、請求者が供託申請の際に用いた委任状に押した印鑑と同一の印鑑を、供託物払渡請求書又は取戻請求の際の委任状に押し、かつ、その供託申請時に用いた委任状を添付したとき（規26Ⅲ③）	○	×
④	印鑑を登記所に提出できない者が供託物の取戻請求をする場合において、官公署から交付を受けた供託原因消滅証明書を供託物払渡請求書（当該請求書に委任による代理人の預金又は貯金に振り込む方法による旨の記載がある場合を除く）に添付したとき（規26Ⅲ④）	○	×
⑤	印鑑を登記所に提出できない者が、供託金（10万円未満）の払渡しを請求する場合において、支払委託により執行裁判所から交付された証明書を供託物払渡請求書（当該請求書に委任による代理人の預金又は貯金に振り込む方法による旨の記載がある場合を除く）に添付した場合（規26Ⅲ⑤）💬	×	○
⑥	裁判所で選任された者がその職務として供託物の払渡しを請求する場合において、供託物払渡請求書又は委任による代理人の権限を証する書面に押された印鑑につき裁判所書記官が作成した証明書を供託物払渡請求書に添付したとき（規26Ⅲ⑥）	○	○
⑦	簡易確認手続による場合（規26Ⅰ但）	○	○

01 □□□ 取立債務の場合において、弁済期到来後、債権者が取立てに来ない場合は、**受領を催告しないで直ちに**供託することができる。

→ 1 **1**参照
口頭の提供が必要

×

02 □□□ **銀行の預金債務**について、債権者の所在が不明であって、既に弁済期が到来している場合でも、債務者である銀行は、遅延損害金を付すことなく、受領不能を原因として供託することができる。

銀行の預金債務の場合は、口頭の提供は不要

○

03 □□□ 建物の賃貸借における賃料の支払日が「**前月末日**」とされている場合において、賃借人が令和 3 年 **6 月 17 日**に同年 7 月分の賃料を賃貸人の住所に持参したものの、賃貸人がその受領を拒否したときは、賃借人は、当該賃料の弁済供託をすることができる。

→ 2 **1**

×

04 □□□ 家賃の支払日が「**翌月末日まで**」とされている建物賃貸借契約において、賃借人が令和 3 年 **12 月の半ば**に同年 11 月分の家賃を賃貸人に提供したものの、賃貸人がその受領を拒んだときは、賃借人は、当該家賃につき、弁済供託をすることができる。

→ 2 **1**＊参照

○

05 □□□ **不法行為に基づく損害賠償債務**について、当事者間でその賠償額に争いがある場合において、債務者が自ら算出した損害賠償額に**不法行為時**から提供日までの遅延損害金を付して被害者に提供し、受領を拒否されたときは、債務者は、その合計額を供託することができる。

→ 2 **2**

○

06 □□□ **家賃の増額請求**につき当事者間に協議が調わない場合において、**賃借人が従前の額を相当と考え**、その額を提供したところ、賃貸人が受領を拒否したときは、賃借人は、その額を供託することができる。

→ 2 **2**
請求を受けた賃借人が相当と認める額を決定する

○

07 □□□ **地代の減額請求**につき当事者間に協議が調わない場合において、**賃借人が賃貸人に対しその減額請求の際に表示した額**の地代を提供したが、受領を拒否されたときは、賃借人は、その額を供託することができる。

→ 2 **2**
請求を受けた賃貸人が相当と認める額を決定する

×

1 弁済供託の基礎 ランク B

1 弁済供託の前提として必要な履行の提供の仕方

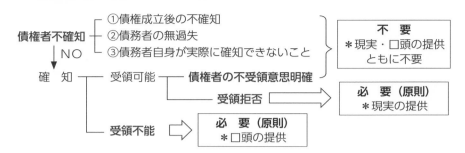

債権者不確知 ─┬─ ①債権成立後の不確知
　　　　　　　├─ ②債務者の無過失
　　　　　│NO　├─ ③債務者自身が実際に確知できないこと ─── **不 要**
　　　　　↓　　　　　　　　　　　　　　　　　　　　　　　　　　　　＊現実・口頭の提供
　確　知 ─┬─ 受領可能 ── **債権者の不受領意思明確**　　　　　　　ともに不要
　　　　　│　　　　　　　受領拒否 ─────────────→ **必　要（原則）**
　　　　　│　　　　　　　　　　　　　　　　　　　　　　　　　　　　＊現実の提供
　　　　　└─ 受領不能 ⇒ **必　要（原則）**
　　　　　　　　　　　　　　＊口頭の提供

2 弁済供託の要件

①　債務の目的物が供託可能なものであること
②　債務が**現存**し、かつ**確定**したものであること
③　供託原因が存在すること

2 弁済供託の要件②に関する問題 ランク A

1 債務の現存（＝弁済期の到来）

設問 03 **弁済期の到来前**に弁済の提供をしても、その時点では債務が現存していないため、弁済供託をすることができない。

＊ 賃料の支払につき、**毎月末日まで**と定められている場合には、当該月に入って弁済の提供をし、その受領を拒絶されたときは、弁済供託をすることができる。

2 債務の確定（＝債務額の確定）

設問 05 不法行為に基づく損害賠償債務は、催告を要することなく、損害の発生と同時に遅滞に陥る（最判昭 37. 9. 4）ため、**不法行為時**から提供日までの利息を付すことが必要となる（昭 32. 4.15 民甲 710 通等）。

設問 06、07 【賃料の増額・減額請求】（昭 46 全国供託課長会同決議）

　家賃・地代の増額・減額請求があった場合、裁判が確定するまでの間の相当な賃料を決めるのは、**請求を受けた者**である（借地借家 11 Ⅱ、Ⅲ、32 Ⅱ、Ⅲ）。

→ 家賃の減額請求があった場合は**賃借人**が相当と考えた額の提供では「債務の本旨に従った履行の提供」とは評価できず、受領拒否を原因とする供託の前提を欠く。

ここでは、増額請求・減額請求を受けた者が相当と認める額（≒従前の額）を提供すべきであることがポイントです。試験対策上は、**言われた方が相当と認める額（≒従前の額）なら供託できる**と押さえておくとよいでしょう。

08 □□□　建物の賃借人は、賃料の増額請求を受けた場合において、賃料の支払日を数箇月過ぎた後、賃貸人に従来の賃料の**元本のみ**を提供して賃貸人からその受領を拒まれたときは、当該賃料の支払日の翌日から供託日までの遅延損害金を付して、当該賃料を供託することができる。
➡3❶ⓐ
✕
遅延損害金を併せて提供しなければ、債務の本旨に従った弁済の提供といえない

09 □□□　家賃を毎月支払う旨の約定がある借家契約の賃借人が、10 か月分**滞納している家賃のうち 1 か月分の家賃**とその遅延損害金を賃貸人に提供し、受領を拒否された場合には、賃借人は、提供した家賃と損害金のみを供託することができる。
➡3❶ⓑ
〇

10 □□□　**電気料金**の値上げに反対する需要者が、値上げ前の料金額を電力会社に提供し受領を拒否された場合、当該需要者は、受領拒否を原因として供託することができる。
➡3❶ⓑ
✕

11 □□□　**公営住宅の家賃**の値上げを不服とする賃借人は、従前の家賃又は自己が相当と認める賃料を賃貸人に提供し、受領を拒否された場合には、賃借人は、その額を供託することができる。
➡3❶ⓑ
〇

12 □□□　債権者が（①受取証書を交付しない、②反対給付を履行しない）ため、受領させることができない場合には、**受領拒否**を原因として供託することができる。
➡3❶ⓑ
①
②

13 □□□　**賃借中の一筆の土地の一部**について賃貸人から明渡請求を受けた賃借人が、当該部分の地代の受領を拒否された場合には、賃借人は、地代の**全額を供託**することができる。
➡3❶ⓑ
〇

14 □□□　建物の賃借人は、賃貸人が死亡した場合において、賃貸人の死亡後に発生した賃料をその相続人**2 名のうち 1 名に提供**して当該 1 名の相続人からその受領を拒まれたときは、賃料の全額を供託することができる。
➡3❶ⓑ
✕
cf. 当該相続人の相続分に応じた賃料の額の供託は可能

15 □□□　（①債権者が海外出張中である場合、②金銭債権について差押えがされた場合）、弁済期日において**受領不能**を原因とする弁済供託をすることができる。
➡3❷ⓑ
①

3 4つの供託原因の検討

1 受領拒否

ⓐ 意 義

弁済者が債務の本旨に従った弁済の提供をしたにもかかわらず、債権者がこれに応じなかったこと。

ⓑ 設問の検討

設問 09 　賃料は**毎月独立した債権**として発生する（昭 38. 5.18 民甲 1505 認）。

設問 10、11 　【公共料金の供託】

公共料金は厳格な審査を経て決定される反面、決定された料金に強制的に従うべき旨が各法律に規定されている（昭 50. 3.17 民四 1448 認等）。

例外として、**公営住宅の家賃**については、公共料金ではあるが、住居であるため借地借家法が優先して適用され、家賃の増額請求に対して、賃借人が相当と認める額を提供すれば、債務の本旨に従った弁済の提供といえる（昭 51. 8. 2 民四 4344 通）。

設問 12、13 　【受領拒否の擬制】

（設問 12）**受取証書の交付や反対給付の履行**は、弁済の提供と同時履行の関係にある。

同時履行の関係にある行為をしない点を受領拒否の表れと捉えて、弁済供託を認める（昭 39. 2.26 民甲 398 認等）。

cf. 債権証書の返還は、弁済の提供と同時履行の関係になく、債務者は、債権者が債権証書を交付しないことを理由に供託することはできない。

（設問 13）土地の一部を明け渡した後の残部では目的を達成することができない場合もあるため、**一部につき明渡請求があった点を契約全体の否定**とみて、賃料全額の供託を認める（昭 40.12. 6 民甲 3406 認）。

設問 14 　【賃料債務の供託における供託当事者適格】

債権は相続と同時に、当然に相続分に応じた**可分債権**となるため（最判昭 29. 4. 8）、共同相続人のうちの 1 人に、賃料全額の供託の被供託者としての適格性はない（昭 36. 4. 4 民甲 808 認）。

2 受領不能

ⓐ 意 義

債権者が弁済を事実上又は**法律上の原因**により受領できないこと（民 494 Ⅰ②）。

ⓑ 設問の検討

設問 15

・　弁済期日において、債権者その他弁済受領の権限を有する者が弁済の場所である債権者の住所にいないため弁済できないときは、不在の理由やその不在が**一時的か否かを問わず**、債務者は、受領不能を原因として供託することができる（大判昭 9. 7.17）。

・　金銭債権につき、**差押え・仮差押えの執行**がされた場合、受領不能を原因として供託することはできない（昭 27. 7. 9 民甲 988 通）→ 執行供託となる（民執 156、民保 50 Ⅴ）。

第Ⅶ部 供託法

16 □□□ **債権者不確知**を原因とする供託は、債権者が誰であるかを知ることができないことについて、**債務者に過失がある場合**にはすることができない。

➡3 **3 ⓐ**

○

17 □□□ 賃貸人Ａが死亡した場合には、賃借人は、**相続人の有無や相続放棄の有無を調査することなく**、供託書の被供託者の住所氏名欄に「住所亡Ａの相続人」の旨を記載して債権者不確知を原因とする供託をすることはできない。

➡3 **3 ⓑ**

×

18 □□□ 確定日付のある２通の**債権譲渡通知が債務者に同時に送達**された場合でも、債務者は、債権者不確知を原因として供託することはできない。

➡3 **3 ⓑ**
先に請求してきた者に対して支払えばよい

○

19 □□□ 債権者がその債権をＡ及びＢに二重に譲渡し、そのそれぞれについて確定日付のある債権譲渡の通知が債務者に到達したが、**各通知の到達の先後が不明**の場合には、債務者は、債権者不確知を原因として供託することができない。

➡3 **3 ⓑ**
供託可能

×

20 □□□ **貸主が家屋明渡訴訟を提起**しているため家賃の**弁済を受領しないことが明らか**である場合において、借主が支払日を経過した後に弁済供託するときは、**遅延損害金**を付すことを要しない。

➡3 **4 ⓑ**

○

21 □□□ 建物の賃借人は、賃料の**増額請求**を受けた場合において、賃貸人から従来の賃料の受領をあらかじめ拒まれ、**目下係争中**であるときは、現実の提供又は口頭の提供をすることなく、受領を拒まれた後に発生した賃料を供託することができる。

昭37. 5.31 民甲1485 認

○

❸ 債権者不確知 💬

ⓐ 意 義

弁済者の**過失なくして債権者**が誰であるかを確知することができないこと（民494 Ⅱ）。

ⓑ 設問の検討

設問 17 実体上、債務の弁済に際して**相続人を調査すべき義務はないため**、直ちに「債権者不確知」を原因として供託することができる（昭37. 7. 9民甲1909認）。

設問 18、19 **【債権の二重譲渡（通知・承諾の確定日付の有無）】**

〇：供託可　✕：不可

<table>
<tr><td colspan="2">双方になし</td><td>〇</td></tr>
<tr><td rowspan="3">双方にあり</td><td>異時到達</td><td>✕
∵　先に到達した債権者に支払えばよいため</td></tr>
<tr><td>同時到達</td><td>✕
∵　先に請求してきた債権者に支払えばよいため</td></tr>
<tr><td>到達の先後不明</td><td>〇</td></tr>
<tr><td colspan="2">一方にあり</td><td>✕
∵　確定日付を備えた債権者に支払えばよいため</td></tr>
</table>

❹ 不受領意思明確

ⓐ 意 義

債権者があらかじめ弁済の受領を拒み、その拒絶の意思が強固で、たとえ債務者が口頭の提供をしても、これを受領しないことが明確な場合をいう。

この場合、**口頭の提供もすることなく供託することができる。**

ⓑ 設問の検討

設問 20 **【遅延損害金を付すことの要否】**

債権者の弁済を受領しない意思が明確である場合には、債務者は、口頭の提供をしなくても、債務不履行の責任を免れるため（最判昭32. 6. 5）、**弁済期経過後でも、遅延損害金を併せて供託する必要はない**（昭37. 5.25民甲1444回等）。

譲渡制限特約のある債権の譲渡は、譲受人が悪意又は重過失であっても有効であることから、債権者は譲受人と確知することができるため、**債権者不確知**を原因とする供託はできません（民466 Ⅱ）。これは民法改正の影響を受けているところです。

01 □□□ **金銭債権の一部**について**強制執行による差押え**が ⟶ 1 **1**「権利又は義 ✕
された場合には、第三債務者は、その金銭債権の全額に 務」
相当する金銭を**供託しなければならない**。 権利供託

02 □□□ 金銭債権の**一部が差し押さえられた場合**、第三債 ⟶ 1 **1**「供託可能金 ①
務者は、(①差し押さえられた金額に相当する金銭、②差 額」
押金額を超え債権全額に満たない額の金銭)を**供託する
ことができる**。

03 □□□ 金銭債権の**一部が差し押さえられた場合**において、 ⟶ 1 **1**【重要知識】 ①
その債権の全額に相当する金銭を供託したときは、差押 ① ②
金額を超える部分につき、(①第三債務者は供託不受諾を
原因として供託金の取戻請求、②執行債務者は還付請求)
をすることができる。

04 □□□ 金銭債権の**一部が差し押さえられた場合**において、 ⟶ 1 **1**【重要知識】 ◯
その債権全額を供託するときは、供託者は被供託者に**供** ②
託の通知をしなければならない。

05 □□□ 金銭債権の**一部に対して仮差押えの執行**がされた ⟶ 1 **2 a**「権利又は ✕
場合、第三債務者は仮差押えに係る金銭債権の全額に相 義務」
当する金銭を**供託しなければならない**。 権利供託

06 □□□ 金銭債権の**一部に対して仮差押えの執行**がされた ⟶ 1 **2 a** ◯
場合において、第三債務者が仮差押えに係る債権の全額 仮差押金額を超える
に相当する金銭を供託したときは、仮差押債務者は、供 部分は弁済供託
託金のうち、**仮差押金額を超える部分の払渡し**を受ける
ことができる。

07 □□□ 金銭債権について**仮差押えの執行が競合**した場合 ⟶ 1 **2 b**「権利又は ✕
には、第三債務者は、その金銭債権の全額に相当する金 義務」
銭を**供託しなければならない**。 権利供託

08 □□□ 金銭債権に対する**仮差押えの執行の競合を原因と** ⟶ 1 **2 b**【重要知識】 ①
して、第三債務者が供託するときは、供託者は(①被供 ②
託者として仮差押債務者の住所、氏名を記載、②仮差押
債務者に供託の通知を)しなければならない。

1 権利供託

1 差押えの場合

事 例① 100万円の金銭債権のうち、60万円について差押えの執行がされた場合

	60万円（差押金額）	40万円（残額）
供託の性質	執行供託	弁済供託
権利又は義務	権　利	
供託可能金額	60万円又は100万円	

 差押金額を超えた部分が**弁済供託**として扱われることから、次の結論を導くことができます。

【重要知識】

① 差押金額を超えた部分については、支払委託によらず、**被供託者（＝執行債務者）**が直接還付請求をすることができる。また、**供託者（＝第三債務者）**も当該部分について**取戻請求**をすることができる。

cf.「執行供託の部分」については、第三債務者は、供託により既に免責の利益を受けているため、供託原因消滅等を理由として供託金の取戻請求をすることはできない。

② 第三債務者が**全額供託する場合**には、弁済供託部分について執行債務者が還付請求することを可能にするために、**被供託者欄に執行債務者を記載**し、かつ執行債務者に対して供託通知をしなければならない。

2 仮差押えの場合

ⓐ 事 例② 100万円の金銭債権のうち、60万円について仮差押えの執行がされた場合

	60万円（仮差押金額）	40万円（残額）
供託の性質	執行供託	弁済供託
権利又は義務	権　利	
供託可能金額	60万円又は100万円	

ⓑ 事 例③ 100万円の金銭債権に対して、仮差押えが競合した場合

供託の性質	執行（弁済）供託
権利又は義務	権　利
供託可能金額	100万円

【重要知識】

第三債務者が仮差押えの執行を原因として供託する場合には、常に、**被供託者欄に仮差押債務者の住所、氏名を記載**し、かつ仮差押債務者に対して供託通知をしなければならない。

09 □□□　金銭債権に対し**強制執行による差押えが競合**した場合、第三債務者は当該債権の弁済期が到来していなくても、**供託する義務を負う。**

→ 2 **2**「権利又は義務」　✕

10 □□□　金銭債権に対して差押えの競合が生じた場合であっても、差し押さえられた債権の**債権者に対して同時履行の抗弁事由を有する**ときは、第三債務者は供託をすることを要しない。

→ 2 **1**　○

11 □□□　AがBに対して有する**100万円**の金銭債権（以下「甲債権」という。）につき、Aの債権者Cから強制執行による差押え（**差押金額100万円**）がされた後、Cが提起した取立訴訟の訴状の送達を受けるまでに、Aの債権者Dを仮差押債権者とする仮差押命令（**仮差押金額60万円**）の送達を受けたときは、Bは、甲債権の全額に相当する100万円を**供託しなければならない。**

→ 2 **2 ❸**「権利又は義務」
義務供託　○

12 □□□　金銭債権の**全部に対して仮差押え**の執行がされた後、当該金銭債権の**一部に対し差押え**がされたときは、第三債務者は、当該金銭債権の全額に相当する金銭を**供託しなければならない。**

→ 2 **2 ❸**「権利又は義務」
義務供託　○

13 □□□　**退職手当債権**に対し、その4分の1を差し押さえる旨の複数の差押命令が送達されたときは、第三債務者は、その退職手当債権の**4分の1に相当する金銭**を**供託しなければならない。**

→ 2 **2 ❸**「権利又は義務」
義務供託
民執152条2項参照　○

14 □□□　金銭債権に対して**差押えが競合**し、第三債務者が債権の全額に相当する金銭を供託するときは、供託書の「**被供託者の住所氏名**」欄には執行債務者の住所氏名を記載しなければならない。

→ 2 **2** 🗨　✕

15 □□□　AのBに対する100万円の貸金債権について、強制執行による**差押え**（差押債権額60万円）がされ、次いで**配当要求**がされた場合、①第三債務者Bが供託することのできる額はいくらか。また、②当該供託は、**権利供託**と**義務供託**のいずれに当たるか。

→ 2 **2 ❻**
①60万円又は100万円
②供託額60万円の場合は義務
供託額100万円の場合は60万円につき義務、40万円につき権利

2 義務供託

1 意 義

　第三債務者に、弁済に代えて供託をさせ、執行裁判所の配当手続により各債権者に**公平な配当を実現**するための制度（民執 156 Ⅱ）。なお、「義務」とは、被差押債権の弁済期が未到来である場合や、第三債務者が**同時履行の抗弁権**を有する場合でも即時に供託を強制する意味ではないことに注意を要する。

2 義務供託となる場合

ⓐ 事 例④ 100 万円の金銭債権に対し、**差押え**と（仮）**差押え**とが競合する場合

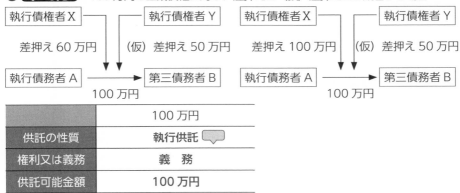

	100 万円
供託の性質	執行供託
権利又は義務	義 務
供託可能金額	100 万円

ⓑ 事 例⑤ 100 万円の金銭債権に対し、**差押え**がされ、次いで**配当要求**があった場合

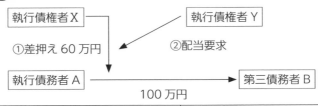

	60 万円（差押え＋配当要求）	40 万円（残額）
供託の性質	執行供託	弁済供託
権利又は義務	義 務	権 利
供託可能金額	60 万円又は 100 万円	

　執行供託の場合、還付請求権は支払委託により初めて発生します。したがって、このように執行供託の性質のみを有するような場合に、第三債務者が供託するときは、被供託者（＝還付請求権を有する者）を表示する必要はありませんし、供託通知（＝供託時に還付請求権を有する者に対してする）も不要です。

16 □□□　AのBに対する金銭債権（額面100万円）について、**滞納処分による差押え（差押債権額30万円）**がされ、更にAのほかの債権者による差押え（差押債権額60万円）がされている場合について、Bが供託することができる金額はいくらか。

→ **3 ¶**
滞納処分30万円を除いた70万円につき判断

70万円又は60万円

17 □□□　AのBに対する貸金債権（額面100万円）につき、①**強制執行による差押命令（差押債権額60万円）**を受け、更に②**滞納処分による差押命令（差押債権額30万円）**を受けた場合、第三債務者Bは60万円を供託することができない。

→ **3 ¶**
60万円か70万円が供託可

×

18 □□□　AのBに対する貸金債権（額面100万円）につき、①**強制執行による差押命令（差押債権額60万円）**を受け、更に②**滞納処分による差押命令（差押債権額50万円）**を受けた場合、第三債務者Bは60万円を**供託することができる。**

→ **3 ¶ ①**
100万円の義務供託

×

19 □□□　AのBに対する貸金債権（額面100万円）につき、①**強制執行による差押命令（差押債権額60万円）**を受け、更に②**滞納処分による差押命令（差押債権額50万円）**を受けた場合において、第三債務者Bは、供託した後に（①執行裁判所、②徴収職員）に事情届をしなければならない。

→ **3 ¶ ①**「事情届先」

①

20 □□□　金銭債権に対する**滞納処分による差押え**がされた後、**強制執行による差押え**がされ、差押えが競合したため、第三債務者が金銭債権の**全額**に相当する金銭を供託したときは、第三債務者は、（①執行裁判所、②徴収職員）に事情届をしなければならない。

→ **3 ¶ ②**「事情届先」

②

21 □□□　金銭債権の一部について**滞納処分による差押え**がされている場合において、その残余の部分を超えて発せられた**仮差押命令の執行**がされたときは、第三債務者は、その金銭債権の全額に相当する金銭を**供託しなければならない。**

→ **3 ¶ ③**
権利供託

×

3 滞納処分

ランク
A

1 競合しない場合

【考え方】 国税債権は、原則として私債権に優先し（国徴8）、必ず取っていくため、**債権全額から滞納処分を除いた残部について、強制執行の場合と同じ判断をすればよい。**

事 例⑥ 200 万円の金銭債権に対し、100 万円の**滞納処分**と 60 万円の差押え、30 万円の仮差押えがあった場合

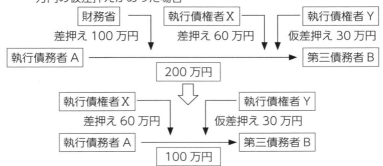

2 競合する場合 （❶、❷は差押え等がされた順番を表す）

	局 面	徴収職員の直接取立権	供託金額	事情届先
①	❶ 差押え ❷ 滞納処分	なし → 義務供託	債権全額	執行裁判所
②	❶ 滞納処分 ❷ 差押え	あり → 権利供託	ⓐ 債権全額 又は ⓑ 債権全額から滞納処分による差押金額を控除した額	ⓐの場合：徴収職員 ⓑの場合：執行裁判所
③	❶ 滞納処分 ❷ 仮差押え	あり → 権利供託		
④	❶ 仮差押え ❷ 滞納処分	あり → 権利供託		

上記の結論の背景にある基本的な考え方を以下に掲げます。
①：強制執行が先行しているため、場合によっては国税債権に優先する可能性がある。
　→ 慎重な判断が必要であるため、執行裁判所に関与させるために義務供託とされた。
②：滞納処分が先行しているため、国税債権が優先的に徴収する。
　→ 第三債務者の一回での免責の利益を保護するため、供託することもできる。（権利供託）
③：私債権は存在すら不明であるため、国税債権が劣後するという状況はあり得ない。
　→ 第三債務者の一回での免責の利益を保護するため、供託することもできる。（権利供託）
④：③と同じ。

第Ⅶ部 供託法

22 □□□ **仮差押解放金**の供託は、**有価証券**であることができる。 →4**1** 💬 ×

23 □□□ 金銭債権について仮差押えの執行がされた場合において、債務者が**仮差押解放金**を供託したことを証明したときは、保全執行裁判所は、仮差押えの**執行**を取り消さなければならない。 →4**1**「効果」① ○

24 □□□ 仮差押解放金を供託することにより仮差押えの執行が取り消された場合には、**仮差押えの執行の効力**は、仮差押債務者の有する**仮差押解放金の取戻請求権の上に及ぶ**。 →4**1**「効果」② ○

25 □□□ **仮差押解放金**が供託された後に、本案訴訟で仮差押債権者が敗訴した場合において、債務者（供託者）が供託金の**取戻し**をしようとするときは、**本案判決が確定したことを証する書面**を供託金払渡請求書に添付することを要する。 →4**1**「払渡手続」参照 ○

26 □□□ **金銭債権**に対して仮差押えの執行がされた場合において、第三債務者が債権全額を供託したときは、仮差押金額に相当する部分につき債務者が**仮差押解放金の供託をしたものとみなされる**。 →4**1**「みなし解放金」 ○

27 □□□ **仮処分解放金**の供託書には、**被供託者を記載する**ことを要しない。 →4**2**「被供託者欄」 ×

28 □□□ 所有権に基づく引渡請求権を被保全権利としてされた占有移転禁止の仮処分についての**仮処分解放金**が供託され、仮処分の執行が取り消された場合において、本案の勝訴判決が確定したときは、被供託者である仮処分債権者は、執行文を要せず、還付請求権を行使して**直接供託金の還付を請求する**ことができる。 →4**2**「払渡手続」 ○

29 □□□ 仮処分解放金の供託後、本案の勝訴判決が確定する前に、仮処分の申立てが**取り下げられた場合**には、債務者（供託者）は、**供託金の取戻しを請求する**ことができる。 →4**2**「払渡手続」 ○

1 仮差押解放金

意　義	仮差押えの執行の停止又は既にした仮差押えの執行の取消しを得るために、債務者が供託すべき金銭（民保22Ⅰ：必要的）
被供託者欄	供託書の被供託者欄の記載は不要
効　果	①　仮差押えの**執行の取消し**（民保51Ⅰ） ②　仮差押えの執行の効力は、仮差押解放金の額の限度で、債務者が有する**取戻請求権の上に移行**する（大判大3.10.27）
払渡手続	《**本案勝訴の場合**》 仮差押債権者は、仮差押解放金の取戻請求権の差押えをした場合、その取戻請求権に対して他に差押え（仮差押え）の執行がされていない限り、差押命令に基づく取立権を行使して、供託所に対して直接供託金の払渡請求ができる（平2.11.13民四5002通） 《**仮差押の執行が効力を失った場合**》 債務者（供託者）は、供託所に対して、供託金の取戻請求ができる（同先例）
みなし解放金	第三債務者が仮差押えの執行がされた金銭の支払を目的とする債権の額に相当する金銭を供託した場合、仮差押解放金の額に相当する部分については、債務者が**仮差押解放金の供託をしたものとみなされる**（民保50Ⅲ本）

2 仮処分解放金（一般型の場合）

意　義	仮処分の執行の停止を得るため又は既にした仮処分の執行の取消しを得るために、債務者が供託すべき金銭（民保25Ⅰ：任意的）
被供託者欄	仮処分債権者の住所氏名を記載する（平2.11.13民四5002通）
効　果	①　仮処分の執行の取消し（民保57Ⅰ） ②　仮処分の執行の効力は、仮処分の執行の目的物に代わって仮処分解放金の上に移行し、仮処分債権者が**還付請求権を取得する**（平2.11.13民四5002通）
払渡手続	《**本案勝訴の場合**》 仮処分債権者は、執行文を要せず、還付請求権を行使して、直接供託所に対して供託金の還付請求ができる（平2.11.13民四5002通） 《**本案敗訴又は仮処分の申立ての取下げがあった場合**》 債務者（供託者）は、供託所に対して、供託金の取戻請求ができる（同先例）

仮差押解放金と仮処分解放金の共通点として、次の3つを押さえましょう。
供託物：金銭のみ可
第三者による供託：不可
管轄供託所：仮差押命令（仮処分命令）を発した裁判所又は保全執行裁判所の所在地を管轄する地方裁判所の管轄区域内の供託所（民保25Ⅱ・22Ⅱ）

第Ⅶ部　供託法

01 ☐☐☐ **訴訟費用の担保**として原告が供託した供託物に対する権利の実行については、被告は、裁判所の配当手続によらず、供託所に対し、**直接還付を請求**しなければならない。

→1**1** ○

02 ☐☐☐ 供託された**営業保証金**について、**官公署の行う配当手続**を経た上で供託物の還付請求をすることが法令上要求されているときは、官公署は、供託物の種類に従い、供託所に**支払委託書**を送付し、債権者に証明書を交付しなければならない。

→1**1**② ○

03 ☐☐☐ 旅行業法により登録を受けた旅行業者は、その**事業の廃止届出書を主務官庁に提出**すれば、**提供した営業保証金の取戻し**を請求することができる。

→1**2** ×

04 ☐☐☐ 供託根拠法令において主たる事務所の最寄りの供託所に営業保証供託をしなければならないとされている場合において、**有価証券を供託している事業者**がその**主たる事務所を移転**したために主たる事務所の最寄りの供託所に変更が生じたときは、当該事業者は、**移転後の主たる事務所の最寄りの供託所**への**供託物の保管替え**を請求することができる。

→2**2**「意義」
有価証券は保管替え不可 ×

05 ☐☐☐ 営業保証供託に係る供託金の差替えは、供託金の取戻請求権が**差し押さえられているとき**は、することができない。

→2**1**「要件」③ ○

06 ☐☐☐ 法令の規定により営業保証金として供託した供託金の保管替えが認められる場合であっても、当該**供託金の取戻請求権が差し押さえられているとき**は、営業者は、供託金の保管替えを請求することはできない。

→2**2**「要件」③ ○

> **訴訟費用の担保**として原告が供託した供託物に対する権利の実行については、被告は、裁判所の配当手続によらず、供託所に対し、**直接還付を請求**しなければなりません（平9.12.19民四2257通）。被告は、訴訟費用に関して供託した金銭又は有価証券について、他の債権者に先立ち弁済を受ける権利を有するものとされているからです（民訴77）。

1 保証供託の払渡手続——営業保証供託

1 還付手続 💬

① 法令に権利行使の方法について特に規定がない場合
債権者はいつでも個別に供託物の還付請求をすることができる。
→ 供託物払渡請求書に還付を受ける権利を有することを証する書面（ex. 確定判決の正本、和解調書、公正証書）を添付しなければならない（規 24 Ⅰ①本）。
② 官公署の行う配当手続を経て供託物の還付請求をすることが法令上要求されている場合
官公署は、供託所に**支払委託書**を送付し、債権者に証明書を交付する（規 30 Ⅰ）。
→ 債権者は、支払委託書の記載から供託物の払渡しを受けるべき者であることが明らかとならないときは供託物払渡請求書に当該証明書を添付しなければならない（規 30 Ⅱ）。

2 取戻手続（事業を廃止した場合等）

営業保証供託をした者は、営業保証金について権利を有する者に対し、一定の期間内にその債権額等の事項を記載した申出書を官公署に提出すべき旨を官報等で公告することを要し、その期間内に申出がなかったときに営業保証金を取り戻すことができる。

2 差替えと保管替え

1 差替え

意義	裁判上の保証供託又は営業保証供託で、金銭又は有価証券（振替国債を含む）を供託している場合に、「金銭→有価証券」、「有価証券→金銭」、「有価証券→他の有価証券」に変換する手続
要件	① 供託の種類が裁判上の担保供託又は営業保証供託であること ② 裁判上の担保供託では裁判所の担保変換決定を得て、営業保証供託では主務官庁の認可を得ること ③ 取戻請求権について、譲渡・質入れ・差押え等の処分の制限がされていないこと

2 保管替え

意義	営業保証供託において供託後に、事業者が主たる事務所又は住所を移転したため管轄供託所に変更が生じた場合に、金銭又は振替国債で供託されているときに限って、その請求による供託所の内部手続によってする、移転後の事務所又は住所を管轄する供託所に供託物を保管する手続
要件	① 法令に保管替えの許容規定があること ② 営業保証供託をした事業者が、その事務所又は住所を移転したため、法定の管轄供託所に変更が生じた場合であること ③ 取戻請求権について、譲渡・質入れ・差押え等の処分の制限がされていないこと

01 □□□　被供託者は、供託金**取戻請求権が差し押さえられ
ている場合**、供託受諾の意思表示をすることができない。　→1 **1 ⓐ**　×

02 □□□　弁済供託の供託金**還付請求権が被供託者の債権者
によって差し押さえられた場合**であっても、供託者は、
被供託者が供託を受諾しないことを理由として供託金の
取戻しを請求することができる。　→1 **1 ⓐ**　○

03 □□□　**取戻請求権について時効**の完成猶予の効力が生じ
ても、還付請求権について時効の完成猶予の効力は生じ
ない。　→1 **1 ⓐ**　○

04 □□□　弁済供託において、供託者は、（①当該供託を有効
と宣告した判決が確定し、その確定判決の謄本が供託所
に提出された、②当該供託によって抵当権が消滅した）
場合には、供託金の**取戻請求をすることができない**。　→1 **1 ⓑ** ▶1 ②③　①
②

05 □□□　供託者は、被供託者が供託金**還付請求権を第三者
に譲渡し、その旨を供託所に通知した場合**でも、供託金
の取戻請求をすることができる。　→1 **2**「効果」「還付
請求権」　×

06 □□□　被供託者は、供託者が供託金**取戻請求権を第三者
に譲渡し、その旨を供託所に通知した場合**でも、供託金
の還付請求をすることができる。　→1 **2**「効果」「取戻
請求権」　○

07 □□□　供託金払渡請求権は、一般の**債権譲渡の方法**によ
り、供託手続外で自由に譲渡することができるが、譲受
人が供託金払渡請求権を行使するためには、譲渡人から
供託所に対して**譲渡通知**をしなければならない。　→1 **2**「対抗要件」
対抗要件として供託
所の「承諾」はない　○

08 □□□　供託所への**供託受諾の意思表示**は、（①口頭で、②
撤回、③供託金還付請求権の仮差押債権者が）すること
はできない。　→1 **3**「方式」「撤回」
「供託受諾の可否」　①
②
③

09 □□□　供託金還付請求権の**譲渡通知**が書面をもってされ
た場合には、**供託受諾の意思表示**があったものと認める
ことができる。　→1 **3** ▶2　○

1 供託物還付請求権の変動

1 還付請求権と取戻請求権の関係

ⓐ 権利としての独立性

還付請求権と取戻請求権は**別個独立の権利**であるので、原則として、**一方の処分は他方に影響を及ぼさない**（最判昭 37. 7.13）。

ex. 一方に**時効の完成猶予**、**差押え**等があっても、他方はなんら影響を受けない。

ⓑ 供託手続上の優劣

還付請求権	無条件に行使できる
取戻請求権	次の**いずれか**の要件を満たした場合にのみ行使できる ①供託錯誤、②供託原因消滅、③取戻請求権の不消滅 ▶1

▶1　以下の**すべて**の要件を満たす場合をいう。

①	被供託者が供託受諾の意思表示をしていないこと（民 496 Ⅰ）
②	**供託を有効と宣告した判決が確定**していないこと（民 496 Ⅰ）
③	供託によって**質権・抵当権が消滅**していないこと（民 496 Ⅱ）

2 供託物払渡請求権の譲渡

方　法		通常の債権譲渡の方法（民 467）による
効果	還付請求権	還付請求権の譲渡通知があった場合 →　取戻請求権が**消滅する**
	取戻請求権	還付請求権は**存続する**
対抗要件		譲渡人から供託所への**譲渡通知書の送付**による

3 供託受諾

方　式		供託を受諾する旨を記載した**書面の提出**（規 47） ▶2
撤　回		**不　可**
効　果		供託者の取戻請求権が消滅する
供託受諾 の可否	できる	被供託者、還付請求権の譲受人・差押債権者・代位債権者
	できない	仮差押債権者

▶2　供託物還付請求権の譲渡通知書もこれに該当する。

> 仮差押えには単に弁済を禁止する効力があるだけで、弁済を受けるための取立権はないため、仮差押債権者は供託受諾ができないことに注意しましょう。

10 □□□ 　弁済供託の被供託者が、（①供託官から供託証明書
　　　　の交付を受けた、②供託受諾書を提出した、③その請求
　　　　に基づき、当該弁済供託に関する書類の全部の閲覧をし
　　　　た）ときは、**供託金還付請求権の消滅時効は更新**する。

➡2【時効障害事由】　①
①、❷、②　　　　　③

11 □□□ 　家賃の数か月分につき一括してされた弁済供託の
　　　　供託金の一部について取戻請求があり、これが払い渡さ
　　　　れたときは、**供託金の残額の取戻請求権**について、**時効
　　　　が更新**する。

➡2【時効障害事由】　○
③

2 供託金払渡請求権の消滅時効の更新

【時効障害事由】 ▶3 　　　　　　　　　　　○：障害事由に当たる　×：当たらない

① 供託官が**供託証明書の交付**をした場合 ② 供託の確認を目的とする供託者の請求に基づき、**供託関係書類を閲覧**させた場合 ③ 供託金の一部につき**取戻請求**があった場合（残部について）	○
❶ 払渡手続についての**一般的な説明**をした場合 ❷ 被供託者から提出された**受諾書**を供託所が受け取った場合	×

▶3　時効の障害事由としては、供託官による「承認」が考えられる。

時効の更新事由の承認に当たるか否かは、**「債務者である供託所が積極的に承認の意思表示をしたかどうか」**で判断されます。この判断基準に照らして時効の障害事由を押さえておきましょう。

よくある質問 Q&A ── 供託法

Q 供託により保証債務が消滅した場合には、取戻請求権は消滅しないのですか？

A 「供託によって**質権・抵当権**が消滅した場合」が取戻請求権の消滅事由とされているのは、これらの担保権が消滅したと考えていた後順位担保権者等の第三者が不測の損害を被るのを防止するためですが、**保証**に関しては、復活することで不測の損害を被るような後順位担保権者等はいないので、取戻請求権は消滅しません。

Q なぜ民法上、同時到達のケースと先後不明のケースが同じ取扱いとなるのに、供託では取扱いが違うのでしょうか？

A 「確定日付のある通知の到達の先後が不明な場合は同時到達と同視される」とする判例(最判平5.3.30)は、**客観的**な到達の先後不明を意味するところ、債権者不確知における到達の先後不明は債務者の**主観的**な不明であるという点で判例とは場面が異なります。この理解に基づき、先例は債権者不確知を原因とする弁済供託を認めています。
また、一般的に先後不明の場合は同時到達とみなすとしたとしても、絶対に先後不明かの判断を債務者がするのは困難であるため、先後不明なら供託できるということになっています(供託しておけば、後から先後が明らかになっても、そちらに還付されるだけであり、債務者に不利益はありません)。

■◦ **編者紹介**

伊藤塾（いとうじゅく）

毎年、司法書士、行政書士、司法試験など法律科目のある資格試験や公務員試験の合格者を多数輩出している受験指導校。社会に貢献できる人材育成を目指し、司法試験の合格実績のみならず、合格後を見据えた受験指導には定評がある。1995年5月3日憲法記念日に、法人名を「株式会社法学館」とし設立。憲法の心と真髄をあまねく伝えること、また、一人一票を実現し、日本を真の民主主義国家にするための活動を行っている。
（一人一票実現国民会議：https://www2.ippyo.org/）

伊藤塾　〒150-0031　東京都渋谷区桜丘町17-5
　　　　https://www.itojuku.co.jp/

■正誤に関するお問い合わせ
万一誤りと疑われる箇所がございましたら、まずは弊社ウェブサイト［https://bookplus.nikkei.com/catalog/］で本書名を入力・検索いただき、正誤情報をご確認の上、下記までお問い合わせください。
https://nkbp.jp/booksQA
※正誤のお問い合わせ以外の書籍に関する解説や受験指導は、一切行っておりません。
※電話でのお問い合わせは受け付けておりません。
※回答は、土日祝日を除く平日にさせていただきます。ご質問の内容によっては、回答までに数日ないしはそれ以上の期間をいただく場合があります。
※本書についてのお問い合わせ期限は次の改訂版の発行日までとさせていただきます。

うかる！ 司法書士 必出3300選/全11科目 [4]
憲法・刑法・民訴・民執・民保・書士・供託法編 第3版

2015年5月18日　1版1刷
2020年6月24日　2版1刷
2022年8月2日　3版1刷
2024年5月2日　　　3刷

編　者　伊藤塾
　　　　© Ito-juku, 2022
発行者　中川 ヒロミ
発　行　株式会社日経BP
　　　　日本経済新聞出版
発　売　株式会社日経BP マーケティング
　　　　〒105-8308　東京都港区虎ノ門4-3-12
装　丁　斉藤 よしのぶ
組　版　朝日メディアインターナショナル
印刷・製本　三松堂
ISBN978-4-296-11390-3
Printed in Japan